创业教育与
专业教育融合研究
——创业型工程人才培养模式的建构

The Research on Integration of Entrepreneurship
Education and Professional Education
— The Construction of Cultivation Mode for
Entrepreneurial Engineering Talents

白逸仙　著

社会科学文献出版社
SOCIAL SCIENCES ACADEMIC PRESS (CHINA)

本书得到 2013 年度北京市教育教学改革重点项目
"构建'四位一体'素质教育体系　促进学生全面发展"的资助
（项目号：2013 – zd06）

序

白逸仙博士请我为她的专著《创业教育与专业教育融合研究——创业型工程人才培养模式的建构》写序，着实有些意外。创业教育和创业型人才培养，是当下的热门话题，相关文献浩如烟海。但我对此涉猎不多，只能根据我对中国情况的一些了解，对"创业"的内涵，从高中低三个层次略加分析。

从低层次看，创业是对现有就业市场的有益补充。就业市场容量有限，不可能每个大学毕业生都找到所期待的就业岗位，主动创业，不失为一种勇敢的选择。本书所引文献中，有一种观点认为，并非行业企业的岗位不够，而是学校培养的人不符合单位要求，导致供需不对口。关于这个问题，其中部分原因涉及创业教育，其余的则与创业教育没有直接关系。不管怎么说，有那么多年轻人不惧风险，投身创业大潮，总是值得鼓励的。学校的责任，就是为他们提供必要的创业训练；而国家的责任，则是为他们提供更多的政策支持。

再看中间层次，创业是企业转型和技术升级的主要途径。面对科技发展和全球经济竞争的挑战，企业转型和技术升级是大势所趋，不思进取者将会被新的产业和技术所取代。这些新的产业，一部分是老产业通过技术创新和再创业转型而来，另一部分则是创业市场中携带新技术崭露头角的后起之秀。当然，还有一些老产业通过质量提升在市场竞争中重建品牌优势，站稳了脚跟，这一点不在本文的讨论范围之内，兹不赘。要而言之，创业意味着改变和优化我国的产业结构和经济发展模式。从企业转型和技术升级的角度看，社会对学校创业教育的要求就不限于普通的创业训练，而是把创业训练与优质的专业教育加以整合，并形成相应的对创业型人才的系统要求。

最高层次的创业是通过核心技术的研发直接参与国家创新体系的建设。就现状而言，我国在多数核心技术领域仍然落后于发达国家；而相当多的国有和民营企业仍处在全球创新链的低端，它们的急功近利，它们对引进技术的习惯性依赖，对技术创新和人才培养的长期漠视，都表明它们不具备参与国家创新体系建设的条件。因此，核心技术领域的开拓，有赖于国家主导的高校、科研院所与一些战略型高科技企业的通力合作，有赖于吸引以高新科技研发为其支柱的众多新兴产业的积极参与，一言以蔽之，有赖于大工程背景下对相关资源的系统整合，以推进集成创新和高端创业。国家创新体系背景下的创业，是各类高端创新型人才的战略合作，当然会有分工，但更重要的是合作。在战略性合作创业的意义上，任何高端的创新型人才都是承担国家创新体系建设的创业型人才。为此，高校的创业型人才培养应瞄准国家创新体系的前沿领域，瞄准国家中长期科技发展规划所描绘的未来产业发展的蓝图。

总之，改变和优化我国的产业结构和经济发展模式，通过核心技术的创新，提升我国的综合国力，使我国成为真正的创新型国家，这才是创业教育区别于普通就业指导的关键所在，才是创业型工程人才培养的最高使命。

以上意见，难免被批评为执着于"工具理性"。我曾多次提到，需求决定论是工程教育的基本价值选择。"对工程教育来说，需求决定论的内涵在于，社会的需求、市场经济的需求、第二产业（尤其是制造业）的需求以及学生未来发展的需求，直接决定着工程教育的信念、目标、体制、运作过程和质量评估标准。"[①] 这段话被认为是典型的"工具理性"的视角。实际上，工程教育研究的哲学背景并不是经常成为讨论话题的——"工程教育研究基本上是在逻辑的中间地带活动，而很少在逻辑顶点翱翔"[②]。但是，既然提到了"工具理性"与"价值理性"的矛盾，我倒是要为"需求决定论"一辩。工具理性涉及手段，价值理性涉及目的。目的为善，即为价值理性。工程的目的是造福人类，具体而言，是利国利民，即建设跻身强国之林的创新型国家和可持续发展的小康社会，这样的需求导向，为满足这样的需求而培养创业型工程人才，非善而何？哪一点悖逆"价值理性"？或曰，这样理解"价值理性"过于狭隘，目的为善最终要体现在人的全面自由的发展和高度的自我完善云云。的确，"大千世界，无

---

① 姜嘉乐：《〈走向前沿的模式创新〉序》，《高等工程教育研究》2014 年第 1 期。
② 姜嘉乐：《问题导向·实证支撑·理性提升》，《高等工程教育研究》2013 年第 6 期。

不关乎工程教育";但是,工程教育不等于大千世界,不可能包揽一切。工程教育能给予学生的,是怎样以工程的方式去面对自我、面对世界。旨在完善自我、造福世界,这是价值理性;采用工程的方式,这是工具理性。由此可见,需求决定论正好体现了价值理性与工具理性的结合,并不存在畸轻畸重的问题。

2011 年 2 月,奥巴马政府出台"创业美国计划"(Startup America Initiative)①。这是美国历史上第一份专门针对创业提出的全国性计划,也是美国政府尝试整合公共部门和私营部门的资源,在全国范围内推进更多高成长企业发展的纲领性计划。令人印象深刻的是,该计划进一步优化了美国高校创业教育和大学生创业的政策与环境,而不是汲汲于自我追究这样做是"工具理性"还是"价值理性"。我国培养创业型工程人才的任务更繁重,也更紧迫,当此之际,听听王沛民教授关于"空谈误国"的忠告也许是有益的。

至于工程教育怎样"以工程的方式"去培养造福人类的创业型工程人才,相信能在白逸仙博士的这本专著里找到许多超出我们期待的答案。

姜嘉乐

2015 年 5 月 2 日

---

① 梅伟惠:《美国高校创业教育新纪元:"创业美国计划"的出台、实施与特点》,《高等工程教育研究》2015 年第 3 期。

目　录

第一章 绪论

第一节 问题的提出

一 时代呼唤创业型工程人才

中国走新型工业化之路需要坚定不移地贯彻科教兴国战略和创新驱动发展战略。人才是科技创新最关键的因素。大众创业、万众创新的新时代呼唤高校创新人才培养模式，将创新创业教育贯穿人才培养全过程。

从国际视野看，当今社会正迅速进入"数字化革命时代"与"智能制造时代"，数字制造技术、互联网技术和可再生能源技术交互融合，制造业正在向智能化转型，全球知识创造和技术创新速度明显加快，为以高新科技为主的"第三次工业革命"以及"工业4.0"蓄积了巨大能量，正在深刻改变着生产组织方式和世界经济格局，进而改变了人类的生活、学习方式和生存状态。科技创新已成为各国经济结构调整和持续健康发展的决定性力量，许多国家都将技术型创新创业人才培养提升到国家发展的战略核心层面。工业生产方式转变使得技术型创业盛行，国际人才市场也随之发生巨大变化。世界目光再一次聚焦到工程科技的创新人才，美国的企业家已经发出了孕育下一代爱迪生、乔布斯、盖茨的呼声，由此产生对创业型工程人才的需求。总之，工程师正处于换代、升级与转型时期，这是当前工程科技人才培养面临的一个重要的新形势。

从国内发展看，正在兴起的"第三次工业革命"和"工业4.0"，给我国的制造业带来了极大的冲击，构建国家创新体系、培养和造就更多技术型创新创业人才对于创新型国家建设以及中国在新工业革命的背景下长远发展至关重要。未来十年，我国经济社会的快速发展将为高校创新创业人才培养带来旺盛的需求，深化高校创新创业教育改革，是国家实施创新驱动发展战略、促进经济提质增效升级的迫切需要，是深化高等教育综合改革、促进高校毕业生更高质量创业就业的重要举措。这为高校改革人才培养模式带来重要的战略机遇。高校肩负着培养具有创新精神、创业意识和创新创业能力的技术型创新创业人才的重任，必须将创新创业教育贯穿人才培养全过程，改革人才培养模式，强化创新创业能力训练，增强高校学生的创新能力和在创新基础上的创业能力，培养适应创新型国家建设需要的高水平创新人才，努力造就大众创业、万众创新的生力军。在此时代背景下，创业教育显得比过去任何时候都更重要，但我国目前培养的创业人才无论质还是量，与发达国家都存在着巨大差距。据统计，在我国的工程人才中只有不足 2% 的创业型工程人才，与发达国家 20%～30% 的比例相距甚远①，这已经成为我国高新技术产业成长与发展的瓶颈。

国际国内形势已提出对创业型工程人才的迫切需求，结合高科技产业的特点，创业型工程人才应当具备怎样的素质呢？总体而言，他们不仅应具有商业意识、经营头脑、市场意识，而且能够不断搜集信息、准确做出决策、果断展开行动，必须具备技术能力、协作能力与创新能力。笔者尝试从以下四个方面归纳：①信息获取与处理——必须迅速搜集并处理任务相关信息，将信息转化为知识，并将知识转化为生产力。②专业知识与技能——必须熟练掌握工程专业知识与技能，对目标做出迅速判断，对手段进行合理抉择。③人际沟通与协作——必须正确处理人际交往中各种关系，与他人沟通与协作，在团队内交流与合作。④兼备创新与创业——必须具备敏锐的洞察力与丰富的想象力，也要具备将想法转化为现实的创业实干精神。

可以看出，如今工程教育的价值已不仅局限于传授工程知识与技能，还要培养工程师的创业精神与能力。因为创新不仅是掌握新兴的科学与技术，而且是创造性地把知识引入市场并使之服务社会。正如富兰克林欧林工学院院长理查德·米勒（Richard Miller）所言，"下一代工程师必须主导技术商业化的进程，而不是简单地将这些拱手送给商业人士。我相信一

---

① 曹殊：《点燃大学生创业之火：三种模式扶持毕业生成功创业》，《中国教育报》2007 年 12 月 12 日。

个富裕的国家总会产生工程的最终决策者。"①潘云鹤院士则明确指出，"在不久的将来，推动社会最主要的力量是第二产业中的商人。"可以预测在不久的将来，第二产业中的企业家型工程师在推动社会进步进程中所扮演的角色是何等重要。因此，新时代的工程教育应主要以具备企业家精神的创业型工程人才为培养目标。

二　存在的问题

环境变化对人才的需求也提出了更高要求，但是高校现行的人才培养模式，无论是人才培养理念、课程内容，还是教学方式、评价体系等，都没有为以创新创业为驱动力的全球性市场做好准备，不能适应社会新的变化和挑战。创业教育现在仍处于探索阶段，我国大部分学校关注的仍然是少数人的"创业活动"，而不是多数人的"创业教育"，而且形式单一，缺乏多样性、系统性与层次性，创业教育的实际效果并不理想。与此同时，工程教育领域虽然有形式多样的工程人才培养模式，但是几乎未见结合专业学习有意识地培养学生创业意识、创业精神和创业能力的培养模式。简言之，高校目前缺乏创业型工程人才的培养模式。

20世纪90年代初我国开始进行创业教育的探索，2002年4月，教育部正式确定清华大学、北京大学、中国人民大学等9所高校为创业教育试点院校。此外，一大批高校纷纷举办大学生创业大赛，推行创业教育，中国大学掀起了一股科技创业热潮。②最有代表性的是三种形式的创业教育。第一种以中国人民大学为代表，特点是将第一课堂与第二课堂相结合开展创业教育。重在培养学生创业意识，构建创业所需的知识结构，完善学生综合素质，鼓励学生创造性地投身于各种社会实践活动和社会公益活动，通过开展创业教育讲座以及各种竞赛、活动等方式，形成以专业为依托、以项目和社团为组织形式的创业教育实践群体。第二种以北京航空航天大学为代表，其特点是商业化运作，建立大学生创业园，教授学生如何创业，并为学生创业提供资金资助以及咨询服务。以提高学生的创业知识、创业技能为侧重点，学校成立了"创业管理培训学院"，专门负责与学生

① 〔美〕詹姆斯·杜德斯达：《变革世界的工程——工程实践、研究和教育的未来之路》，浙江大学科教发展战略研究中心译，2009，第63页。
② 李时椿、常建坤、杨怡：《大学生创业与高等院校创业教育》，国防工业出版社，2004，第108~109页。

创业有关的事务，学校还设立创业基金，对学生的创业计划书经评估后进行种子期的融资。第三种以上海交通大学为代表，综合以上两种形式，一方面将创新教育作为创业教育的基础，在专业知识的传授过程中注重学生基本素质的培养；另一方面，实施科技英才计划，资助学生科技创新活动，为学生提供创业所需资金和必要的技术咨询。①

无论是课堂式还是实践式，抑或二者结合的创业教育，都是游离于专业教学之外的创业教育，都是没有基于高科技的工程专业进行的创业教育。我国现行创业教育培养的毕业生还不能马上适应产业转型和升级等复杂多变的需求。有人不禁要问，许多有工程背景的成功企业家是如何成长起来的？学校教育对他们到底起了多大的作用？通过对在某领域成功创业的企业家访谈得知，他们扎实的专业基础是从学校教育得来，而创业所需的决策判断力，知识应用中的技术转移和技术孵化能力以及在企业和商业环境中组织、实施、运营、管理和评价等市场能力则是毕业后在工作实践中获得。

再来看工程教育，我国工程教育在就业市场出现了怪圈：一方面是工科毕业生面临巨大就业压力，而另一方面却是不少企业缺乏人才，找不到有实践经验和动手能力强的大学毕业生；一方面是高校科研成果累累但极少产生经济效益，另一方面却表现为产业创新严重不足而缺乏竞争力。总体而言，工程人才培养没有以产业需求为导向，忽视了市场对创业型工程人才的急切需求，这成为产业界人力资源的主要威胁。

综合来看，学校在工程专业教育基础上进行的创业教育存在以下缺失。

首先，创业教育与学科专业教育脱节。国内多数高校的创业教育与学科专业教育脱节，没有融合于学校整体教书育人的体系中，而是另起炉灶进行专门的教育和培训，当创业教育失去学科专业这一最有力的依靠时，会使创业学子激情有余而内功不足，从而造成我国本科毕业生创业的科技含量不高，只有部分大学生涉及产品开发、网络设计、现代物流、软件编制等高科技领域，有相当一部分是从事快餐连锁、产品推广、异地销售等创业活动，因而难以出现高新技术市场的领军人物，无法创造更多的就业岗位，带动一批人就业。

① 刘帆、徐林、刘川：《中国创业教育的兴起发展和挑战》，《中国青年研究》2007 年第 9 期。

其次，注重理论知识传授，缺乏创业过程体验。学校创业教育的改革多是注重课程体系的重构，通过创业理论知识的传授而让学生认识创业、了解创业并逐渐具有创业意识和创业精神。创业实践环节薄弱，即使有实践，也往往停留在大学生开店铺、创意设计竞赛等层次，很少给学生提供真实的职业情境，让学生深入企业实习，接触、了解、参与、体验企业运作过程和创业项目由设计到实现的各个环节。有学者提出，"现行的教学模式都是课堂讲授加案例讨论。而创新创业教育特别强调实践操作性。学校需要开展研究性学习课程，以培养学生的主动探索精神、团队合作精神，让学生从做中学。"[①]

最后，教师缺乏工业企业经验和工程实践经历。我国工程教育教师队伍建设片面强调高学历，而具有深厚工程背景又有学术水平的"双师型"教师严重缺乏。同时，现有大多数教授创业课程的教师尚缺少创业经验和相关研究，也缺少有创业经验的企业家的课堂参与。试问，培养创业型工程人才的教师自身不是工程师，缺乏现代化工业企业的生产技术、工程设计和组织管理的实际经验，如何能够培养出真正的创业型工程师？

总之，本研究要探讨的问题是，创业教育如何渗透工程专业教育，从自发走向自觉，培养出满足产业需求的具备企业家素质的合格创业人才。

追根溯源，上述诸多问题的症结在于：忽视了实践知识的重要性，且未将实践知识融入人才培养体系。创业教育和工程教育都是实践性极强的专业教育，创业型工程人才的特质和要求需要学生在掌握理论知识的同时，更加注重实践知识的习得，更加强调学生在职业情境中的商业策划能力、团队合作能力、语言表达能力等。如果忽视学生实践知识的形成，而一味地以科学教育模式来强化学生的理论知识，使理论知识的学习与实践知识的学习在工科本科生的培养过程中缺乏有机统一，那么这种培养模式是有缺陷的。这种模式严重制约创业型工程人才的培养，成为提高我国工程人才培养质量的最大障碍，必须进行彻底改革。

因而，本研究旨在解决以下这些问题。

① 如何定位创业型工程人才，他们区别于其他工程人才的特殊性何在？

② 创业型工程人才的培养目标和规格是什么？他们的实践知识是

---

① 高晓杰、曹胜利：《创新创业教育——中国高等教育学会创新创业教育研讨会综述》，《中国高教研究》2007 年第 7 期。

什么？

③ 当前的培养模式为什么不能培养出创业型工程人才？

④ 应用怎样的模式来培养他们？如何构建以实践为导向、突出技术创业特色、强化实践知识的人才培养模式，使学生更好地形成并获取实践知识和能力，达到市场和产业界对创业型工程人才的素质要求？

第二节　研究意义

当前，人类社会步入科技创新不断涌现、全球化和经济结构调整的重要时期。新科技革命和知识经济的发展，引起经济结构、职业结构和就业结构的极大变化，"大学毕业生将来不再仅仅是求职者，首先应成为岗位的创造者。"在我国创新型国家建设的关键时期，为适应社会和经济结构调整时期人才规格变化的需要，培养创业型工程人才必然成为中国高等工程教育的根本职责之一。因此，本研究有重要理论意义和实践意义。

1. 理论意义

从实践知识视角研究人才培养模式，可以看清我国工程人才培养模式诸多弊端背后的真正原因，从而找到更合理的改革路径，为创业型工程人才培养模式这一教育实践问题提供具有真正"解释力"的理论依据。其具有理论上的统摄作用，一定程度上弥补了目前创业型工程人才培养模式缺乏实践经验的弊端，加深了人们对该问题的认识，丰富了工程教育人才培养方面的理论。

2. 实践意义

本研究关注的问题直接来源于实践，其实践意义大于理论意义，对实践起着更大的指导作用。工程师是新生产力的重要创造者，也是新兴产业的积极开拓者。尊重工程师的创造性劳动，培养大批创业型工程人才，是经济建设和社会发展的必然要求。本研究根据中国产业需求提出创业型工程人才的特质与目标定位，对国外创业型工程人才培养的成功案例进行深入分析后，在借鉴学习的基础上，设计出适合于我国国情的创业型工程人才培养方案，有效地思考并推进现代创业型工程人才的培养和形成，对高等工程教育培养模式改革实践提供了明确的路径。特别是为各高校"人才培养模式创新实验区"的教育理念、培养目标、培养方案等的设计与实施提供建议和最佳实践参考。

第三节 概念辨析与界定

一 创业与创新的概念辨析

1. 创业

在西方文化中，创业可视为创造企业的过程，其意向集中在经济活动与财富增长方面。这是对创业的最狭义解释。国内外学者对"创业"所持的各种观点，大都是在狭义的论域中展开的。

罗博特·D. 希斯瑞克认为，"创业是一个发现和捕捉机会并由此创造出新颖的产品或服务和实现其潜在价值的过程。创业必须要贡献时间和付出努力，承担相应的财务的、精神的和社会的风险，并获得金钱的回报、个人的满足和独立自主。"[①]

霍华德·H. 斯蒂文森指出："创业是个人——不管是独立地还是在一个组织内部——追踪和捕获机会的过程，这一过程与其当时控制的资源无关。"[②] 其强调创业是一个过程。他认为："创业可由以下六个方面的企业经营活动来理解：发现机会、战略导向、致力于机会、资源配置过程、资源控制的概念和回报政策。"[③]

罗伯特·C. 荣斯戴特认为："创业是一个创造增长的财富的动态过程。财富是这样一些人创造的，他们承担资产价值的时间风险，承诺或提供产品或服务。他们的产品或服务未必是新的或唯一的，但其价值是由企业家通过获得必要的技能与资源并进行配置来注入的。"[④]

杰弗里·蒂蒙斯在其《创业学》第六版这样表述："今天，创业已经超越了传统的创建企业的概念，而是把各种形式、各个阶段的公司和组织都包括进来。""创业是一种思考推理和行为方式，这种行为方式是机会驱动注重方法和与领导相平衡。创业导致价值的产生、增加、实现和更新，

---

① 〔美〕罗博特·D. 希斯瑞克编著《创业学》，郁义鸿、李志能译，复旦大学出版社，2000，第4页。
② H. H. Stevenson, M. J. Roberts and H. I. Grousbeck, *New Business Ventures and the Entrepreneur*, Irwin, 1989.
③ 李良智、查伟晨、钟运动主编《创业管理学》，中国社会科学出版社，2007，第6~9页。
④ 李良智、查伟晨、钟运动主编《创业管理学》，中国社会科学出版社，2007，第6~9页。

不只是为企业主，也为所有的参与者和利益相关者。"①

沙恩和文卡塔拉曼对创业下的定义是，作为一个商业领域，创业致力于理解创造新事物（新产品或服务、新市场、新生产过程或原材料、组织现有技术的新方法）的机会是如何出现并被特定个体发现或创造的，这些人如何运用各种方法利用或开发它们，然后产生各种结果。根据其含义，该定义说明创业作为由特定个体开展的一种活动，包括前面提到的重要行为：识别机会——具有潜在价值的机会，在实际商业方面具有可开发性（能够潜在地产生可持续利润的机会）以及确认在实际利用或开发该机会的过程中所包含的活动。另外，这个过程并没有到此结束，它不仅是创建一个新企业，还包括在新企业创立后能够成功地经营下去。②

考夫曼创业基金会提出，创业是一系列基本改变的过程，从创新想法到企业，从企业到价值。③ 美国管理学会认为：创业可以被解释为新企业、小企业和家族企业的开创和管理以及创业家的特征和特殊问题。

有学者将创业的概念分狭义的创业、次广义的创业和广义的创业三个层次来理解。狭义的创业概念，是指"创建一个新企业的过程"。次广义的创业概念，是指"通过企业创造事业的过程"，包括创建新企业和企业内创业两个层次的内容。广义的创业概念，是指"创造新的事业的过程"。换句话说，所有创造新的事业的过程都是创业。无论是创建新企业还是企业内创业，都离不开事业。但对事业的创造并不局限于企业内的事业。如果从广义的角度理解，创业既包括营利性组织，也包括非营利性组织；既包括官方设置的部门和机构，也不排斥非政府组织；既包括大型的事业，也包括小规模的事业甚至"家业"。④

在我国，对创业概念的理解正经历由中国古文化的传统解释向西方的狭义解释迅速靠拢的过程。

创，颜师古注曰："创，始造之也。"关于"业"字，《现代汉语成语

---

① 〔美〕杰弗里·蒂蒙斯、小斯蒂芬·斯皮内利编著《创业学》，吕长春、周伟民译，人民邮电出版社，2005，第15页。

② 李良智、查伟晨、钟运动主编《创业管理学》，中国社会科学出版社，2007，第6~9页。

③ Carl J. Schramm, Entrepreneurship in American Higher Education, *The Kauffman Foundation of Entrepreneurship*.

④ 李良智、查伟晨、钟运动主编《创业管理学》，中国社会科学出版社，2007，第6~9页。

辞典》做出如下解释：学业；业务、工作；专业；就业、转业、事业；财产、家业等。由此看来，"业"字内涵极其丰富。从性质来看，其既可以是学业、专业、业务，也可以是家业、产业，甚至是工作、事业；从类别来看，有各行各业、各种职务和岗位，有所谓的"三百六十行"；从范围大小来看，有个人的小业、家业，有集体的产业、企业、大业，国家和社会的各项事业；从过程来看，"业"有草创阶段、发展阶段、成就阶段和保持阶段等。

《辞海》对创业的定义为"创立基业"，指开拓或创立个人、集体、国家和社会的各项事业以及所取得的成就。它强调开端和草创的艰辛和困难，突出过程的开拓和创新意义，侧重于在前人的基础上有新的成就和贡献。可见，"创业"的内涵极为丰富，其含义并不仅仅指就业，也不仅仅指创立企业，应该还包含创立事业、创立家业、开拓产业之义。

结合我国国情，李时椿认为，创业是通过必要的时间和努力发现与把握商业机会，通过创建企业或企业组织结构创新，筹集并配置各种资源，将新颖的产品或服务推向市场，从而最终实现企业经济价值和社会价值的过程。当然，从更广泛的意义来说，创业就是创造事业，是最高层次的就业。创业者进入市场、创建实业，是生活态度和生活方式的巨大转折，是为自己创建一个发挥才华、施展抱负、奉献社会、报效国家的舞台。[①]

李良智等人从狭义角度对创业的概念进行界定：创业是必须承担风险的创业者，通过捕捉商业机会，投入已有的技能知识，配备相关资源，创建新企业，为消费者提供产品和服务，为个人和社会创造价值和财富的过程。[②]

席升阳将创业的定义深化拓展为：创业是在社会经济、文化、政治领域内的行为创新，是创业主体为开辟或拓展新的发展空间并为他人和社会提供机遇的探索性行为。[③]

创业的诸多定义中，出现频率最高的关键词主要有：开创新业务，创建新组织；利用资源的新组合，创新；捕捉机会；承担风险；创造价值等。尽管学术界对创业的本质有不同的阐述，但总体上看，创业的内涵主

---

① 李时椿：《创业管理》，清华大学出版社，2008，第 118 页。
② 李良智、查伟晨、钟运动主编《创业管理学》，中国社会科学出版社，2007，第 6～9 页。
③ 席升阳：《我国大学创业教育的理论与实践研究》，华中科技大学博士学位论文，2007，第 18～19 页。

要包括：开创新业务，创建新组织，利用创新实现各种资源的新组合，通过对潜在商业机会的发掘而提供新产品和新服务以创造价值的过程。

2. 创新

国际上，奥地利经济学家熊彼特是创新理论的奠基人。按照他的观点，所谓"创新"，就是"建立一种新的生产函数"，也就是说，把一种从来没有过的关于生产要素和生产条件的"新组合"引入生产体系。熊彼特所说的"创新""新组合""经济发展"，包括以下五种情况：①引进新产品；②引用新技术，即新的生产方法；③开辟新市场；④控制原材料的新供应来源；⑤实现企业的新组织。①

现代管理大师彼得·F. 德鲁克在《动荡年代的管理》一书中发展了创新理论。② 他认为，创新的含义是有系统地抛弃昨天，有系统地寻求创新机会，在市场薄弱的地方寻找机会，在新知识萌芽时期寻找机会，在市场的需求和短缺中寻找机会。创新是富裕资源以新的方式创造财富的行为。任何使现有资源的财富创造力发生改变的行为，都可以称为创新。他还在《创新与创业精神》③ 一书中提出：创新是企业家的特定工具，他们利用创新改变现实，作为开创其他不同企业或服务项目的机遇。④

创新方式分为原始创新、集成创新和消化吸收再创新三种方式。

1999 年，中共中央、国务院"关于加强技术创新，发展高科技，实现产业化的决定"中有一段话："技术创新是指企业应用创新的知识和新技术、新工艺，采用新的生产方式和经营管理模式，提高产品质量，开发新的产品，提供新的服务，占据市场并实现市场价值。"

这段话的内容和熊彼特的理论是完全一致的。这里特别要注意几点：①技术创新并非单指技术活动，更不是单指技术研究或技术开发活动，而是包括技术、工艺、生产方式、经营管理模式等。②技术创新并非必须首创，只要对从事创新活动的企业来说是新的就行，因此，技术、工艺等可以是自己创造的，也可以是与别人合作创造的，还可以是借鉴甚至购买的。③"技术创新并非单指技术活动"含义的一个重要方面是技术创新必须有效，即提高产品质量，开发新产品，提供新服务。如果技术创新只

---

① 李时椿：《创业管理》，清华大学出版社，2008，第119页。
② 〔美〕彼得·F. 德鲁克：《动荡年代的管理》，屠端华等译，工人出版社，1989，第56页。
③ 〔美〕彼得·F. 德鲁克：《创新与创业精神》，张炜译，上海人民出版社，2002，第29页。
④ 李时椿：《创业管理》，清华大学出版社，2008，第119页。

是停留在研究所、实验室，只做一些原理研究，或者做个样品，通过技术鉴定获得国际先进、国内领先等评价，而没有做出产品或没有体现在提高产品质量上，那么，这种活动只是技术活动而不是技术创新。④技术创新不仅要有效果，而且要有经济效果，即占据市场并实现市场价值，如果只是做出了产品，但卖不出去，占领不了市场，或者赚不了钱，即实现不了市场价值，这也不是技术创新。①

综上所述，必须区分技术创新与创造发明，区分技术创新与技术研发。技术创新必须有经济效益，这是最关键的一点。② 这一点与创业的本质一致。

3. 创业与创新的比较

创新不等于创业，创业也不同于创新。区别创业与创新的关键在于怎样理解"实现创新产品的市场化和产业化"这一本质内涵。创业的主要作用是推动科技创新，推动新发明、新产品的出现，从而推动经济的发展。可以说，创业活动是科技成果实现产业化和新发明、新产品孕育与产生的主要形式之一。③ 仅仅发明一项新技术、新产品或服务，或产生一个新的创意，都是不够的。许多发明从来都没有形成最后的产品，根本原因就在于它们没有提供商业价值。

创新与创业并非相互独立甚至对立，而是有着不可分割的内在联系。创业的关键在于创新，创新是创业的源泉，持续创新必然推动和成就创业；创新成果的商品化、市场化依靠创业，因而创业使得创新的经济价值、社会价值得以实现。④

4. 对创业和创业人才的界定

本书所研究的创业是指创造新的事业的过程，专门指高新技术企业的创业。所创的"业"，主要指产业。在这一过程中创业者以新市场、大市场为目标，把握市场机遇，将高新技术成果市场化或产业化，创造出新的价值，或满足潜在的需求，从而带动新的产业发展，而非加剧市场竞争。

---

① 朱高峰：《创新人才与工程教育改革》，《高等工程教育研究》2007 年第 6 期。
② 朱高峰：《创新与工程教育》，《高等工程教育研究》2007 年第 1 期。
③ 〔美〕罗博特·D. 希斯瑞克编著《创业学》，郁义鸿、李志能译，复旦大学出版社，2000，第 14 页。
④ 李时椿：《创业管理》，清华大学出版社，2008，第 123 页。

创业人才，是指建立在自身的知识与技术、科技创新成果基础上的具有创业意识、创业心理品质和创业能力，并将其内化成自身的素质，能像企业家一样行为，能够在时机成熟条件下付诸创业实践并能够不断取得突破的高层次人才。

二 工程与科学、工程教育与科学教育的概念辨析

1. 工程与科学

韦伯斯特把科学定义为"关于基本原理和事实的知识"，或更具体地说，科学是"已积累起来并被接受了的、已系统化和公式化的有关一般真理的发现、一般真理的作用和一般定律的作用的知识"。[①]

韦伯斯特把工程定义为"人类利用物质的性质制作构件和机器以为人类自己服务的技巧"。[②]"工程"一词，按韦伯斯特的说法，是关于将科学知识转化为实际用途的科学，即应用科学。但通常所说的"工程"指工程技术，是关于制造或做事的方法、手段和技能技巧的总和。

朱高峰院士认为，工程是人类综合应用科学理论和技术手段，改造世界、创造财富的实践活动。工程是在物质领域中的活动，一般是创造新的实体或者对旧的实体进行改造，使之具有新的功能和价值。因此，工程内容既包括建设项目、技术改造、研究开发等活动，也包括它们的前期工作，如规划、战略、设计等活动。[③] 科学与经济发展并无直接联系，科学并不形成直接生产力。工程技术是改造自然的方法和手段，其目的是创造新的事物，以满足人类社会的需要。人们从事工程技术活动的根本动机是谋取利益，具有明显的功利性。[④]

王沛民教授认为，工程是人类利用自然、控制自然和创造人工自然的活动，或者说，是按照人类的目的而使自然界人工化的过程，是组织设计和建造人工物以满足某种明确需要的实践活动。虽然随着工程范围的不断扩大以及工程手段的日益丰富和更新，工程定义在不断演进，但其强烈的

---

① 〔美〕W. L. 埃弗雷特：《长生鸟——对工程教育的挑战》，薛继良主审，王沛民编校，顾建民等译，《工程师的形成：挑战与对策》，浙江大学出版社，1989，第24页。
② 〔美〕W. L. 埃弗雷特：《长生鸟——对工程教育的挑战》，薛继良主审，王沛民编校，顾建民等译，《工程师的形成：挑战与对策》，浙江大学出版社，1989，第24页。
③ 朱高峰：《创新与工程教育》，《高等工程教育研究》2007年第1期。
④ 朱高峰：《论科学与技术的区别》，《高等工程教育研究》2010年第2期。

实践性、综合性和创造性始终未变。为了人类生活得更好，创造、发明、设计和建造仍是现代工程的基本含义。[①]

工程本质上是多学科的综合体，是一种或几种核心专业技术加上相关配套的专业技术所重构的集成性知识体系，是创造一个新的实体。1993年，麻省理工学院（MIT）院长乔尔·莫西斯在美国"回归工程运动"中提出了"大工程观"这一概念，成为未来工程教育发展的新方向。"大工程观"的本质就是将科学、技术、非技术、工程实践融为一体，具有实践性、整合性、创新性的"工程模式"；重视对整个工程系统的研究，重视与社会、环境的协调发展；力图实现科学、技术、环境、文化、审美艺术、伦理道德等多元价值观的整合。[②]

综上所述，科学与工程具有结构相似而实质有别的运作过程与途径，科学与工程的区别如表1-1所示。

表1-1 科学与工程的区别

类别	科学	工程
范畴	知识范畴	实践范畴
目的、任务	要解决"是什么""为什么"的问题，以发现为己任	回答的是"做什么""怎么做"，以发明、革新和应用为宗旨
方法	侧重分析，对事物进行分析，探索事物的规律	侧重综合，综合考虑经济、时间、效用等限制因素，往往采用"折中"的办法
评价标准	科学问题是单解的，评价标准是正确与否	工程问题是多解的，评价标准是有无效用

2. 工程教育与科学教育

上述分析可见，把工程和科学加以区别是必要的。正如冯·卡门教授的界定，科学家和工程师的培养目标不同，思维方式和工作模式也不同。以培养工程师为目标的工程教育也应当和以培养科学家为目标的科学教育有着不同的特征和方法。

朱高峰院士认为，科学教育的内容是传授系统的科学知识，培养逻辑

---

① 王沛民、顾建民、刘伟民：《工程教育基础——工程教育理念和实践的研究》，浙江大学出版社，1994，第24页。
② 谢笑珍：《"大工程观"的涵义、本质特征探析》，《高等工程教育研究》2009年第5期。

性很强的科学思维，激发自由探索精神，其目的是培养科学家；而工程教育着眼于理论与实践的结合，培养解决现实工程问题的能力，要求从技术、经济、社会各个方面综合考虑问题，其目的是培养工程师。科学教育强调理论的系统性而不是实际的应用性，注重以分析为主的思维方式。工程教育注重的是以综合为主的思维方式和解决实际工程问题的能力，更加强调其实践性。①

姜嘉乐认为工程教育是一种功利导向与人文关怀兼顾、以工为主、多学科综合的专业教育。② 首先，工程教育是功利导向的，这个功利指的是国家功利而不是个体功利，是前瞻性的功利而不是急功近利。工程教育起源于国防建设和工业发展的需求。工业为三大产业和国防提供装备，为人民生活和社会发展提供物质基础和技术手段，工业是现代国家的命脉。一个国家兴办工程教育的目的，在于借助它为本国工业的发展提供高质量人才，进而推动经济和社会发展，以实现壮大综合国力、富民强国的宗旨。其次，工程教育以工为主，特别强调实践。工程系统具有相对不确定性，很多问题的解决并不完全依赖科学原理，要靠工程技术人员的经验，而这种经验则来自长期的工程实践。实践既是工程科技人才成长过程中必不可少的环节，也是他们必须具备的能力。再次，工程教育具有综合性。工程活动不仅以科学为基础，还受到经济、资源、生态环境、社会文化、伦理道德等许多因素的影响。同时，现代工程系统通常是多种技术的集成，需要各个专业的工程技术人员协同工作。因此，工程教育要能够把自然科学知识、人文社会科学知识、专业知识以及组织协调和交流沟通等各方面的技能融合起来，使学生获得较为全面的培养。最后，工程教育是以技术科学为主要学科基础、以培养能将科学技术转化为生产力的工程师为目标的专业教育。工程活动具有较明确的对象，依据对象的不同，工程可以划分为不同的领域。所以，工程教育不是一种学科教育，而是一种专业教育。

传统工程教育遵从科学教育模式，工业革命以来各项科学技术成就充分证明了科学主义对于解决那些确定型、线性、静止封闭的问题非常有效，但是随着"后工业社会"的到来，科技进步也同时促使人们开始发现

① 朱高峰：《论高等工程教育发展的方向》，《高等工程教育研究》2003 年第 3 期。
② 姜嘉乐：《关于工程教育若干问题的讨论》，华中科技大学高等工程教育研究中心讲座，2007。

和得出一系列"悖论",如信息多而理解少、选择多而用于选择的时间少、武器多而安全少等。这些具有复杂性、关联性、非确定性、非线性和动态开放性特点的社会系统的问题,科学主义以及在这种模式下造就的人才都无以应对,所以现在和未来的工程教育既不能"唯科学独尊",也不能再狭隘于技术,工程教育必将要求以通识教育为基础,也会强调团队工作、交流,强调系统设计、制造、运作,强调知识更新和终身学习。综合上述学者的观点,表1-2展示了科学教育和工程教育的区别。

表1-2 科学教育和工程教育的区别

类别	科学教育	工程教育
培养目标	科学家	工程师
培养内容	培养逻辑性很强的科学思维,激发自由探索精神	培养解决现实工程问题的能力,要求从技术、经济、社会各个方面来综合考虑问题
思维方式	以分析为主,追求确定性,强调理论的系统性	以综合为主,重视调和折中,强调实践性
学习方式	主要是(从书本)抽象学习,重研究,独立探索	主要是(从实践)经验学习,重设计、过程、制造,团队协作

3. "创业型工程人才"和"工程创业教育"

根据以上相关概念辨析,本书研究的"创业型工程人才",是指具备坚实专业知识和相关创业知识以及一定创业潜质,熟悉企业和商业环境,具有市场能力和组织管理能力以及突出的知识转化能力和技术转移能力,能够从事研发、设计、管理、市场等方面工作的工程领域高层次专门人才。

工程创业,是指创业型工程人才在高新技术领域内从事开发、生产、经营、管理等一系列活动。基于此,工程创业教育,是指一种以市场需求为导向,在高新技术领域内以培养能将技术商业化的创业型工程人才为目标,注重应用与实践的多学科综合的专业教育。

就我国工程教育总体而言,工程本科教育居于工程教育体系的主体地位。创业型工程人才需要依靠工程教育中规模庞大的本科教育来培养,对于学生而言,本科教育也是其奠定理论知识基础,训练实践能力、创新能力和创业能力的重要阶段。因此,本研究所指的创业型工程人才主要针对本科生而言。

第四节　研究述评

一　创业人才培养的相关研究

"创业教育"这一概念在 1989 年联合国教科文组织召开的"面向 21 世纪教育国际研讨会"上正式提出,其核心目标是培养具有首创和冒险精神、创业和独立工作能力的个体。1995 年,联合国教科文组织发表的《关于高等教育的变革与发展的政策性文件》,全面阐述了完整的"创业教育"概念。1998 年,世界高等教育大会宣言——《21 世纪的高等教育:展望与行动世界宣言》指出:"为方便毕业生就业,高等教育应主要关心培养创业技能和主动精神,毕业生不再仅仅是求职者,首先将成为工作岗位的创造者。"该宣言进一步明确要求高等学校应成为"创业者的熔炉"。

创业教育始于美国,当前创业教育已波及世界许多国家。在创业教育进行实践探索的同时,各国学者等都对创业教育展开了理论研究。具体到创业人才培养上,经过归类整理,可将国内外相关研究分为以下几个方面进行综述。

1. 关于创业教育目标的研究

国外研究有代表性的是杰拉德·希尔斯（Gerald E. Hills）将创业教育培养目标根据重要性排名列出五项:增加学生对新创事业创始与管理过程的认知与了解;增加学生对创业生涯职业选择的了解;发展与管理功能相互关系的了解;发展对创业者特殊才能的评价;了解新创公司在经济中所扮演的角色。[1]

我国学者普遍认为,高校创业教育要以培养大学生的创业基本素质为目标,要培养受教育者的全面能力,尤其是创造能力,要建立培养大学生从事创业实践活动所必须具备的意识、心理品质、能力和社会知识结构等的教育体系。创业者必须具备创业意识、创业心理品质、创业能力和创业知识结构四个方面的创业基本素质。[2] 其代表之一房欲飞认为,创业教育是通过高校课程体系、教学内容、教学方法的改革以及第二课堂活动的开展,

---

[1] Gerald E. Hills, Variations in University Entrepreneurship Education: An Empirical Study of an Evolving Field, *Journal of Business Venturing*, 3（2）: 109–123.

[2] 朱兴国:《大学生创业教育模式探索》,东北师范大学硕士学位论文,2005,第 8 页。

不断增强大学生的创业意识、创业精神和创业能力，并将其内化成大学生自身的素质，以催生时机成熟条件下的创业人才。① 严毛新、侯锡林等学者认为，培育"企业家精神"应当成为我国高校创业教育的发展目标。② 同时，吴金秋阐明了"创办企业论"和"第二课堂论"的两种认识误区。③

2. 关于创业教育类型、模式的研究

斯特里特（D. H. Streeter）等人提出，美国创业教育的模式大致分为三种：一是基于创业型大学的创业人才培养（创新创业教育与大学创业行为相互融合），二是基于学科专业的创业人才培养，三是全大学的创业人才培养。目前，美国大学的创新创业教育的组织模式已经从传统、单一的以商学院为中心的"管理聚焦"模式，向"管理聚焦"与非商学院的"光芒四散"共存的模式转变，形成了全大学范围的创新创业教育。④ 聚焦式创业教育是只在工商管理硕士（MBA）、商务、工程等个别专业范围内开设创业课程，而不向其他专业的学生开放。占主导性的是普及性创业教育模式，它是面向所有专业的学生开设创业教育课程，而不局限于上述几个专业领域的学生。普及性的大学创业教育基本上可以分为三种模式：磁铁式、辐射式和混合式。磁铁式是通过特定的院系（一般是商学院），开设面向全体学生的创业课程，吸收各个院系和专业的学生参加。辐射式是通过不同的院系，开设面向本院系学生的创业课程。混合式就是专业教育和普及教育的综合。⑤

我国关于创业教育类型、模式的研究有四类观点：第一类观点是从创业教育实践活动方式来看，有课堂式、实践式、综合式三种模式。⑥ 第二类观点是从国内职能部门负责的角度来看，创业教育可分为教育部门试点创业教育、人力资源和社会保障部门承办的"创办你的企业 SYB（Start Your Business）"项目、团中央和学联组织承办的 KAB（Know About Business，了解经营、了解企业）项目、多家组织联合举办的"挑战杯"创业

① 房欲飞：《大学生创业教育的内涵及实施的意义》，《理工高教研究》2004 年第 4 期。
② 严毛新：《我国高校创业教育发展目标及实现路径研究》，《中国高教研究》2009 年第 3 期；侯锡林：《企业家精神：高校创业教育的核心》，《高等工程教育研究》2007 年第 2 期。
③ 吴金秋：《创业教育的目标与功能》，《黑龙江高教研究》2004 年第 11 期。
④ 施冠群等：《创新创业教育与创业型大学的创业网络构建》，《外国教育研究》2009 年第 6 期。
⑤ 刘帆、王立军、魏军：《美国高校创业教育的目标、模式及其趋势》，《中国青年政治学院学报》2008 年第 4 期。
⑥ 刘帆、徐林、刘川：《中国创业教育的兴起发展和挑战》，《中国青年研究》2007 年第 9 期。

计划竞赛、高校自主设计创业教育项目五种基本模式。[①] 第三类观点是从高校的宏观运行角度来看，创业教育有独立式、渗透式、复合式、校企合作四种模式。[②] 第四类观点是依据教育的活动方式和教育效果的实现路径不同，将大学的创业教育方式分为渗透性创业教育、普及性创业教育、重点性创业教育、专业性创业教育。[③]

3. 关于创业人才内涵、创业人才素质的研究

首先，关于创业人才内涵的研究，最早可以追溯到1803年法国经济学家让·巴蒂斯特·萨伊。萨伊提出了"创业家"一词，他认为："创业家能够将资源从生产力低的地方转移到生产力高、产出多的地方。"[④] 但是萨伊没有明确地告诉我们究竟谁是"创业家"。之后，学者对创业者、创业人才的研究逐渐具体化。现有对创业人才内涵的研究有广义和狭义之分。广义的内涵，主要是指从事创新和发展的人，创业家还可以是企业家、风险投资家等。陈闻冠博士认为，创业人才是指开创新的事业的人才。创业人才应该是具备决策能力、组织能力、创新能力和学习能力，而且能够把这四种能力协调平衡发展，并形成有机的能力聚合体的创业者。[⑤] 熊彼特认为，创业者总是尝试通过创造与发明等手段实现产品革新，利用新技术生产出新产品，或对旧产品引用新的生产方式。[⑥] 姜彦福提出，创业者是具有开拓精神、商业头脑的发明者或开创者，他们能够识别机会，并把这些机会转化为商业化创意；他们付出努力，投入资金、经验和技术，承担实现创业目标过程中遇到的各种风险，追求创业成功的回报。[⑦] 谢爱军还区分了创业人才类型，包括科技型创业人才、经营管理型创业人才、信息服务型创业人才、教育型创业人才。[⑧] 对创业人才狭义的解释是把创业者

[①] 魏丽红、陈忠卫：《创业教育模式比较及创业型人才培养》，《教学研究》2009年第3期。

[②] 张霞：《高校创业教育实施的必要性及其实施方案》，陕西师范大学硕士学位论文，2006，第30~33页。

[③] 席升阳：《我国大学创业教育的理论与实践研究》，华中科技大学博士学位论文，2007，第89~90页。

[④] http://baike.baidu.com/view/1295414.htm.

[⑤] 陈闻冠：《创业人才的素质和识别方法研究》，同济大学博士学位论文，2007，第14页。

[⑥] 占怡：《个人创业特征、创业效能感与创业行为策略的关系研究》，浙江大学硕士学位论文，2008，第11页。

[⑦] 姜彦福、张帏：《创业管理学》，清华大学出版社，2005，第102页。

[⑧] 谢爱军：《高等农业院校创业型人才培养的制约因素及对策研究》，湖南农业大学硕士学位论文，2007，第12~15页。

看作创办和发展任何类型企业的人。麦克利兰认为，创业人才应该包括所有小企业主和其他拥有决策权并为相应决策负责的管理者；斯科特·谢恩（Scott A. Shane）和桑卡兰·文卡塔若曼（Sankaran Venkataraman）直接认为创业者是指导并创建新企业的人。①

另外，值得一提的是，2009 年 6 月 CDIO 国际合作组织第一次明确提出"工程创业者"的概念，并在同年 10 月进行的 CDIO 教学大纲修改中详细列举了工程创业者应具备的能力。其具体包括了解社会和企业背景、掌握 CDIO 技能和工程领导力的各个方面，此外还包括创业的特殊技能：公司的创办和组建，业务计划的开发，公司资本与财务管理，创新产品营销，构思围绕新技术的产品与服务，创新系统、网络、基础设施和服务，创建团队、实施 CDIO 工程过程，管理知识产权等。②

关于创业人才素质方面的研究，主要涉及创业人才应具备的能力、知识以及企业家精神。学者经常引用的是 1992 年美国一个研究部门对数千名企业老板与最高管理层人员的调查结果，创业者（或企业家）最重要的 20 项素质按重要程度排列，依次是：财务管理经验与能力、交流与人际关系能力、激励下属的能力、远见与洞察能力、自我激励与自我突破、决策与计划能力、市场营销能力、建立各种关系的能力、人事管理的水平、形成良好企业文化的能力、行业及技术知识、领导与管理能力、对下属培养与选择能力、与重要客户建立关系的能力、创造性、组织能力、向下级授权能力、个人适应能力、工作效率与时间管理水平、技术发展趋势预测能力。③ 美国创业教育联盟 2004 年 6 月发布了《创业教育内容的国家标准》，从关键技能、必要技能、商业技能三个方面提出了创业人才的十五项主要标准。④ 国内学者的研究大多将创业人才的素质分为创业意识、创业心理品质、创业能力、创业知识等几个组成部分。⑤

---

① 占怡：《个人创业特征、创业效能感与创业行为策略的关系研究》，浙江大学硕士学位论文，2008，第 11 页。
② http://www.cdiofallmeeting2009.fi/materials/4CDIO_Syllabus_2.0_and_EL.pdf.
③ 陈闻冠：《创业人才的素质和识别方法研究》，同济大学博士学位论文，2007，第 15～16 页。
④ 应一也：《美国高校创业教育研究》，华东师范大学硕士学位论文，2008，第 25 页。
⑤ 陈闻冠：《创业人才的素质和识别方法研究》，同济大学博士学位论文，2007，第 26～27 页；彭钢：《创业教育学》，江苏教育出版社，1995，第 144～151 页；毛家瑞：《关于创业教育的若干问题》，《教育研究》1992 年第 1 期。

在创业人才素质中，Entrepreneurship 是非常重要的内容，可翻译成"创业精神"或"企业家精神"，诸多学者对其进行了研究。管理大师德鲁克认为，创业精神是行为、政策和实践的综合反映，企业家精神是一种以知识为基础的实践，"变革"构成了企业家精神的实质。[①] 熊彼特则把"创新"作为企业家精神的核心，持同样观点的还有丹尼·米勒（Danny Miller），他指出如果个体表现出创新、承担风险和主动进取的行为，那么他就具有创业精神。[②] 普朗莫迪塔·夏尔马（Pramodita Sharma）和詹姆斯·克里斯曼（James J. Chrisman）认为：创业精神包含现有组织内外创立的新组织、更新及创新活动。他们将创业精神以体系观念区分为个体的创业精神与组织的创业精神。[③] 沙梅（Shame V. H.）和尼古拉斯·希罗波利斯（Nicholas C. Siropolis）认为"创业"是创业者依据自己的想法及努力工作来开创一个新事业，包括新公司的创立、组织中新单位的成立以及提供新产品和新服务，以实现创业者的理想。创业本身是一种无中生有的过程，只要创业者具备求新、求变、求发展的心态，以创造新价值的方式为新事业创造利润，那么就能说这一过程充满创业精神。创业精神关注的在于"创造新价值"，而不在于设立新公司，因此创业管理的关键在于在创业过程中"将新事物带入现存的市场活动中"，包括新产品和服务、新的管理制度、新的流程等。[④]

国内学者王雁认为，企业家精神就是一种将变革和创新结合在一起的创业精神和开拓精神。[⑤] 侯锡林认为，企业家精神的本质是机会意识、创新精神与理性的冒险精神的有机结合。[⑥]

2009 年，考夫曼基金会高等教育创业课程专门小组出台了《美国高等教育中的创业精神》。报告涉及以下内容：创业精神的重要性、为什么创

---

① 〔美〕彼得·F. 德鲁克：《创新与创业精神》，张炜译，上海人民出版社，2002。
② Miller D, The Correlates of Entrepreneurship in Three Types of Firms. *Management Science*, 1983, 29 (7): 770 - 791.
③ Sharma, p. and J. J. Chrisman, Toward a Reconciliation of Definitional Issue in the Field of Corporate Entrepreneurship. *Entrepreneurship Theory and Practice*, spring 1999: 11 - 27.
④ Shame, W. H., *Venture Management-The Business of Inventor*, *Entrepreneur*, *Venture Capitalist and Established Company*. NY: The Free Press, 1; Siropolis N. C., *Small Business Management: A Guide to Entrepreneurship* (7th ed.). Boston: Houghton Miffin, 27.
⑤ 王雁：《创业型大学：美国研究型大学变革模式的研究》，浙江大学博士学位论文，2005，第 64 页。
⑥ 侯锡林：《企业家精神：高校创业教育的核心》，《高等工程教育研究》2007 年第 2 期。

业精神属于学院、创业精神如何适合于学院、课程中的创业精神（通识教育课程、专业教育课程、联合课程中的创业精神）、大学中的创业精神和企业管理，最后还列举了美国 11 所高校实施创业教育的具体做法。同时，报告指出，将创新与创业相结合才会达到独立和创造性学习的最好结果并且能给人类带来很多的益处。①

4. 关于创业人才培养体系的研究

国外关于这方面研究最有代表性的是 2009 年 2 月 MIT 斯隆管理学院在考夫曼基金会的支持下发表的《创业影响：MIT 的角色》。报告分三部分：第一部分分析经济对 MIT 校友创业者的影响，第二部分介绍 MIT 毕业生创办的公司类型，第三部分即报告的重点部分，介绍了 MIT 创业生态系统。整个 MIT 创业生态系统，包括各种形式的教学、研究和社会网络机构等诸多要素，他们为 MIT 快速成长的创业体系以及企业发展做出了贡献。②

国内研究则是通过具体的体系构建来培养创业人才。刘影等人提出高校创业教育相关的系统应包括七个方面：观念体系、目标体系、课程体系、制度体系、评价体系、师资体系、保障体系。王永友则从目标体系、内容体系、专家体系和过程体系四个方面构建了创业教育实践体系的基本框架。③ 刘沁玲则认为高校创业教育的体系应当包括目标体系、内容体系、教学体系、研究体系、组织体系和评价体系等，这些要素构成高校创业教育一个完整的科学体系。各子体系的研究也颇为丰富，归纳整理后有如下内容。

目标体系。关于高校创业人才目标体系的研究，国内学者的观点基本一致，可由创业意识、创业个性和创业能力等核心要素组成。④ 部分研究与创业教育目标和创业人才素质等研究内容相似，在此不做赘述。国内关于创业人才培养目标的研究，可以根据研究角度的不同大致分为三种观点：①从高等教育的培养目标看，高校创业人才的培养目标是，培养适应

---

① Kauffman Panel on Entrepreneurship Curriculum in Higher Education, Entrepreneurship in American Higher Education, *Kauffman The Foundation of Entrepreneurship*.

② Edward B. Roberts and Charles Eesley, Entrepreneurial Impact: The Role of MIT, *Kauffman The Foundation of Entrepreneurship*. Feb. 2009.

③ 谢爱军:《高等农业院校创业型人才培养的制约因素及对策研究》，湖南农业大学硕士学位论文，2007，第 5 页；王永友:《创业教育实践体系的基本框架构建》，《黑龙江高教研究》2004 年第 11 期。

④ 曾成:《高校创业教育目标及其实现》，中南大学硕士学位论文，2007。

社会主义市场经济发展需要，德、智、体、美全面发展，具有扎实的经济管理基本理论、较强的创业意识和创业精神、完善的创业知识结构、较高的创业能力，能在不同行业为社会发展做出贡献的高素质人才。②从知识产业化的角度看，创业人才培养目标就是要培养知识与经济双向运行、互动整合的人才，为此，应培养学生知识产业化意识、知识资源开发利用的能力和产业开发能力。③从学校类型来看，已有的研究涉及了理工研究型大学和高职高专两类学校。我国理工研究型大学要培养基于知识创造、知识集成的复合型拔尖创新创业人才；高职高专院校创业教育的目标是将大学生培养成为机会型创业者。①

课程体系。国外创业教育课程设置大致可分为创业意识类、创业知识类、创业能力素质类和创业实务操作类四种类型。②国内研究有代表性的学者是彭钢，他将高校创业教育课程体系分为四类：学科课程、活动课程、环境课程（潜在课程或隐性课程）、实践课程（或称创业实践活动）。③

教学体系。根据创业素质培养过程的特殊性，赵志军提出了实施创业教育应采用学科渗透法、模拟训练法、范例教学法、评价引导法、环境熏陶法五种方法。④

评价体系。席升阳博士提出了以学校、政府、社会为三大评价主体九个方面的评价体系。⑤段远鹏则认为，评价标准应包含模拟创业活动的开展、可行性创业项目设计、创业活动的效果、成功的创业活动。⑥有学者建议采用"模糊综合评价法"。还有学者认可多样化的评价方法：测验法、观察法、评定法、问卷法、访谈法。⑦对于创业人才，徐辉提出评价的主

---

① 段远鹏：《创业人才培养模式构建与运行研究》，《科技管理研究》2009年第10期；梁保国：《论创业教育》，《高等教育研究》1999年第6期；刘丽君等：《美国一流大学理工创业教育与我国创新创业人才的培养》，《中国高教研究》2009年第5期；郭南初等：《基于克里斯蒂安创业模型的创业教育研究与实践》，《职业教育研究》2009年第7期。

② 宫敏：《大学生创业教育的理论与实践——以华中科技大学科技创业教育为例》，华中科技大学硕士学位论文，2005，第15页。

③ 彭钢：《创业教育学》，江苏教育出版社，1995，第295页。

④ 赵志军：《关于推进创业教育的若干思考》，《教育研究》2006年第4期。

⑤ 席升阳：《我国大学创业教育的理论与实践研究》，华中科技大学博士学位论文，2007，第108~112页。

⑥ 段远鹏：《创业人才培养模式构建与运行研究》，《科技管理研究》2009年第10期。

⑦ 王海龙：《我国高校创业教育研究》，天津大学硕士学位论文，2004，第50页；张霞：《高校创业教育实施的必要性及其实施方案》，陕西师范大学硕士学位论文，2006，第34~35页。

要标准是理论知识、实践能力、创新思维、创业能动性。①

保障体系。已有研究主要涉及政策保障、师资保障、服务保障以及文化环境保障等方面。②

5. 国外创业教育经验借鉴

创业教育始于美国，以美国为代表的创业教育已进入成熟阶段。张竹筠总结了美国创业教育的做法和经验表现在六方面：创业教育师资力量雄厚；创业教学计划内容各有所重；学校领导层的重视推动了创业教育；创业教育的课程是一个系列；创业教学活动内容丰富；创业教育得到社会各界的支持。③ 许多学者都对美国的百森商学院、哈佛大学、斯坦福大学做了案例研究。④ 但创业教育的实施多数集中在商学院或管理学院进行，而针对其他专业的学生进行的创业教育也只是开设创业课程和进行创业计划比赛。

20 世纪 90 年代，瑞典开始关注创业教育并进行了一系列改革。瑞典创业教育的特点是突破了创业教育传统的课堂教学和围绕小企业生成的教学模式，在教学方式上关注现场教学和团队合作环境下的"做中学"模式，使学生置身于真正的商业环境中。⑤ 20 世纪 90 年代，日本在美国创业教育影响下，也逐渐开展了创业教育。最为重要的是日本的"创业教育激励计划"（Entrepreneurial Stimulation Project，ESP），ESP 的框架包括学生创业教育、大学校园内的指定空间、提供服务网络、社会力量、数据库资源和信息网络。这一模型的构想有两个支撑点：一是基于官、产、学密切配合的支撑体系；二是不同的学校开展创业教育时存在理念定位或者说培养目标上的差异。⑥ 印度早在 1966 年就提出"自我就业教育"，鼓励学生毕业后"不仅成为求职者，还应成为工作机会的创造者"。1982 年，印度科技部成立了"国家科技创业人才开发委员会"，并实施了长期的科技创业人才

---

① 徐辉：《高校创新创业人才培养的评价标准》，《江苏高教》2006 年第 6 期。
② 木志荣：《我国大学生创业教育模式探讨》，《高等教育研究》2006 年第 11 期；曲殿彬：《高等学校创业教育体系的构建与实施策略》，东北师范大学硕士学位论文，2007，第 32~42 页。
③ 张竹筠：《美国大学的创业教育对中国的启示》，《科研管理》2005 年第 10 期。
④ 应一也：《美国高校创业教育研究》，华东师范大学硕士学位论文，2008，第 29 页；李波：《美国大学创业教育研究——以百森商学院和斯坦福大学为例》，东北师范大学硕士学位论文，2008，第 25 页。
⑤ 赵观石：《美国、瑞典、印度三国大学生创业教育比较及启示》，《教育学术月刊》2009 年第 5 期。
⑥ 李志永：《日本大学创业教育的发展与特点》，《比较教育研究》2009 年第 3 期。

开发计划。计划要求大学开展旨在提高大学生创业意识的科技创业经营活动，为大学生提供与各类企业家、银行家以及技术研究开发机构的专家接触与交流的机会，使年轻大学生接受创业意识的熏陶，在学习期间播下创业的种子。此项计划的推进，促使印度大学的创业教育走到了亚洲的前列。[①]

李时椿等人总结出国外创业人才培养的特点如下。①教学思想：学生是教育的主体。②教学目的：不以单一专业知识或技能的传授为目的，采用大量案例启发学生，使学生通过自己的分析和研究，引发创业兴趣，建立创业思想，进行自我创业设计。③课程结构：采用分层次的模块化课程结构。在基础阶段，学习创业教育的几个通用模块。学生在了解自己、明确目标之后，能够根据自己的特点，选学有针对性的内容。④教学方法：结合本地经济发展的实际，以案例研究为导向是主要的教学方法之一。⑤评估考核：评估与考核在教学过程中占有极为重要的地位。它不仅是检验教学质量的措施，也是开展教学的重要方法。[②]

二 工程人才培养的相关研究

1. 关于工程人才培养模式的整体研究

目前，大多数关于工程人才培养模式的研究都是从工程教育这个大系统的某一个或某几个方面谈及，可归纳为四大类：第一类，从人才培养模式存在的问题和成因以及改革的对策、趋势来探讨；第二类，整体的人才培养观念；第三类，人才培养模式类型研究；第四类，各学校人才培养模式的成功经验介绍。

国内外有着大量关于工程人才培养模式的研究，但都是以模式中的某一个或几个要素为主要研究对象加以探讨的，下面几项综述内容则将培养模式的诸要素分解开进行归纳整理。

2. 关于工程人才培养目标的研究

（1）培养目标

王沛民等人对新中国成立后我国工程教育培养目标的发展演变做了总结。中国工程教育的培养目标在 20 世纪 50 年代可概括为四类人才：工程

---

① 席升阳：《我国大学创业教育的理论与实践研究》，华中科技大学博士学位论文，2007，第 32~33 页。

② 李时椿、常建坤、杨怡：《大学生创业与高等院校创业教育》，国防工业出版社，2004，第 9~10 页。

师、高级技术员、高校师资和科研人才，依学制长短和教育层次而定。从那以后，培养目标的表述一直相对含糊。[①] 张光斗院士、朱高峰院士都明确提出工科院校应以培养工程师为主要目标。近年来，对工程人才培养目标的研究呈现以下两种趋势：一是国内学者主要在对工科院校进行分类分析和对工程人才培养层次和类型界定的基础上，研究工程人才培养定位的原则，并讨论如何有效地实现工程人才培养的定位。[②] 二是不同类型和层次高校的人才培养目标定位日益清晰和准确。

国外关于工程教育的人才培养目标方面，美国工科院校的四年制本科提供两种类型的工程教育：第一种仍称"工程教育"，它是"工程师"的主要来源；第二种称为"工程技术教育"，它是"技术员"和"技术专家"（有人译作"技术工程师""工艺师""工程技术员""技师"）的主要来源。[③]

（2）具体规格

国内学者主要从工程师职业本身的特点和工程项目的特点两个角度分析了工程师应具备的素质。叶飞帆将工程师需要的能力概括为三方面，即工程分析能力、资源集成能力、社会责任能力。[④] 张炳生将工程人才的培养规格分为专业领域能力和非专业领域能力。[⑤]

国外的学者和研究机构将工程师职业置于市场和经济环境，提出了工程师应普遍遵守的行业素质标准，以美国波音公司的 10 条标准最有影响力；另外，从学校如何培养工程人才出发，美国工程和技术鉴定委员会（ABET）颁布的《工程准则 2000》提出 11 个方面的素质要求、澳大利亚工程师协会的双层素质模型和 CDIO 培养大纲最有代表性。[⑥] 美国"2020工程师"愿景报告[⑦]提出未来的工程师应当具备 6 种能力，欧洲国家工程

[①] 王沛民、顾建民、刘伟民：《工程教育基础——工程教育理念和实践的研究》，浙江大学出版社，1994，第 229 页。
[②] 林健：《高校工程人才培养的定位研究》，《高等工程教育研究》2009 年第 5 期。
[③] 王沛民、顾建民、刘伟民：《工程教育基础——工程教育理念和实践的研究》，浙江大学出版社，1994，第 227 页。
[④] 叶飞帆：《本科工程教育的能力与课程关系模型及其应用》，《高等工程教育研究》2009年第 1 期。
[⑤] 张炳生：《工程人才培养目标、规格和模式的关系研究》，《中国高等教育》2006 年第 6 期。
[⑥] 李曼丽、王争鸣、李长海：《现代工程师的胜任力及其高等教育准备》，《高等工程教育研究》2009 年第 6 期。
[⑦] 李晓强、孔寒冰、王沛民：《建立新世纪的工程教育愿景》，《高等工程教育研究》2006年第 2 期。

协会联盟（FEANI）详细规定了欧洲工程师的 16 项基本业务能力①，即工程教育人才培养的目标。MIT 提出了"Engineering in a Global Economy"②（在全球经济中的工程）新概念，这是对 21 世纪工程师培养目标的概括。

3. 关于工程人才培养模式的研究

工程人才培养模式主要涉及以下内容：课程体系、教学方法、培养途径等。

（1）课程体系

课程的结构和设计是当前学者研究的热点。课程教学模块化是大学普遍的趋势，通过具有主题的模块式课程，培养不同规格、不同方向的工程师。③ 研究型大学更关心的是理论课程与实践课程一体化的问题，将对企业现状、技术与产品未来发展趋势的分析以及企业界人士的意见作为课程设置的重要参考。④ 丹麦的杜翔云等教授认为交叉学科的以问题为导向的教学方法（PBL）是一种比传统授课模式更有效的课程设计。⑤

（2）教学方法

教学方法是目前工程教育改革的一个关键问题。国内外学者关于教学方法的研究普遍从教师"教"转向了学生"学"，都是以学生为中心。目前，关于工程人才的教学方法研究，最具代表性的是美国的迈克尔·J. 普林斯和理查德·M. 菲尔德的"归纳式教学法"研究。⑥ 众多学者关注的重点主要有以下两个方面：一是如何加强"教"与"学"之间的关系；二是如何有效教学。⑦

（3）培养途径

国内学者关于培养途径的研究呈以下特点：一是"从工程中来，到工

---

① 陈劲、胡建雄：《面向创新型国家的工程教育改革研究》，中国人民大学出版社，2006，第 445 页。

② 张维、王孙禺：《美国工程教育改革走向及几点想法》，《高等工程教育研究》1998 年第 4 期。

③ 卢洁、冯家勋：《理工科课程教学整体改革探索》，《高等工程教育研究》2009 年第 2 期。

④ 李正、林凤：《欧洲高等工程教育发展现状及改革趋势》，《高等工程教育研究》2009 年第 4 期。

⑤ 杜翔云、Anette Kolmos、Jette Egelund Holgaard：《PBL：大学课程的改革与创新》，《高等工程教育研究》2009 年第 3 期。

⑥ 〔美〕迈克尔·J. 普林斯、理查德·M. 菲尔德：《归纳式教学法的定义、比较与研究基础》，王立人译，《高等工程教育研究》2009 年第 3 期和第 4 期。

⑦ 李正、林凤：《美国高等工程教育改革探析》，《高等工程教育研究》2008 年第 2 期。

程中去"，从工程实践中提取理论，再将理论及时放到工程实践中实验、更新。[1] 国内学者对此理念的介绍、解释较多，并且很多大学将这一理念融入学校教学。二是主要从课程、教学模式、实践能力训练等方面阐释培养途径。[2]

已有关于工程人才培养途径的研究，关注最多的是"实践教学"和"产学合作"两个方面。综观国内外实践教学方式，其分类如下。国内实践教学环节主要有实验、工程训练、工程实习、生产实习、社会实践、课程设计、毕业论文（设计）、学年论文、学生课外科技活动计划、大学生社会实践等。[3] 而当前工程实习、生产实习等涉及综合能力锻炼等，出于种种原因已经越来越形式化，违背了实践、实习的初衷，未能起到良好作用。国外实践教学方式有很多，应用较为广泛的实践教学方式有教学工厂模式、合作教育模式、项目式教学和实习四种。目前，国外产学研合作培养人才的模式主要有以下几种：美国实行多模式制，英国以"三明治"模式为主，德国是分层进行的合作教育。国内对产学研合作模式的研究也有很多，中国工程院翁史烈院士将全国合作教育模式归纳为以下四种模式：三明治模式、继续工程教育模式、企业博士后工作站模式、校内产学研结合的人才培养模式。

4. CDIO 理论与实践研究

（1）CDIO 的理念探索研究

为应对经济全球化形势下产业发展对创新工程人才的大量需求，美国麻省理工学院、瑞典林克平大学、查尔姆斯理工大学以及瑞典皇家技术学院于 2001 年合作开发正式创立了一个新型的工程教育模型——CDIO，即构思（Conceive）—设计（Design）—实施（Implement）—运行（Operate）的简称。CDIO 教育模式是以产品、生产流程和系统的构思、设计、实施、运行全生命周期的教育理念为载体，以 CDIO 教学大纲和标准为基础，让学生以主动、实践、课程之间具有有机联系的学习方式学习和获取工程能力，包括个人的科学和技术知识、终身学习能力、交流和团队工作能力以及在社会及企业环境下建造产品和系统的能力。此模式符合工程人

---

① 吴志功：《论现代高等工程教育人才培养方向》，《中国高教研究》2007 年第 7 期。
② 李正：《"大工程"背景下的研究型大学工程人才培养》，《中国高等教育》2006 年第 10 期。
③ 张闯：《我国应用型本科教育实践教学研究》，南昌大学硕士学位论文，2007，第 48 页。

才的培养规律。

国外关于 CDIO 的研究最具代表性的是由爱德华·克劳利（Edward F. Crawley）等人编著、顾佩华等人翻译的《重新认识工程教育——国际 CDIO 培养模式与方法》。该书对 CDIO 教育模式的形成过程和实践的关键内容进行了详细的描述，主要内容包括 CDIO 的改革背景、大纲、标准、课程体系设计，学生能力培养，实践场所建立和实践条件要求，教与学的方法，学生学习能力的考核，教育改革对组织和文化改变的要求和建议以及如何对改革的结果进行评估等，是对 MIT 等几所欧美大学实施 CDIO 教育改革的总结。[①] 该书对于中国实施 CDIO 教育模式再创新和创造 21 世纪先进工程教育模式具有很好的参考价值。

自 CDIO 引入中国工程教育界以来，国内关于 CDIO 的研究主要有五类。第一类也是最多的一类，是对 CDIO 理念的介绍与启示。联合国教科文组织产学合作教席主持人查建中明确指出，CDIO 是一种"做中学"模式，是基于工程项目全过程的学习。[②] 高雪梅等学者提出 CDIO 方法对我国当前高等工程教育改革的启示：倡导工程教育的 CDIO 理念；规划调整基于现代工程环境下的学科课程体系；建立体验式学习的教学环境；实施主动学习和综合学习的新型"教""学"方法；探索非传统的学习评价方法。[③] 王刚则从 CDIO 模式的挑战和机遇、CDIO 模式的本土化、CDIO 模式的精英化和大众化三个方面阐述了 CDIO 带来的启示。[④] 第二类是从文化角度认识 CDIO。杨叔子院士从文化的内涵和类型出发，认为 CDIO 是工程文化教育的一种先进教育思想与模式。[⑤] 第三类是从历史角度予以解读。李曼丽通过梳理美国和欧洲工程教育在不同历史时期中理论与实践的关系发展来分析 CDIO 改革计划。[⑥] 第四类是环境教学角度的分析。Edward F. Crawley 和查建中等人认为 CDIO 是工程教育的环境，而非内容。[⑦] 第五类

① Edward F. Crawley, Johan Malmqvist, Sören Östlund, Doris R. Brodeur：《重新认识工程教育：国际 CDIO 培养模式与方法》，顾佩华等译，高等教育出版社，2009。
② 查建中：《论"做中学"战略下的 CDIO 模式》，《高等工程教育研究》2008 年第 3 期。
③ 高雪梅、孙子文、纪志成：《CDIO 方法与我国高等工程教育改革》，《江苏高教》2008 年第 5 期。
④ 王刚：《CDIO 工程教育模式的解读与思考》，《中国高教研究》2009 年第 5 期。
⑤ 杨叔子：《谈谈我对"CDIO—工程文化教育"的认识》，《中国大学教学》2008 年第 9 期。
⑥ 李曼丽：《用历史解读 CDIO 及应用前景》，《清华大学教育研究》2008 年第 5 期。
⑦ Edward F. Crawley、查建中、Johan Malmqvist、Doris R. Brodeur：《工程教育的环境》，《高等工程教育研究》2008 年第 4 期。

是人才培养角度的研究。雷环等中外学者从专业人才培养规律的角度，认为 CDIO 准确诠释了高等工程教育如何根据专业人才培养的规律为人才成长提供更好的教育环境，如何通过精心设计的教育过程来实现人才培养的目标，并提出中国在工程科技人才的培养上需要关注的问题和相关建议。①

（2）CDIO 的实践经验研究

国际上迄今已有几十所世界著名大学加入 CDIO 国际组织，这些学校的机械系和航空航天系已全面采用 CDIO 工程教育理念和教学大纲，取得良好效果。CDIO 在国内大学也得到广泛推广和应用，其中汕头大学的成绩最为瞩目。汕头大学依据自身情况提出了 EIP-CDIO 的概念，作为新的课程大纲，即注重职业道德（Ethics）、诚信（Integrity）和职业素质（Professionalism），并与 CDIO 有机结合。② 此外，清华大学、浙江大学、苏州工业园职业技术学院等各类大学也对 CDIO 进行了推广，并总结出一系列教育教学经验。

三　创业教育与专业教育融合的相关研究

目前，创业教育与专业教育相互融合已是创新创业教育的大势所趋。然而，我国创业教育与专业教育"两张皮"现象严重，孙秀丽总结了创业教育与专业教育中存在课程、课堂、实践三方面的脱节现象。③

许多学者对创业教育与专业教育的融合方式进行了探索。孙秀丽提出要通过构建"专业 + 创业"教育课程体系、创建"仿真 + 全真"创业实践平台、创建"校内 + 校外"创业实践基地等途径，同时通过完善系统管理、师资管理、评价考核保障机制来提升两者的衔接。④ 黄兆信借鉴美国高校创业教育与专业教育融合的三大模式——磁石模式、辐射模式、混合模式，提出我国高校创业教育与专业教育融合的改革路径是：转变创业教育发展战略，鼓励适合本校的多样化发展模式；在建设创业通识课程的基础上，大力推进专业类创业课程的开发；推动创业教育教学改革，鼓励专

① 雷环、汤威颐、Edward F. Crawley：《培养创新型、多层次、专业化的工程科技人才》，《高等工程教育研究》2009 年第 5 期。
② 顾佩华：《从 CDIO 到 EIP-CDIO——汕头大学工程教育与人才培养模式探索》，《高等工程教育研究》2008 年第 1 期。
③ 孙秀丽：《试论创业教育与专业教育的有效衔接》，《教育发展研究》2012 年第 7 期。
④ 孙秀丽：《试论创业教育与专业教育的有效衔接》，《教育发展研究》2012 年第 7 期。

业研究教师积极参与。① 基于专业教学的创业教育，张项民提出了四种运作范式：课程渗透式、专业实践式、科研参与式和产学研一体化式。②

四　对已有研究的评价

我国的创业教育刚起步，其研究正处于由概念解析、渊源探讨、特点和类型的总结向探讨教育、教学、实践体系构建的原则、方法和路径的过渡中，创业教育的实践正处在"学步"阶段。然而，国内关于工程人才培养的研究涉及面很广，从培养模式存在的问题以及改革对策到培养模式的类型、特点，从目标定位到培养模式，再到质量保障，均有研究。尤其是CDIO 理念的理论与实践研究，更是为工程人才培养提供了理想的模式和背景环境。这些研究成果为本课题的研究提供了非常有价值的借鉴，为本研究的开展奠定了较好的基础，使得笔者能在一个较高的平台上继续展开对于我国高校创业型工程人才培养的思考。

在各国面临产业转型和升级的背景下，产业必须提高科技含量，这需要大量高科技的创业人才，学校为了向社会输送符合产业要求的合格人才，只有在工程专业教育基础上进行创业教育，而不是纯粹将创业教育作为一门学科或一个专业而单独实施。为此，已有研究还有如下不足。

第一，在专业教育基础上进行的创业教育研究不多，大多是在经济或管理领域进行专门的创业教育，培养专门的创业人才。创业教育基本是作为一个学科或专门的课程进行传授，而没有将其渗透在工程专业教学中。诸多创业教育模式中，对在工程专业教育基础上进行创业教育的研究和模式探讨比较少。同时，已有研究多是培养创新型工程科技人才，而针对创业型工程人才的提法和研究几乎没有。"创业"与"创新"的本质区别在于"创业是实现创新产品的市场化和产业化的过程"。本研究将会针对创业这一特殊性来探讨创业型工程人才的培养模式。

第二，有从学习论、教学论、课程论等角度研究工程人才培养，但鲜见从认识论角度的研究。工程教育的根本目标是发展学生的工程实践能力，工程职业情境中充满具有复杂性、不确定性的问题，这些问题仅仅依靠书本知识和技术手段都无力解决，所要借助的只能是"实践知识"，它

---

① 黄兆信：《论高校创业教育与专业教育的融合》，《教育研究》2013 年第 12 期。
② 张项民：《基于专业教学的创业教育范式研究》，《中国高教研究》2008 年第 11 期。

是工程师在真实职业情境中通过反思实践活动建构发展的，是通过实践中的经验和有效解决问题的能力实现的。实践知识是工程人才培养模式的本质问题，忽视实践知识是现行工程人才培养模式存在缺陷的根本原因，遗憾的是，已有的研究中几乎未见相关研究。本研究将从实践知识的视角探讨创业型工程人才的培养问题。

第三，无论是创业人才培养的研究还是工程人才培养的研究，大多数是实践层面的经验介绍，缺乏理论支撑，而且系统性研究不多，缺乏整体规划。虽然引入 CDIO 工程教育理念，使得人才培养观念、方式等都有所改观，但其只是研究的初级阶段，缺乏深入探讨。尽管许多高校都在进行 CDIO 工科一体化教学改革，但仍处于尝试探索阶段，还未提炼出成熟的培养模式和理论。本研究希冀在已有研究的基础上对创业型工程人才培养模式的研究有所深入。

第五节　研究方法

在社会科学研究的一般原则里，"方法"通常包括三个层面：由哲学取向主导的方法论属于宏观层面的方法、研究视角与概念构成的中层方法以及微观的具体研究技术。本书将以实践知识为研究视角，用建构主义知识观分析法搭建理论框架，再辅之以一定的具体方法技术，如文献、访谈、比较研究等。

一　理论基础：建构主义知识观

建构主义是 20 世纪 80 年代形成于西方的一种认知理论，它是行为主义发展到认知主义以后的进一步发展。建构主义学习理论关注的是理论和意义的制定、知识的建构以及人与环境的互动等内容，具体包括知识观、学习观和教学观三个内容。

建构主义学习理论认为，学习往往是以建构的方式发生的，而建构是依赖知识的。因此，建构主义知识观是建构主义学习观和教学观的基础，不同的知识观就会产生不同的学习观和教学观。建构主义知识观主要探讨"知识是什么""知识以何种方式存在""知识如何获取"三个基本问题，在此问题的基础上才能推演出相应的学习方法、教学方法。

建构主义知识观具有建构性、社会性、情境性、复杂性、缄默性等。

基于此，本研究提出建构主义知识观的分析框架，具体来讲，就是在分析创业型工程人才培养模式的同时，从知识观的角度理解学习主体必须通过"做中学"的主体参与才能建构知识的意义，达到预期学习效果，而其前提条件则是情境创设、团队学习以及学习主体的已有经验三者的相互融合。

二 研究视角：实践知识

所谓研究视角，即观察、分析、解释一个事物、一种现象的特定角度。不同视角、不同话语系统代表特有的研究范式，不仅反映作者的研究价值取向与哲学立场，也反映作者在思维模式方面的差异。本研究将实践知识作为研究视角，运用实践知识所特有的一套话语系统来分析创业型工程人才的特质并构建相应的培养模式。

本研究在建构主义知识观的基础上，从认识论的角度探讨实践知识的获得过程以及主体认识客体的发展过程。实践知识是建立在对理论知识的理解和领悟基础上，通过个体参与实践和经验反思，在特定情境中知道该做什么和如何做的知识形态。实践知识是一个广义的概念，它突破了理论形态的知识框架，本质上是一种实践力，即一种在实践过程中根据经验和反思对事物理智控制的能力。实践知识包括以下几点要义：实践是实践知识的核心；经验是实践知识形成的基础；反思是实践知识形成的重要途径；情境是实践知识运用和发展的保障。实践知识观既是建构主义知识观的具体表现形式，也在一定程度上成为以实践为导向的教育的共同追求。

对实践知识的探讨采用静态与动态相结合的方式。静态的角度主要分析实践知识与理论知识的区别何在；创业型工程人才的实践知识是什么，包含哪些内容。动态的角度主要分析学校应如何培养学生形成这些实践知识，即构建强化实践知识的人才培养模式。

三 研究方法

1. 文献研究法

本研究通过图书馆、网络等途径广泛搜索国内外专家学者关于创业教育和工程教育的相关研究资料，对与题目相关的各类期刊论文、学术著作、学位论文、专题研究报告等资料进行收集、整理、归纳、分析，找出存在的研究空间，从而确定研究主题。

2. 比较研究法

比较研究法是根据一定的标准，对不同国家或地区的教育制度或教育实践进行比较研究，找出各国教育的特殊规律和普遍规律的方法。通过跨国比较、跨文化比较、跨学科比较、跨地区比较，可以找出一些共同的问题，发现哪一些是本国、本地的特殊问题，因而能更好地认清本国的教育状况，有效地推动教育的发展。

本研究采用中外比较研究，选取英国沃里克大学、美国北卡罗来纳州立大学两所学校，从实践知识的视角出发，通过对创业型工程人才培养模式的描述与分析，归纳出他们的学生形成实践知识的途径和方法，汲取先进的思想理念及人才培养的模式与方法，以此借鉴其成功经验，为研究我国高校创业型工程人才培养模式提供实践层面的经验支撑。

3. 调查访谈法

这是调查者根据预定的计划，围绕专门的主题，运用一定的工具（如访谈提纲）或辅助工具（如录音笔、电子邮件），直接向被调查者口头提问，当场记录回答并由此了解有关社会实际情况的一种方法。此种方法具有如下优点：可以解决问卷调查中存在无效问卷的问题，可以提供一种向深层探索的机会，题目可以更具开放性，有的调查数据更具个性化。

本研究选取光电领域成功创业的部分企业家作为主要访谈对象。访谈内容主要涉及光电领域成功创业的企业家的特质；对工科本科毕业生的优势、劣势评价；对学校教育的改进建议。同时，也访谈了部分在校工科本科生以及在华中科技大学东莞工研院学习的研究生。访谈结果为本研究提供了人才培养模式改革的现实依据，并从中找到现行人才培养模式的不足，指出今后改革的方向。

第六节　研究思路

基于研究的主旨和思路，以实践知识理论分析为主线，本书由六部分组成。

第一部分，绪论。在考察时代背景与现实情况的基础上，提出本研究探讨的主要问题。然后对研究主题进行文献分析，以期找到研究的承接处与生长点，进一步界定研究的具体问题，提出研究的重要意义，简要地介绍本书研究的主要内容、方法以及框架，并对本书的相关概念进行辨析与界定。

第二部分，实践导向的创业型工程人才培养模式。把实践知识作为研究视角，首先从认识论角度谈实践知识的哲学渊源及历史演变，将实践知识与理论知识相比较，在区别中界定实践知识的内涵、特征、构成等基本范畴，探讨建构实践知识的主要途径。接着以建构主义知识观为实践知识的支撑理论，为实践知识在工程创业教育中奠定合法性基础，同时为创业型工程人才培养模式搭建分析框架。最后从实践知识的视角对当前创业型工程人才培养存在的问题进行剖析，分析原因并提出解决问题的原则。

第三部分，创业型工程人才特质与培养目标的构建。首先，对创业型工程人才进行明确定位，通过比较来阐述创业型工程人才的特质和特殊性；其次，探析创业型工程人才的培养目标和规格以及他们所要面对的现实任务；最后，结合上述两方面研究，以实践知识为切入点，从技术形态和认知形态两个维度分析工科本科毕业生应具有哪些实践知识，为培养模式的构建指明方向。

第四部分，创业型工程人才培养模式的国际案例。选取英国沃里克大学、美国北卡罗来纳州立大学两所学校作为典型案例进行研究。通过介绍两所学校独具特色的创业型工程人才培养模式，分析他们的学生形成实践知识的途径和方法，从中总结出创业型工程人才培养的实践经验，为下文提出培养模式的要素框架和对策建议提供借鉴。

第五部分，创业型工程人才培养方案设计。首先，提出基于创业的 E - CDIO 模型，并以此模型为背景，构建一体化课程体系；其次，为落实此课程体系的内容，提出相应的以强化实践知识为目的的实施策略；最后，采用多元化评价方式对学生的学习过程和效果进行评价。

第六部分，结语。提炼研究结论，并总结研究的创新点与不足。

第二章 实践导向的创业型工程人才培养模式

如何培养创业型工程人才？此前中西方学者关于工程人才培养问题的研究，多数是从学习论、教学论、课程论等角度进行的，鲜有从认识论或知识观角度出发的研究。工程创业教育是实践性很强的教育，学生在掌握理论知识的同时，更加强调在职业情境中解决复杂问题的能力，更加注重实践知识的习得。鉴于此，本研究是从知识观的角度，确切地说是从实践知识的视角入手，讨论创业型工程人才的实践知识结构，分析当前工程人才培养存在的问题，并构建出适合于创业型工程人才的培养模式。以实践知识为研究视角，以建构主义知识观为理论基础，并通过这一理论来指导实践中的改革，指导创业型工程人才培养模式的构建。所以，本文的首要任务是弄清实践知识及知识观的相关理论内涵，在此基础上再对研究的问题进行理论分析。

第一节 实践知识：审视工程人才培养目标的新角度

一 实践知识的哲学渊源及历史演变

1. 实践知识的哲学渊源

亚里士多德在《尼各马可伦理学》中区分了人类活动的三种方式：理论（Theorie）、生产（Poiesis）和实践（Praxis）。相应地，他在对知识进行分类时，以知识的目的为依据，将所有知识分成三类：理论知识、实践知识、技艺知识。所谓"理论"是通过思考和理性所得的普遍、客观的指示，它所产生的知识称为理论之知，它是对永恒、普遍事物的认识，是表象世界中经过抽象、概括、分析和证明的一般性知识，如数学、物理学、神学等；所谓"生产"就是创制产品，包括艺术、技能和操作等，它所产生的知识称为技术之知，它以产品为目的，生产过程是得到产品的手段；"实践"是指人类运用理性来处理事务，它所产生的知识称为实践之知或实践智慧，这种知识是指人获得生存的知识，是人在实践活动中形成的有关怎样做的知识。所谓"实践智慧"实际上指的是看待世界的一种一般性的智慧或经验，是来自于实践本身的实践知识的形式，它发生于经验，从实践中来又回到实践中去，并由反思和思考来推动，可以为具体、特定的决策提供解释和依据。① 亚里士多德认为，实践不仅是一种具体的活动，而且实践自身即目的。亚里士多德"把人的实践提升到一种独立的科学领域"②，他所指的实践智慧与实践知识是以人类最基本的生存领域为研究对象，其为这一领域知识合法地位的确立奠定了基础。

到了近代，随着自然科学的发展，实践概念开始变成了认识论意义上的实践，即"主体如何通过实践来认识客体"。此时的实践成为主体正确认识客体的验证环节，成为人类征服和改造世界的工具性活动。随着技术活动对人类生活意义的日益凸显，在亚里士多德那里与实践活动截然分开的技术活动逐步成为实践概念的一个重要因素。培根认为，实践就是科学技术的运用，技术活动就是实践本身。他明确提出，功用或技术力量是实践的根本属性。该观点过于极端，导致现代社会技术理性不断膨胀而人文精神日益萎缩。康德意识到近代这种技术霸权对人类生活的影响，因而提出"技术—实践"与"道德—实践"的区分。他认为，实践就是"人的意志对于对象起作用的行动"③，是一种自由自律的活动，并强调实践表征了人类存在的本质，强调实践的主观性和超越性。更重要的是康德提出了认识论视角的转换，他认为应该逆转主体受客体影响的认识论观念，主张应该认识到客体是受到主体的影响的，对客体的认识是通过主体的经验和思维方式而建立起来的。康德的认识论中首次出现了主体的作用，在他那里虽然知识具有客观、普遍的特性，但是知识中存在主体的经验的认识首

---

① 范希运、陈利平：《实践知识、内隐知识：教师专业化知识基础的新视角》，《美中教育评论》2005 年第 5 期。
② 〔德〕伽达默尔：《赞美理论》，夏镇平译，上海三联书店，1988，第 69 页。
③ 张伟胜：《实践理性论》，浙江大学出版社，2005，第 2 页。

次得到澄清，这在哲学史上被称为"哥白尼式的革命"。①

马克思主义则通过把实践概念引入认识论，正确解释了主体的能动性，真正实现了认识论史上的伟大变革（即"第二次哥白尼式的革命"）。马克思主义哲学认为，实践是指"人能动地改造客观世界的物质活动，是人所特有的对象性活动"。② 他将实践看作哲学的根基，实践的观点成为马克思主义哲学首要和基本的观点。马克思认为，思维的前提和基础就是实践，如果没有实践的材料和验证，那么思维会变得虚幻和不可捉摸，也就失去了意义。马克思的实践直接指向具体且现实的人的活动，实践是与人以及人的生活方式、存在方式密切相关的，它既包括人的现实活动，又包括由这些活动所构成的属于人的"生活世界"。实践之所以如此重要，它首先应该是人改造世界的行为，这是与人的存在本身具有统一性的，也就是说有人类活动必然会有实践，并且这种实践是主观的意识在起作用，具体体现在对实践对象的目的性和意识性。人们或多或少都在意识的支配下进行实践活动，同时对实践保持一种意志力，在实践中遇到困难可以通过各种途径加以解决，来获得实践的成功，因此主观性的"目的"或"意志"在实践中也起到了至关重要的作用。③ 实践是主观见之于客观的活动，马克思主义认识论正是通过对人在认识中的参与、人在实践中的重要地位和作用的强调来解决"主体如何认识客体"的问题的。

波兰尼的"个人知识"是认识论史上"第三次哥白尼式的革命"，他的思想使人们对于认识中主客体的地位和作用有了一个全新的认识。近代科学革命以来，一种客观主义的科学观和知识观逐渐成为人们看待知识、真理的主导性观点。波兰尼强烈反对这种客观主义知识观专注于对科学理论进行静态的逻辑分析，反对排斥一切非客观的知识体系的狭隘之见。他指出，近代以来人们将知识的生产看作一种纯粹、理性的过程是可笑的。在知识产生的过程中，个体非理性的因素（如信念、激情、缄默的知识、主观判断等）是根本不能缺少的。缺少了它们，就不可能有任何科学发

① 陈静静：《教师实践性知识及其形成机制研究》，华东师范大学博士学位论文，2009，第40页。
② 夏国军：《对"实践"定义的逻辑质疑》，《燕山大学学报》（哲学社会科学版）2003年第1期。
③ 陈静静：《教师实践性知识及其形成机制研究》，华东师范大学博士学位论文，2009，第49页。

现。他开始关注科学研究的实践，揭示出科学研究的具体实践中存在不确定、难以用明确的方式来表达的知识。[①] 波兰尼强调"认识中无法避免的个人参与"[②]，对"主体如何认识客体"的问题做出了新的解答。他认为，人类有两种知识：一种是以书面文字、图表和数字、公式加以表述的明确知识或明言知识；另一种是未被表述的知识，它来源于个体对外部世界的判断和感知，是源于经验的未被表述的知识，这种知识被称为默会知识。默会知识是人的能力，它是依附在人头脑中的经验、技巧、诀窍和灵感等知识，它很难用语言、文字表述，并且难以形式化或沟通。在波兰尼看来，默会知识在人类知识中具有决定性作用。这种知识大量存在于现实生活和实践工作中，都是不能单靠简单规则或技术规条来传授的。[③] 他强调了默会知识的实践性和个体性。

2. 实践知识的发展

20 世纪 60 年代以来，波兰尼的知识理论受到英美著名教育哲学家赫斯特、谢弗勒以及布劳迪的关注，从而被引入教育理论研究中来，对教育领域中许多重要问题的分析都产生了较大影响，特别是对默会知识的研究，在教育心理学、教学设计、教师教育、学校管理等方面都开始受到关注。与之相关的实践知识（或称实践性知识）也逐渐进入众多教育学者的研究视野，但实践知识的研究主要运用于教师这一职业群体。

实践性知识的研究是从弗里曼·艾尔贝兹开始的，她认为教师拥有一种不清晰、广泛的能够引导其工作的知识，在面临工作任务的时候，他们利用各种知识资源加以解决，这种知识既不是抽象的，也不是理论取向的，她将这种具有一定模糊性的知识称为"实践性知识"[④]。20 世纪 80 年代，舍恩在《反思性实践——专家是如何思考的》一书中指出："教师的专业具有不稳定性、不确定性，同时又是充满许多潜在的价值冲突的专业。在这类专业中，执业者的知识隐藏于艺术的、直觉的过程中，是一种

---

① 姜美玲：《教师实践性知识的研究》，华东师范大学博士学位论文，2006，第 56 ~ 57 页。

② 〔英〕波兰尼：《科学、信仰与社会》，王靖华译，南京大学出版社，2004，第 119 页。

③ 〔英〕波兰尼：《个人知识——迈向后批判哲学》，许泽民译，贵州人民出版社，2000，第 74 页。

④ Freema Elbaz, The Teacher's Practical Knowledge Report of a Case Study. *Curriculum Inquiry*, 1981.

行动中的默会知识。"[①] 他认为，教师并不是简单地将理论知识"运用"到自己的教育教学实践中，而是在学习理论和亲身实践中逐步形成自己的"使用理论"。在新的情境中面临新的问题时，教师会通过自己的"使用理论"与情境（包括情境中的人，如学生、同事、家长、学校领导等）互动，共同对面临的问题进行"重新框定"，进而寻找新的解决问题的对策。[②] 舍恩的思想引发了人们对教师实践性知识的研究。20 世纪 80 年代中期至 90 年代初，对教师实践知识研究的主要推动者是加拿大学者康内利和柯兰迪宁。他们从"教师个人实践知识"出发，系统地研究了教师个人实践知识对学校改革的影响、教师个人实践知识与叙事研究的关系、教师个人实践知识与专业知识场景和教师专业身份认同之间的关系等问题。20 世纪 90 年代中后期，荷兰学者贝加德、威鲁普、梅叶等人在艾尔贝兹、康内利和柯兰迪宁的研究基础上，进一步拓展了教师实践知识的研究，把研究视野投入到具体的教师评价、学科教学、新手教师和富有经验教师的比较以及专业身份等方面。

受国外研究的影响，从 20 世纪 90 年代初开始，国内学者开始引进国外对于实践性知识的研究并努力使之本土化。1996 年，柯兰迪宁和康内利的《专业知识场景中的个人实践知识》一文作为特约稿被译成中文，在《华东师范大学学报》（教育科学版）发表。在其影响下，国内诸多学者对其进行了研究，代表人物是陈向明和钟启泉。2003 年陈向明教授的《实践性知识：教师专业发展的知识基础》从探讨教师的知识构成入手，将教师的知识分成"理论性知识"与"实践性知识"，分析了教师实践性知识的定义、内容、状态和形成机制，并阐述了教师实践性知识这一概念的赋权意义和专业建设意义。[③] 2004 年、2005 年钟启泉的《"实践性知识"问答录》和《为了"实践性知识"的创造》等文章，探讨了教师的"教学体验"和"实践性知识"的特质、两者的关系及其转化等问题。[④]

通过对国内外教师实践知识基本状况的了解发现，研究者对教师实践

---

① Schon D. A., *The Reflective Practitioners: How Professionals Think in Action*, New York: Basic Books, 1983: 49.

② 邹斌、陈向明：《教师知识概念的溯源》，《课程·教材·教法》2005 年第 6 期。

③ 陈向明：《实践性知识：教师专业发展的知识基础》，《北京大学教育评论》2003 年第 1 期。

④ 钟启泉：《为了"实践性知识"的创造》，《全球教育展望》2005 年第 6 期。

知识的讨论，主要集中在内涵、特征、构成、来源和影响因素、生成机制、获得途径、意义几个方面。

实践知识引入教育领域以来，人们大多在研究教师实践知识，而对于学生实践知识的研究很少见到。本研究就是主要探讨学生，特别是创业型工程人才的实践知识。

二　实践知识与理论知识的分野

1. 认知领域的知识分类

知识属于认识的成果，是人们为解决问题而使用的学问和技能的总和。[①] 认知领域对于知识的分类，不同的知识观有不同的知识分类理论与知识分类标准，因而就呈现不同的知识类型。但无论知识类型如何划分，几乎每一种知识类型的研究都直接或间接地包含了实践知识。

（1）根据知识属性分类

从认识论出发来观察知识，亚里士多德从人类的实践活动出发把知识分为理论知识、实践知识和技艺知识。他的知识分类方式一直沿袭到 15 世纪。在随后的发展中，技艺知识逐渐成为实践知识的重要部分，而非独立存在的一种知识，人们对知识的探讨就集中在理论知识与实践知识二者之间。

在教育学界，为了更好地实现教育目标，专家从属性特征角度对知识进行区分，代表人物是布鲁姆。布鲁姆在认知目标分类修订版中将知识分为事实性知识、概念性知识、程序性知识和元认知知识。事实性知识指独立、特定的知识内容，如关于专有名词等；概念性知识相对于事实性知识要更复杂、更有组织性，如关于理论、模型、结构的知识等。这两类知识都是指有关什么的知识。程序性知识是"如何做事的知识"，具体包括科学技能和算法、学科技巧和方法、确定何时运用适当程序的知识。元认知知识是关于一般认知和自我认知的知识，具体包括策略知识（即有关一般学习、思考和问题解决策略的知识，涉及不同的学科）、关于认知任务的知识（情境性和条件性知识）、自我知识（包括了解自己的认知优势与不足、动机与情感，如自我效能感、对完成任务与达成目标之间关系的感

---

① 转引自甘永成《虚拟学习社区中的知识建构和集体智慧发展——知识管理与 E-Learning 结合的视角》，教育科学出版社，2005，第 58 页。

知、个人的兴趣、价值观与完成任务的关系等）。① 可以看出，其中程序性知识属于实践知识的范畴，而元认知知识更进一步，它是从实践经验中升华的"智慧"。

（2）根据知识形态分类

波兰尼把人类的知识分为明言知识与默会知识两种，默会知识是明言知识的基础，明言知识是默会知识的外显形态。根据他的观点，人们又把可言传的知识称为显性知识，把那些高度个人化、不容易传递、不能脱离认识主体的知识称为隐性知识。隐性知识部分由技术型技能组成，即那些非正式、难以掌握的所谓"诀窍"，包括个体的思维模式、信仰和观点，在认知过程中占有重要的地位。②

国际经济合作与发展组织（OECD）在《以知识为基础的经济》中，以波兰尼的知识分类为基础，把知识分为四类：事实知识、原理规律知识、技能知识、人力知识。前两类为可编码的显性知识，后两类知识主要基于实践经验而获得，为不可言传的默会知识或隐性知识。很明显，隐性知识属于实践知识范畴。

（3）根据认知心理学分类

从学习结果来看，加涅认为，教学是为了达到特定的教育目标，对教学目标的分类，也就是对学习结果的分类。加涅提出了五类学习结果：言语信息、智慧技能、认知策略、动作技能和态度。言语信息即学生将信息存储在长时记忆库中，必要时能够做出回忆和陈述，它是一种陈述性知识。智慧技能是指能使学生运用概念符号与环境相互作用的能力，包括最基本的语言技能和高级的专业技能。它必须是一种技能或程序性知识，而不是简单地能予以背诵复述的。认知策略是一种特殊且非常重要的技能，是学生用来指导自己注意力、学习、记忆和思维的能力。认知策略是在问题解决或其他学习活动中运用监控思维和行动的心理规划，学生能否解决问题，既取决于是否掌握相关的规则，也取决于学生是否具有控制自己内部思维过程的策略。动作技能包括许多动手操作的程序，这些动作有思维过程或其他心理过程的参与，包括计划、监控、调整、评估动作水准等。态度相当于情感性知识。加涅将态度界定为影响个体对自身行为做出选择

---

① 盛群力、褚献华：《布鲁姆认知目标分类修订的二维框架》，《课程·教材·教法》2004年第9期。

② 〔美〕彼得·F. 德鲁克：《知识管理》，杨开峰译，中国人民大学出版社，1999，第11页。

的情绪情感。① 显然，五种学习结果中智慧技能、认知策略、动作技能、态度均属于实践知识的范畴。

从智力来看，美国心理学家斯滕伯格认为成功智力包括分析性智力、创造性智力和实践性智力。分析性智力用来解决问题和判定思维成果的质量；创造性智力可以帮助人们一开始就形成好的问题和思想；实践性智力则可在日常生活中将思想及其分析的结果以一种行之有效的方法加以使用，一般表现为理论联系实践，或是将抽象的知识转换为具体的实际操作。② 斯滕伯格将隐性知识和实践性智力联系起来，认为实践性智力发展的一个重要标志就是隐性知识的获得。而且随着人们将智力区分为学术性智力和实践性智力，相应地，知识也被区分为学术知识和隐性知识，隐性知识成为实践性智力的一个标志。斯滕伯格指出，具有实践性智力的个体，一般会主动地寻找那些不为人知且常常隐藏于环境中的知识，他们容易获得并使用隐性知识，这是以行动为导向的知识。从本质上说，它是一种程序性知识。

可以看出，从认知领域来研究知识，大多离不开陈述性知识、程序性知识和策略性知识。陈述性知识的学习涉及"应知"，是指个人主观上认识的、能表现客观世界的知识，即人能够做出表述的知识，它用于回答"是什么"和"为什么"之类的问题，涵盖了从简单的事实性知识（如事物的名称）到复杂的概念性知识（如原理、定理、规律等隐含在事物内部的知识），也可认为这类知识属于理论知识。程序性知识和策略性知识之间主要是功能上的差异，在性质上没有根本的区别。它们的学习属于"应会"，是指"知道怎样做"的知识，即有关具体过程的操作性、实践性的知识，主要来源于主体的活动，是多次实践的结果，有时很难用言语表达出来。其中，策略性知识还包含态度、价值观、情感、兴趣和个性等内容，影响个人对任务概念和程序运用的解读，是认知过程的动力和方向系统。这两类知识属于实践知识的范畴，学生在现实情境中使用或迁移这类"应会"知识的能力最为重要。实际上，人们平常所说的知识，通常指陈述性知识，技能就是指程序性知识和策略性知识。

综上所述，知识有多种类型，不仅有概念的、理论的知识，也有经验

---

① 盛群力：《教学设计》，高等教育出版社，2005，第42~48页。
② 〔美〕斯滕伯格：《成功智力》，吴国宏、钱文译，华东师范大学出版社，1999，第116页。

的、实践的知识。但无论知识怎样分类，都会涉及实践知识，可以将实践知识概括描述为有关如何做事的知识。知识只有达到实践知识的层面，才能真正构成个体职业能力的一个要素。与实践知识相关的关键词包括：动机、情感与态度知识，规则、技巧及程序知识，与学科相关问题的解决策略，控制思维过程的策略和情境性知识等。

早前，亚里士多德便明确地区分了认识与实践这两种活动。他认为前者的目的主要在于"知"，在于理解世界；而后者的目的主要在于"做"，在于改造世界。相应地，本研究从知识属性和知识形态出发，将知识分为理论知识和实践知识。上述程序性知识、策略性知识、隐性知识等均属于实践知识范畴。实践知识与理论知识二者并不是截然分离、相互对立的，但它们之间确实存在区别，下面通过对理论知识与实践知识进行比较来阐述实践知识的内涵与特征以及实践知识的构成与获取方式。

2. 实践知识与理论知识的关系

理论知识与实践知识之间的关系可以用两种方式来阐释。第一种也是最为普通的一种阐释，强调理论与实践的差异。第二种则是强调二者的关联性和统一性。

（1）二者的区别

亚里士多德所言的实践知识更多的是与理论知识相对的。"将哲学称为追求真的知识是正确的，因为理论知识是以求真为目的，实践知识以行动为目的，尽管实践的人也要考虑事物是什么，但他们不从永恒方面去研究，只考虑与当前有关的事情。"① 实践之所以区别于理论：实践处理的是具体且变化的事务，实践的内容也包含着变化；而理论或科学处理的对象是永恒的，由于必然性而存在的，这类知识在严格意义上是关于事物不变的性质或本质的。理论是抽象的，实践是具体的；理论提供的是不受背景影响的客观的概括性结论，而实践则与受背景制约的事物的具体细节有关。换句话说，理论处理抽象思想，实践则是处理日常生活中的具体事物。

理论知识是指人们在实践中借助一系列概念、判断、推理表达出来的关于事物的本质及其规律性的知识体系，是系统化的理性知识。它包括概念、原理、学说、假说等形式。② 理论知识是人们思想认识的高度概括和

---

① 〔古希腊〕亚里士多德：《形而上学》，吴寿彭译，商务印书馆，1959。
② 冯契：《哲学大辞典（修订本）》，上海辞书出版社，2001，第818页。

总结，是对"是什么"的事实性知识的追问和"为什么"的原理性知识的回答。理论一般被认为是科学、被确证、价值中立、逻辑化的体系，具有真理性价值。相应地，理论知识是客观存在的，是不以人的意志为转移的，是对客观世界普遍规律的反映。同时，理论知识通常呈外显状态，可以为大家所共享，能够用文字、公式、图表明确表达并相互传递。

对于工科学生而言，这种理论知识是一种间接、外在的经验，趋于一种非生活化的倾向，对于解决实际工程问题并不能产生直接影响。事实上，真正能对学生的个人成长以及今后职业生涯有帮助的知识基础，应该是学生经过自己学习和亲身体验内化产生的，而不是靠教师的直接讲授。也就是说，外授的理论知识必须要在学生个体的主动参与下，结合自身先前的知识、经验并融入实践中，经过反思和实践后才能被学生真正接受。对于创业型工程人才，他们首要关注的是实践中情境的改善和实际问题的解决，并以解决实践性问题为旨归。如行动理论的倡导者舍恩所说，"复杂的实际问题需要特定的解决办法；这些解决办法只能在特定的情景中发展出来，因为问题是在该情景中发生和形成的，实际工作者是其中关键的、起决定性作用的因素；这些解决办法不能任意地使用到其他的情景中，但是可以被其他实际工作者视为工作假设，并在他们自己的工作环境中进行检验。"① 因此可以说，面对实际情境中诸多复杂、模糊、不确定的问题，书本的知识、技术的手段都是无力解决的，科学知识和手段也不起作用，所要借助的只能是"行动中的知识"。实践着的工程师需要一套支配其具体行动的实践知识体系，才能使创业实践和工程实践在理性的轨道上合理地持续运行。

简单来讲，实践知识是个体在职业情境中参与学习实践，结合个人经验和专业经验对其进行反思，逐渐积累形成知识，是知道怎样去做某件事的知识。其功能在于完成实践任务，实践知识存在于实践过程本身，是在实践中形成的，具有情境性和过程性，例如技术规则等也能运用语言进行描述，但只有在实践过程中才可能真正被掌握。实践知识通常呈内隐状态，是基于学生的个人经验和个性特征而镶嵌在学生的职业行为中，很难用简单的几个命题或公式来概括，具有复杂性和变动性。实践知识只有在做的过程中通过体验的方式才能真正被掌握，理论转化、经验积累、同行

---

① 转引自陈向明《什么是行动研究》，《教育研究与实验》1999 年第 2 期。

交流、反思、训练等都是实践知识的获取方式。

表 2-1 从内涵、功能、特性、存在形态和获取方式五个方面对理论知识与实践知识进行详细区分。

表 2-1　理论知识与实践知识的区别

类别	理论知识	实践知识
内涵	是指人们在实践中借助一系列概念、判断、推理表达出来的关于事物的本质及其规律性的知识体系，是系统化的理性知识	是个体在职业情境中参与学习实践，结合个人经验和专业经验对其进行反思，逐渐积累而成的知识
功能	解释世界	完成实践任务
特性	客观性、普遍性、确定性、外显性	实践性、情境性、默会性、个体性、反思性、建构性
存在形态	内在逻辑：按照知识本身的逻辑进行组织	任务逻辑：以实践任务为核心进行组织
	命题型：以语言等符号为载体，以命题、公式的形式记载，具有静态性	过程型：存在于实践过程本身，具有动态性。技术规则只有在实践过程中才能真正被掌握
获取方式	言传式：以语言等符号为载体通过阅读、讲授等方式进行传递	"做中学"：只有在做的过程中，通过体验的方式才能真正掌握，并且这种学习在很多时候只能是默会的

（2）二者的联系

需要指出的是，强调实践知识是创业型工程人才专业发展的主要知识基础，并不是否定理论知识在创业型工程人才学习中的重要作用。工程创业教育作为一种实践性极强的专业教育，其专业知识包括理论知识和实践知识两大部分，二者在工程实践中发挥着同样重要的作用，并且相互影响、相互转化和融合、密不可分。但传统的学校教育往往重视理论知识的教学，而相对忽视实践知识的学习。传统的学校教育把掌握知识本身作为教学的目的，把教学过程主要理解为知识的积累过程，以知识掌握的数量和精确性为评价的标准，并形成了教师讲、学生听的教学模式，形成了学生以模仿、操练和背诵为主要特征的学习方式。[①] 学生要习得静态的知识，更重要的是要获得知识迁移的能力。教学不能仅仅把获取知识本身作为目

---

① 袁振国：《教育新理念》，教育科学出版社，2002，第 123 页。

的，更应当注重将知识作为解决实际问题和完成任务的工具或手段。

理论知识和实践知识是构成完整的知识体系不可缺少的组成部分，二者辩证统一。继承亚里士多德实践哲学传统的伽达默尔也认为，实践哲学是理论之知的前提和基础，一切理论知识都根源于人的生活实践。[①] 理论来源于实践，服务于实践，并指向实践。"理论只有在实践中才能实现自身，理论本身也是构成实践过程的一部分。"[②] 理论知识与实践知识之间存在一种"连续"或"谱系"现象，而不是完全对立的两极。理论知识经过学生在创业实践和工程实践中的内化与活化，进而转化为实践知识，而实践知识经过学生的质疑、反思、批判、重构，借助言语和思维逻辑而体系化并形成被确证和广泛认同的理性知识。"实践和理论在古希腊思想家那里不仅不是对立的，而且是最终统一的，而这种统一的根据，就在于它们实际上都以人的存在、人的现实生活为前提。"[③]所以，实践知识和理论知识是辩证统一的关系。

实践和理论虽然是统一的，但它们的地位并不具有对等性。实践知识是理论知识的基础，人们并不是在头脑中筹划好所有的事情才付诸行动的，因此行动的知识在一定意义上具有某种独立性，它是衡量一个人知识水平的重要标志。[④] 实践知识对于创业型工程人才发挥的作用更大，因为实践知识支配他们解决问题的行为，同时也影响他们对理论知识的学习和运用。创业型工程人才的创业意识、创业能力、实践能力等职业能力的形成，不是主要依赖于理论知识，因为理论知识的功能是解释问题，它并不能直接指导实践。理论知识只能用来理解实践，进而促进实践能力的广泛迁移。实践不是理论知识的直接应用，实践知识是在实践中形成的，是理论知识在实践中的转化和深化。

三 实践知识的内涵与特性

1. 实践知识的内涵

在某种程度上，实践知识是建立在对理论知识的理解和领悟基础上

---

① 〔美〕伽达默尔：《赞美理论》，夏镇平译，上海三联书店，1988，第 34 页。
② 宁虹、胡萨：《教育理论与实践的本然统一》，《教育研究》2006 年第 5 期。
③ 张汝伦：《历史与实践》，上海人民出版社，1995，第 235 页。
④ 陈静静：《教师实践性知识及其形成机制研究》，华东师范大学博士学位论文，2009，第 45 页。

的，通过个体的参与实践和经验反思，在特定情境中知道该做什么和如何做的知识形态。实践知识是一个广义的概念，它已突破了理论形态的知识框架，本质上是一种实践力，即一种在实践过程中根据经验和反思对事物理智控制的能力。实践知识包括以下几点要义：实践是实践知识的核心；经验是实践知识形成的基础；反思是实践知识形成的重要途径；情境是实践知识运用和发展的保障。

实践知识具有两种不同的表现形态，一种是技术形态的实践知识，用于处理外部事物；另一种是认知形态的实践知识，用于调控自身心智情感。前一种通常表现为知道怎么去做的技能和工艺，有的可以言传，有的不能言传。当这种技术形态的实践知识是一套明确阐述的技术规则时，它是可以言传的，甚至可以加以检验；当它是非正式、很难约束的技能和工艺，仅能以实际操作的方式加以表演或演示时，就很难用语言表达出来。例如，一名高级工匠经过长年累月的实践，积累了大量习惯性技巧，但他却无法说出这些专业技能背后的科学原理。至于第二种认知形态的实践知识，则主要是指在掌握技能知识基础上形成的信念、道德、情感、经验、能力等非智力因素。克莱蒙特将隐性知识分为"无意识的知识"、"能够意识到但不能通过言语表达的知识"以及"能够意识到且能够通过言语表达的知识"。[①] 通过这种划分，认知形态的实践知识更多的是"无意识的知识"和"能够意识到但不能通过言语表达的知识"，这种知识具有很强的个体性，无法与个人分离，它难以言说，但并非不能表达，有的可以通过身体、行为、情境等外显出来。

对于创业型工程人才来说，最终要理解的应该是"知道怎样做"而不是"知道是什么"，要理解的是"一种类似于知道怎样在世界生存的技能，而不是知道许多事实和规则"[②]。换句话说，当创业型工程人才发现一种"知道是什么"和"为什么"的知识后，如果不知道如何来使用它，就不能说真正拥有这种知识。英国哲学家赖尔区分了对知识的"博物馆式的拥有"和"工作作坊式的拥有"[③]，实践知识的掌握恰恰是这种"工作作坊式的拥有"，它把知识的使用作为一个内在的环节包含在自身之内，是一

---

① 石中英：《知识转型与教育改革》，教育科学出版社，2001，第230页。
② 姜美玲：《教师实践性知识的研究》，华东师范大学博士学位论文，2006，第57页。
③ Nyiri, J. C., Smith, B., *Practical Knowledge: Outlines of a Theory of Traditions and Skills*. London, New York, Sydney: Croom Helm.

种真正有效地对知识的拥有。

具体来说，创业型工程人才的实践知识，是指个人在工程或企业的职业情境中参与学习实践，结合个人经验和专业经验以及职业道德和职业意识，高度综合并内化数理基础和专业基础知识、系统知识和设计知识、市场知识和企业管理知识等以运用于具体的实践情境中的知识形态。可以说，创业型工程人才的实践知识是行动主体在职业情境中行动背后的知识结构，它横跨了知识、能力与职业意识等方面的学习领域，是由言语信息、智慧技能、认知策略、动作技能和态度五种学习结果综合而成的习得的性能，是一种"转识成智"之后的行动机智。[①]

2. 实践知识的特性

（1）实践性

从性质上看，实践知识是个体在工作实践中使用的知识，实践性是实践知识突出的特性。实践知识获取的重要途径就是参与学习实践，从实际行动、亲身参与中获得。这就需要个人深入实际的"做"，在"做中学"，这也是杜威的实用主义哲学和教育理论的一个核心内容。杜威主张让学生在"经验"中学习，在实践操作中学习，通过解决问题来学习。让学生融入对知识的发现和探究的过程中去，在"做"的过程中学习和掌握知识，同时从经验中积累和发现知识。因此，实践知识的获取途径之一就是"做"，就是解决问题。实践知识始于问题，终于问题，在解决问题的过程中不断得到修正或证伪，从而不断发展。

创业型工程人才的重要能力就是面向市场、解决工程创业的实际问题，他们通常是在行动中考察、探究，结合自己的知识背景和个人经验，在解决问题的过程中不断获取新知，逐步构架起自己的知识结构。他们的知识蕴含在如何做之中。显然，创业型工程人才的实践知识植根于实践，但又高于实践，指导个体的行为，实践知识一旦形成就会成为指导个体应对未知情境的有力工具。

（2）情境性

从对象上看，实践知识具有情境性。实践知识依赖情境而存在，在情境中透过各种复杂、动态的关系反映出来，植根于生动、具体的场景中，因情景变化而有所不同，问题的呈现与解决方式也会有所不同。因此，它

---

① 〔美〕R. M. 加涅：《教学设计原理》，皮连生译，华东师范大学出版社，2004，第 32 页。

是不确定、不完全的知识，具有无限的开放性。伽达默尔曾经指出，"实践知识与掌握一般规律的理论知识的根本不同在于它是针对具体情况的，因此它必须把握情况的无限变化，并通过具体运用来发展和充实。"①

实践知识是创业型工程人才以工程职业情境——专业技术问题、雇主、用户以及社会等众多利益相关者——为专业工作对象时所形成的知识。在这种职业情境中，人、时间、空间、媒介等都是影响情境的重要因素，多因素作用蕴含复杂性，任何一个因素的变化都可能引起职业情境的变化，变化使情境具有不确定性，情境随主体不同、实践内容不同而产生不同的结果。同时，创业型工程人才在实践中面对许多不可或缺的条件限制，其实践动力来自自己与外界环境的主体间性，受到社会结构和运作条件的影响。他们不可能随心所欲地选择行动，只能在多种约束条件下寻求最佳折中点，与某些利益相吻合，并具有被这些利益所激发的潜在可能。这必然要求工程师从日常的学习实践中总结反思自己的学习经验，了解工程实践中社会背景环境和企业运行环境，在整体社会背景和企业文化中理解知识，以对工作中随时可能出现的事件做出及时、机智的反应和处理。因此，对创业型工程人才实践知识的探究不仅需要针对行动者本人，还需要对其所处的环境、客观条件以及与利益相关者之间的关系进行分析。

（3）默会性

从知识的存在方式上看，实践知识具有默会性。实践知识既包含知识的显性部分，又包含隐性部分，即默会部分，而且个体的大部分实践知识都属于默会知识。波兰尼认为，默会知识是人的能力，它是依附在人头脑中的经验、技巧、诀窍和灵感等知识，它很难用语言、文字表述，并且难以形式化或沟通。在波兰尼看来，这种知识大量存在于现实生活及实践工作中，都是不能单靠简单规则或技术规条来传授的。②

实践知识的这种默会性意味着与理论知识相比，首先，实践知识不能通过语言、文字或符号进行逻辑的说明，只能在行动中展现、被觉察、被意会；其次，不能以正规的形式加以传递；再次，不易大规模积累、储藏和传播，因而很难获得社会公共机构及公共权力的重视和支持；最后，不像显性知识那样通过明确的推理过程而获得，所以不能通过理性加以批判

---

① 〔美〕伽达默尔：《赞美理论》，夏镇平译，上海三联书店，1988，第59页。
② 〔英〕迈克尔·波兰尼：《个人知识——迈向后批判哲学》，许泽民译，贵州人民出版社，2000，第74页。

反思。① 但是这种默会性支配着整个认识活动，是人们获得所有显性知识的"向导"。默会性还强调个体身心合一和融入情境中的理解活动。对于创业型工程人才来说，这种知识具有不可言传只可意会、不可清晰表达但能灵活应用等特征，它们时时刻刻地影响他们在工程实践中的行为决策和判断能力并构成他们实践知识的基础。

（4）个体性

从知识产生的过程看，实践知识是一种个人所拥有的知识，是个人经验和专业经验的体现。个体在从事工程实践活动时，许多技术性规则是无法代替实践知识的，而实践知识只能通过身体的参与和内心的领悟才能够被个人掌握。实践知识的获得是身心合一的理解活动，是默会性认识，本人无法通过语言准确地表达出来。因此，实践知识既依赖于认识主体的个人理解和体验，又因为多数无法言传而不便于交流，从而表现出强烈的个人性。

创业型工程人才的实践知识指向个体，是工程师依据个人的实践经验、个人的处事方式以及那些内化为他们个人品质的学科知识来处理实际工程问题。它本质上主导着个体的职业行为，有助于个体重构过去经验与未来计划以把握现实行动。

（5）反思性和建构性

实践知识的获得不只是靠"实践"，更重要的是靠"反思"。反思贯穿实践知识的始末。个体的反思是在行动中面对问题，将自己已经做的事情和看到的东西用一种新的形式重新编码，而后产生新的结果，组织新的行动模式，是行动中的反思。这一过程更多的是凭借个人实践知识，即钟启泉先生所说的"以我为中心，吸收外来的知识，并跟自身已有的知识混合、发酵，由此才浮现出来的对于我有意义的知识"②。从中可见实践知识的反思性和建构性。个体所具有的实践知识也并非静止不变的，而是个体面对情境做出机智的反应和批判的反思，是随着内外条件的变化，不断地调适、修正、更新。

创业型工程人才应对职业学习情境时，不能简单依靠已有的知识去解决实际问题，必须根据具体情境，以原有的知识为基础，建构用于指导问

① 石中英：《知识转型与教育改革》，教育科学出版社，2001，第 224 页。
② 钟启泉：《"实践性知识"问答录》，《全球教育展望》2004 年第 4 期。

题解决的图式，而且往往不是单以某一种知识为基础，而是要通过多学科知识以及大量经验背景的共同作用来实现。可以说，创业型工程人才的实践知识是不断建构与发展的动态性知识。

四　实践知识的获取途径

在思考个人的知识是如何增长并发展时，仅考察"知识是什么"是远远不够的，还必须深入探讨知识是如何习得的、知识是如何迁移并转化为能力的等更深层次的问题。夸美纽斯也非常重视学生获取知识的途径，尤其对通过实践活动获取知识有许多见解。他认为"学校可以变成一个忙于工作的工场"，"工具的用法应当用实践，而不是用言语去指示；就是说，要靠榜样，不要靠教诲"，"通过教诲，路途是长远而困难的，通过榜样则是短捷而可行的"，"没有一个人单靠规则精通过任何语言或艺术；至于通过实践，即使没有教诲，精通也是可能的"。① 学习是一种主动建构的过程，学生应学到一种解决问题的程序。从建构主义知识观来说，学习是在原有经验和知识的基础上，吸收外来的知识，通过批判性反思，与已有的知识进行同化、顺应，形成"为我所用"的新的知识。确切地说，实践知识或实践能力主要是通过不断建构来获得的。对于创业型工程人才而言，如何使学生能够主动建构这种解决实际问题的实践知识是本研究要讨论的关键问题。下面从集体和个体两个层面分析实践知识的获取方式，其中以集体层面的获取为主。

1. 集体层面的获取：社会化（外显）的过程

实践知识在很大程度上依附于知识的拥有者，具有很强的个体性，很多时候都无法通过书面或明晰的方式把实践知识所蕴含的内在东西完全展现出来，必须通过在集体中与实践知识的掌握者进行对话沟通或行为互动等方式来习得这些内化于个体的知识和技能。概括来说，情境学习、团队学习、"做中学"三种形式能够使实践知识在社会化的环境中传递和转移，三者互相交叉，你中有我、我中有你，是获得实践知识极为重要的渠道。

（1）情境学习

人类所有的学习都离不开特定的情境，这些情境对学习效果的影响至关重要。情境学习以一种极其有效的方式影响着实践知识的获取和迁移，

---

① 〔捷〕夸美纽斯：《大教学论》，傅任敢译，教育科学出版社，1999，第150～151页。

它有助于解决学生认识过程中形象与抽象、实际与理论、案例与观点、感性与理性以及已知与未知、旧知与新知的关系和矛盾。"知识和技能通常是在个体运用知识和技能的'境脉（Context）'中获得的，这是一个与环境有关的问题。"①

实践知识的个体性和默会性等不易被发觉和表达的特性，决定了只有将其放在一定的生活场景、问题情境或思想语境中，它才具有生命力，否则离开特定环境，实践知识就是静态的知识库，处于内隐状态，缺乏实际效用。正如一位德国学者所比喻的：将15克的盐放在你的面前，无论如何你难以下咽。但将15克盐放入一碗美味可口的汤中，你在享用佳肴时，就将15克盐全部吸收了。情境之于实践知识，犹如汤之于盐。盐要溶入汤中，才能被吸收；实践知识需要溶入情境中，才能显示生活力和美感，才能被有效吸收和获得。

情境学习的最终目标是使实践知识能够在各种真实情境中成功迁移，能在工作情境中运用，以实践能力展现于工作过程中，具体表现为职业适应和应变能力。研究表明，学生在各种真实、复杂、不确定的实际问题中进行学习远比问题明确、答案确定的传统型学习的效果要好，任务的真实程度越高，学生对单独复杂任务的调查研究就越深入，收获就越大。相应地，教学实践要将真实的学习任务与现实的条件相匹配，教学场所和空间必须具有"丰富的情境供应"，尽可能地为教学提供更多、更广的情境化机会。学习任务最好是真实的，当然，丰富的情境也包括真实与虚拟相结合的情况，但是这个虚拟在意向上必须仍是真实的。

野中郁次郎等人为研究知识创造过程，提出了"场"的概念，他指出，在知识转化阶段中会经历四种场：原始场、对话场、系统场、练习场。在每个场所产生的知识最终将成为组织的知识基础，与大家共同分享。②"场"的概念足以说明实践知识对于情境的依赖性。创业型工程人才最好能直接与企业联合培养，让学生亲自在企业实习、工作，接触、了解、参与、体验企业运作过程和创业项目从设计到实现的各个环节。当然对于学校教学而言，其也离不开实习场的训练。所谓实习场，就是根据某

---

① 壮国祯：《高职教育"行动导向"教学体系研究》，华东师范大学博士学位论文，2007，第71页。

② Nonaka Ikujiro, Toyama, Ryoko, Konno, Noboru, SECI, Ba and Leadership: a Unified Model of Dynamic Knowledge Creation. *Long Range Planning*, 2000, 33.

个生产工序或某种产品的生产过程，建立既能使各单元独立操作，又能串联为一套生产工序或过程的实习场所。[①] 实习场的环境虽然在时间、场景和活动上与企业情境是分开的，但实践的方法与工业企业的方法是一致的，学生可以参与实践并充分体验企业工作的实际情境。

工科学生可以置身于真实的问题情境中，经历类似于工程师或企业家那样解决问题的探索过程，这就能有效地促使学生主动探索、自己思考和解决问题，从而实现对知识的主动建构。例如，要让学生掌握对市场敏锐观察的能力，应设法让学生了解市场当时的环境，进而掌握在这种情境下如何观察市场的能力，也可以依靠现代科技手段再现从前的时光，将远在千里之外的空间搬来，尽量使实践知识的转移置于"此时""此地"的情境中，促进实践知识的获得。

（2）团队学习

学习具有社会性的特点。随着时代发展，综合性、跨学科等高度复杂的任务或问题越来越多，仅凭个体独立完成或解决的可能性已变得越来越小，通常需要运用团队合作、基于共同体的学习或实践方式来解决各种复杂问题。"学习行为是从有关现场情况的材料中诞生的，而且常常是集体性的。"[②] 所以，学习者不能与其工作的团体隔离。在这一过程中，团队成员可以根据特定的真实的实践活动来学会该做什么以及何时做、怎样做，同时从不同的学习或实践共同体中习得实践知识并得到相关能力的训练。

团队是一个互补性很强的群体，大家为了共同的目标，发生一系列的行为，并在此过程中保持彼此之间的相互负责与相互依赖。团队成员在这一有着共同追求的集体中，通过持续不断的相互作用而建构自己的知识并发挥专长。团队学习过程中，学习者与周围环境产生互动作用，他们的实践知识就在不断交互的过程中逐步建构。一方面，学习者与信息内容进行互动，学习者结合自己先前的认知形成对当前信息的理解，与此同时，当前的信息又会使原有知识发生重组或调整。另一方面，学习者也与团队其他成员进行互动，通过沟通交流、观察、反思、经验积累、训练等多种方式获取并建构自己的实践知识。

---

① 壮国祯：《高职教育"行动导向"教学体系研究》，华东师范大学博士学位论文，2007，第71页。

② 〔美〕约瑟夫·A. 雷林：《实践性学习——学习型组织的实现途径》，贺广勋等译，电子工业出版社，2002，第112页。

莱夫和温格将学习置于社会性合作参与的特定形式中，他们关注的是"什么样的社会参与方式能为学习的发生提供适当的环境"①，他们认为"学习过去是，现在仍然是分布在合作参与者之间的，而不是一个人的行为"②，人应该成为一个参与者。这种团队学习，并不意味着所有成员必须共同在场，它更强调一种活动系统中的参与，参与者共享他们对于该活动系统的理解。同时，参与者共同创造了团队特有的价值观、信仰、态度和做事方式等，换句话说，团队成员在团队学习中获得了集体的实践知识，发展了共享的技能。

（3）"做中学"

"做中学"是美国著名教育学家、哲学家与心理学家杜威依据其实用主义教育观提出的一种教学思想。他主张"教育即生长、生活和经验改造"，知识的习得与运用应合二为一。在此基础上，他提出了"做中学"的教学理论，认为教学过程应该就是"做"的过程，教学应从儿童的现实生活经验出发，儿童应该从自身活动中学习、从经验中学习，强调学生应该通过解决问题来学习，强调实践对于学习的重要性。知识来源于实践，理论也来源于实践，而能力的培养更离不开实践的锻炼。纯粹的理论知识是抽象的，如果只采取课堂灌输的教法和死记硬背的学法，很难达到真正的教育目的。有效的教学方法应是还原抽象理论知识与实践，使学生在亲身"做"的过程中具体生动地理解、掌握和创新知识。③ 当然，杜威这里所说的"做"，不是人们通常所理解的重复、机械的训练，他的"做"只是教学的起点和手段，其目的是激发学生的学习兴趣，整合知识与经验并通过解决实践问题来训练学生的智慧。④

知识不是灌输而来的，而是主体在真实情境中参与实践后不断建构得到的。如果所学的知识没有实际转化应用，那知识就是呆滞、没有生命力的。如果学习者只是知道这些知识，出了校门却不会用，那并不能说他们

---

① 〔美〕J. 莱夫、E. 温格：《情景学习：合法的边缘性参与》，王文静译，华东师范大学出版社，2004，第 3 页。
② 〔美〕J. 莱夫、E. 温格：《情景学习：合法的边缘性参与》，王文静译，华东师范大学出版社，2004，第 3 页。
③ 彭建标、樊凯：《试论杜威实用主义教育思想与我国教育变革的导向》，《甘肃教育学院学报》（社会科学版）2002 年第 1 期。
④ 徐国庆：《杜威职业教育思想论介》，《河南职业技术师范学院学报》（职业教育版）2003 年第 2 期。

获得了这些知识。对知识的内化来说，没有"学"的做和没有"做"的学都是行不通的，"做"和"学"是不可分割的一个整体，它们产生交互作用并不断向前发展。知识建构的根本途径是个体参与实践活动，而且学习的目标也不再停留于认知能力的发展，而是以实践能力的发展为核心。学习的过程是个体不断增长实践能力、不断社会化的实践参与过程。因此，人的实践知识和实践能力只有在人们不断解决各种现实问题的过程中，才能逐步形成和发展起来。

2. 个体层面获取：内化的过程

个体层面实践知识的获得，自我内化是关键。个体在社会化的环境中习得实践知识后，通过对以往经验的总结与反思，结合对当前事件的理解，通过顿悟、内省等方式从深刻的反思中提升经验，最终建构个体特有的实践知识。当然，这些方式均要求自身的积极参与，要求个人的主动投入。

五　实践知识与创业型工程人才素质要求的契合性

无论是美国工程和技术鉴定委员会（ABET）颁布的《工程师准则2000》中11个方面的素质要求、欧洲国家工程师协会联盟（FEANI）规定的欧洲工程师的16项基本业务能力，还是美国创业教育联盟2004年发布的创业人才的15项主要标准，抑或研究者对创业者素质的权威调查结果，都可以看到工程教育和创业教育对知识的认识已达到一定高度，他们对学生的要求不仅是对知识的掌握，而且是以能力为本位，强调学生在职业情境中的技术能力、与人沟通和合作能力、创新创业能力等。工程创业教育是实践导向、能力本位的教育，这就要求学生在掌握理论知识的同时，更加注重实践知识的习得。除了课堂中的言传知识外，还要掌握关于认知技能和动作技能的知识以及在此基础上形成的信念、道德、经验、能力等非智力因素。实践知识不仅是个人在实践和工作中取得成功的重要因素，而且成为现代企业核心竞争力的重要基础和源泉。只有习得并内化实践知识才能真正形成时代所需的职业素质。因此，实践知识与创业型工程人才素质具有高度契合性。

对于大多数工程人才而言，理论知识的学习并不是以学术研究为目的，而是为了更好地实现实践知识的转化，即能力的提高，理论学习要服从、服务于实践学习，强化实践知识的习得则是创业型工程人才的学习重点。但是我国现行的工程创业教育，对于学生获取理论知识的能力通常比较关注，其获取途径也比获取实践知识的途径要多，概括来说，就是重理论知识、轻实践知识，重知识传授、轻能力训练，忽视实践、体验、参与式学习。这脱离了工程实践的需求和产业的需求，背离了工程的职业特性，严重制约了创业型工程人才的培养。

"知识的类型决定着教育的目标及其结构，而知识的来源则影响着课程内容与教学方式的选择，个人的知识是社会文化积累、工作情境和个人经历共同作用的结果。"① 只有针对不同类型的知识来选择、设置教学内容，才能把有价值的知识转化为学生的内在素质，并转化成能力。因此在工程教育中，必须改变传统知识观，确立实践知识观，重构工程人才培养体系。本研究根据创业型工程人才的培养目标，思考如何使学生获取实践知识，这是构建创业型工程人才培养模式的关键。

第二节　建构主义知识观：创新工程人才培养模式的新思路

一　建构主义学习理论

建构主义（Constructivism）是 20 世纪 80 年代形成于西方的一种认知理论，它是行为主义发展到认知主义之后的进一步发展。建构主义认为，世界是客观存在的，但是主体对世界的认识却各不相同。主体不能通向外部世界，而只能通过利用内部基本的认识原则去组织经验，从而发展知识。② 认识主体以自己的经验为基础来建构现实，个体的经验以及对经验的信念不同，对外部世界的理解也就各异，所以建构主义者更关注如何以原有的经验、心理结构为主来建构知识，强调学习的主动性、社会性和情境性。当前的建构主义理论是在杜威、皮亚杰、维果斯基和布鲁纳等人的思想基础上产生发展起来的。

由于个体的认知发展与学习过程密切相关，建构主义可以较好地说明人类学习过程的认知规律，能较好地说明学习如何发生、意义如何建构、

---

① Billet Stephen, Constructing Vocational Knowledge: History Communities and Ontogeny. *Vocational Education and Training*, 1996, Vol. 48, No. 2.

② 徐辉:《现代西方教育理论》，重庆出版社，2006，第 104 页。

概念如何形成以及理想的学习环境应包含哪些主要因素等。总之，在建构主义思想指导下可以形成一套新的比较有效的认知学习理论，并在此基础上实现较理想的建构主义学习环境。建构主义学习理论关注的是理论和意义的制定、知识的建构以及人与环境的互动等方面内容。

可以从知识观、学习观和教学观三个方面来认识建构主义学习理论。一般来说，建构主义知识观回答的是知识是什么、从哪里来和认识对象与认识主体的关系问题，主要是一个哲学问题；建构主义学习观回答的是个体如何学习的问题，是对学习发生过程的实然性的描述，主要是一个科学的问题；建构主义教学观基本上是一个实践的问题，是要探索与建构主义知识观和学习观相一致的教学实践方式，是一个应然性、规范性的问题。[①]

1. 建构主义知识观

建构主义知识观探讨的是知识本身的认识问题，多是从知识与世界、知识与认识主体的关系以及知识的属性等方面加以讨论，这是一个哲学层面的问题。建构主义认为，知识的本质是发展的、内在建构的，是以社会和文化的方式为中介的，学习者在认识、解释、理解世界的过程中建构自己的知识。具体理解可概括为以下几点。

① 知识不是对现实的纯粹客观的反映，而是对客观世界的一种解释和假设。任何一种传递知识的符号系统不是绝对真实的表征，它必将随着人们认识程度的深入而不断的变革、升华和改写，出现新的解释和假设。

② 知识并非绝对客观和准确的，它不能对任何活动或问题都提供普适性的解决方法。在具体的问题解决中，知识是不可能一用就准、一用就灵的，而是需要针对具体问题的情境对原有知识进行再加工和再创造。知识是在具体的情境脉络中被创造出来的，它对于这个情境脉络的"生存力"是判断知识之真实性的标准。

③ 知识不会以实体的形式存在于个体之外。即使一些知识可以通过语言或符号使其具有外在形式，并能被普遍认同，但这并不意味着学习者对这种知识有同样的理解。正所谓"仁者见仁，智者见智"。对知识真正的理解只能由学习者自身基于自己的经验背景而建构起来，是取决于特定情境下的学习过程。

---

① 郑太年：《知识观·学习观·教学观——建构主义教育思想的三个层面》，《全球教育展望》2006 年第 5 期。

2. 建构主义学习观

建构主义学习观关注的是，人是如何学习的，或者说，学习是如何进行的。这是一个描述性、解释性、理论性的问题。对于学习规律的认识，建构主义提出以下要点。

① 学习是学生自己建构知识的过程。学生是知识意义的主动建构者，这种建构是他人无法替代的。他们必须主动参与整个学习过程，根据自己先前的经验，与他人对话沟通，在此过程中建构知识的意义。

② 学习过程同时包含两方面的建构：一方面是对新信息的意义的建构，另一方面是对原有经验的改造和重组。学生根据自己的经验背景，对外部信息进行主动的选择、加工和处理，从而获得自己的意义。外部信息本身没有什么意义，意义是学习者通过新旧知识经验间反复、双向的相互作用而建构成的。在这一过程中，学习者原有的知识经验因为新知识经验的进入而发生调整和改变。所以，建构主义者关注如何以原有的经验、心理结构和信念为基础来建构知识。

③ 同化和顺应是学习者认知结构发生变化的两种方式。同化是认知结构的量变，而顺应则是认知结构的质变。人的认知水平的发展，是"平衡–不平衡–新的平衡"的过程，循环往复，不断向前发展。在这两种建构过程中，建构主义者更重视"顺应"，强调学习者形成对概念的理解是丰富的、以经验为基础的，这样当其面临新的情境时，便能够灵活建构起指导行为的图式。学习不是简单的信息积累，而是包含新旧知识经验的冲突以及由此而引发的认知结构的重组。相应地，学习过程也不是单纯的信息输入、存储和提取，而是新旧知识经验相互作用的过程，也就是学习者与学习环境之间互动的过程。

3. 建构主义教学观

建构主义教学观要回答的问题是：基于建构主义思想的教学是什么样的？这是一个应然性、规范性的问题。建构主义主张的教学方法的核心是强调学习者是一个主动、积极的知识构造者。学习是发展，是改变观念；教学是帮助他人发展或改变观念。

① 建构主义强调学习者的学习并非零起点，学习者原有的知识经验是新知识的生长点。教学不能无视学习者已有的知识经验，简单地从外部对学习者实施知识的"填灌"，而应当引导其从原有的知识经验中产生新的知识经验。教师的一项重要工作就是从学生实际出发，以深入理解学生真实的思维

活动为基础，通过提供适当的问题情境或实例促使学生反思，引起学生必要的认知冲突，从而让学生最终主动建构新的认知结构。①

② 教学就是创设有助于意义建构的学习环境。教师不能只关注如何传递知识，更重要的是要创设一定的环境，促进学生自己主动建构知识的意义，时刻关注学生对知识意义的真实建构过程，并适时提供适当的指导和帮助，充当学生主动建构意义的促进者、合作者和指导者，进一步促进学生的建构活动。② 真实的活动和情境化内容是学习环境的重要特征。

③ 教学过程中应创建学习共同体，增强学生之间的合作，重视学习者的社会参与和实践，注重学习者之间多种形式的交流互动以促进知识的建构。事物的意义并非完全独立于人而存在，而是源于人的建构，每个人都以自己的方式理解事物的某些方面，因此，学习者的交流、合作、理解应更加丰富和全面。

二　建构主义知识观的内涵和特点

从认识论或知识理论的角度来看，人们大多有目的的实践行为都是受知识支配的，或者说，是由知识建构的。一种有目的的实践行为背后就有一套系统知识的基础存在。③ 建构主义学习理论认为，学习往往是以建构的方式发生的，而建构是依赖知识的。上述建构主义学习观和教学观都是以建构主义知识观为基础，在弄清了什么是知识后探讨如何习得知识等一系列问题，并推演出相应的学习方法、教学方法和课程设计路径。不同的知识观就会产生不同的学习观和教学观。"知识的类型决定着教育的目标及其结构，而知识的来源则影响着课程内容与教学方式的选择，个人的知识是社会文化积累、工作情境和个人经历共同作用的结果。"④因此，要想研究如何培养出合格的创业型工程人才，就必须追根溯源，树立正确的知识观，在此指引下进行培养方案的设计。建构主义知识观认为，知识是不断建构而获取的，知识是解决问题的工具；知识具有建构性、社会性、情境性、复杂性、缄默性。图 2 - 1 展示出建构主义知识观的主体思想。接下

---

① 徐辉：《现代西方教育理论》，重庆出版社，2006，第 108 页。

② 刘儒德：《建构主义：知识观、学习观、教学观》，《人民教育》2005 年第 17 期。

③ 石中英：《知识转型与教育改革》，教育科学出版社，2001，第 221 页。

④ Billet Stephen, Constructing Vocational Knowledge: History Communities and Ontogeny. *Vocational Education and Training*, 1996, Vol. 48, No. 2.

来对建构主义知识观做详细阐述。

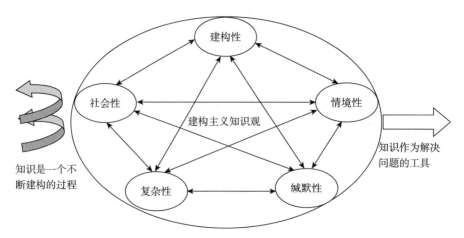

图 2-1　建构主义知识观的主体思想

1. 建构主义知识观的内涵

建构主义知识观的内涵可以从"知识是什么""知识以何种方式存在""知识如何获取"三个基本问题入手进行探讨。

（1）知识的本质

建构主义认为，知识是一种主体性的存在，即主体基于已有的经验以及所处的具体情境，通过主动建构的方式获得融入主体世界的知识。知识是动态、开放、自我调节的，是个体在出于各种目的而试图理解所生活的社会或自然环境的过程中认知建构或创造的过程。因此，知识与其说是个名词（Knowledge），不如说是个动词（Knowing）。知识是一个不断认知、体认和建构的过程，是解决问题的工具。[①]

（2）知识的存在方式

知识包括结构性知识和非结构性知识或经验。结构性知识，是指规范、拥有内在逻辑系统、从多种情境中抽象出来、结构相对稳定的基本概念和原理。非结构性知识，是指在具体情境中形成的与具体情境直接关联、不规范、结构不稳定的直接经验或个人的生活经历等。[②] 学习的结果是学习者将自己已有的知识经验与外面传递的信息相结合而产生一种新的知识，建构主义更重视这种知识的非结构性以及在具体问题中的运用。

---

① 钟志贤：《大学教学模式革新：教学设计视域》，教育科学出版社，2008，第 135 页。
② 赵蒙成：《建构主义教学的条件》，《高等教育研究》2002 年第 3 期。

（3）知识的获取方式

建构主义认为，学习是认知主体意义建构的过程，是一个同化、顺应、再同化、再顺应的循环往复、不断向前发展的过程。皮亚杰认为知识来源于主客体的相互作用——"活动"，知识不是由外向内的输入，而是个体新旧经验的冲突而引发观念转变和结构重组，是同化和顺应两种功能的协调统一。

2. 建构主义知识观的特点

（1）知识的建构性

知识的获得是认知主体主动建构的结果，不是靠灌输而来的。认知主体具有认识能动性，世界的意义是靠个人创造的。个体通过新旧经验的互动积极建构知识，在个人的经验世界和知识世界之间建立联系。建构主义认为，对知识的理解、内化以及运用能力比知识的识记更重要。

（2）知识的社会性

知识是通过个人与社会之间的互动、转化等形式而构建的一个动态发展的实体。知识不仅具有个体性，被认知主体本身所拥有，同时社会协商的方式保证了知识也具有社会性，存在于共同体中。

（3）知识的情境性

"知识产生于人与环境的交互作用。"[1] 知识是个体与外界情境之间互动的产物，意义的建构依赖于特定的情境。个体是结合经验和所处情境来建构知识的，如果知识脱离了具体情境，那么它的存在就没有生命力。

（4）知识的复杂性

一方面世界本身就是复杂且普遍联系的，另一方面每个认知者对知识的建构过程和结果是独特的。正所谓"横看成岭侧成峰，远近高低各不同"。复杂知识的主要特征是结构的开放性、不良性，知识的建构性、协商性、情境性和应用的不规则性。

（5）知识的缄默性

大部分知识都具有隐性特征，它们经过个人的理解、加工能够有效运用，但却很难用文字或符号来明确表述。隐性知识像雾一样，弥漫在人的意识活动中，是人类知识各层次融会贯通、触类旁通的关键，而显性知识则像粒子一样，离散地存在于意识活动中。隐性知识和显性知识不仅互为

① John D. Mcneil, *Curriculum: the Teacher's Initiative.* Prentice-Hall, 1994, Inc. 14.

前提，而且还在一定条件下互相转化。①

三　建构主义知识观与创业型工程人才培养模式契合

1. 建构主义知识观奠定了实践知识在工程创业教育中的合法性

建构主义认为，社会现实是由人们建构并解释的，世界并没有切实的、有形的标准，人们很难用一种很精确的方法去衡量、观察和感觉。知识是学习者与环境交互作用过程中依赖个人经验自主建构的，是因人而异的东西。因此，知识的获取对学习者来说，是价值介入的，有其情境性、特殊性、个体性等非普适性特点。实践知识就是在具体的情境脉络中被创造出来的，具有实践性、情境性、默会性、个体性、反思性和建构性等特点。而传统的知识观认为，世界是真实存在、有结构的，而且这种结构可以被人们认识，因此知识是客观的，可以表征一个现存、独立于认识者的真实世界。知识的获取是价值中立的。

从知识观的角度看，学校大多传授的是"客观性"的理论知识，因而，对待这种知识的态度是接受和理解，再进一步得出教学方法是以教师的讲授为主。建构主义知识观强调知识是建构出来的，并且处在不断的建构中，知识的形成过程具有社会协商性。无论是具有真理性、客观性的理论知识，还是具有实践性、情境性、默会性的实践知识，学习者都需要用建构的方式去理解它，从而内化为自己的知识。

显然，这种建构主义知识观是对传统课程和教学理论的巨大挑战。建构主义认为，理论知识包含真理性，但并不意味着终极答案，随着社会的发展，肯定还会有更合理的解释。更重要的是，任何知识在为个体接收之前，对个体来说是没有意义的，也无权威性可言。不能用知识的权威来压服学生，学生对知识的接受和理解只能由其自己建构。创业型工程人才对知识的习得，需要他们以自己的经验为背景，通过"做中学"的主体参与，并且不断反思才能实现知识的建构。特别是实践知识，更要通过他们在具体的职业情境中主动实践来建构。因此，建构主义知识观是实践知识的支撑理论，奠定了实践知识在工程创业教育中的合法性。

当然，用建构主义知识观来支撑实践知识，并非否定理论知识的重要

---

① 钟志贤：《面向知识时代的教学设计框架——促进学习者发展》，中国社会科学出版社，2006，第 100~102 页。

性，而是对理论知识的有益补充，实践知识与理论知识处于同等重要的位置。本研究只是将着眼点放在创业型工程人才的实践知识上。

2. 建构主义知识观是创业型工程人才培养模式的理论支撑

如前所述，一定的知识观可推演出相应的学习观和教学观，那么，建构主义知识观就自然可以派生出与传统的"传授—接受真理形态的理论知识"不同的教学形态。实践知识是创业型工程人才综合素质的重要基础，如何将实践知识融入人才培养体系中，则需要用建构主义知识观、学习观、教学观三个层次构成的学习理论作为理论支撑，指导创业型工程人才培养模式的构建。

本章第一节已阐明，从集体层面来看，实践知识的获取途径主要有三种，分别是情境学习、团队学习、"做中学"；从个体层面看，实践知识主要是在已有经验基础上的总结和反思。在此基础上，通过对建构主义知识观的阐述，可概括其核心观点如下：知识是学习者以"做中学"主体参与的方式主动建构的活动和结果；学习者的已有经验是建构新知识的基础；特定的社会文化情境是知识建构的前提条件；知识的建构过程需要与他人不断互动和协商。这些主张对于解决我国当前工程创业教育中存在的"忽视实践知识的重要性，且尚未把实践知识融入人才培养体系中"的根本问题特别具有针对性。

第三节　应然与实然：创业型工程人才培养模式的变革

一　应然性分析

深化高校创新创业教育改革，是国家实施创新驱动发展战略、促进经济提质增效升级的迫切需要，是推进高等教育综合改革、促进高校毕业生更高质量创业就业的重要举措。李克强总理明确指出：国家繁荣发展的新动能，蕴含于万众创新的伟力之中。当前，中国现代化建设正处于关键时期，将坚定不移地走创新驱动发展之路，使人人皆可创新、创新惠及人人，形成大众创业、万众创新的生动局面。面向创新驱动发展战略，高校要培养大批创业人才，尤其是创业型工程人才以满足国家战略需求。创业型工程人才必须依靠实践导向的教育来培养，虽然要学习工程学科的专业知识和创业的基本知识，但来自于实践的知识是这类人才学习的主要内容，以实践为中心来培养创业型工程人才已成为共识。创业型工程人才的培养，应以强化实践知识的建构主义知识观为指引，切实将实践知识的习得融入教学活动中。

1. 课程体系：专业教育与创业教育相融合

根据人才培养定位和创业教育目标要求，创业教育应当与专业教育有机融合。一是根据创业型工程人才的培养目标，应适时调整人才培养方案，调整专业课程设置，挖掘和充实各类专业课程的创新创业教育资源，在传授专业知识的过程中加强创新创业教育。二是面向全体学生开发开设研究方法、学科前沿、创业基础、就业创业指导等方面的必修课和选修课，纳入学分管理，建设依次递进、有机衔接、科学合理的创业教育专门课程群。三是开设跨学科专业的交叉课程，探索建立跨院系、跨学科、跨专业交叉培养创业型工程人才的新机制，促进人才培养由学科专业单一型向多学科融合型转变。

2. 教学方法：以实践为导向

一是要广泛开展启发式、讨论式、参与式等研究性教学，鼓励教师把国际前沿学术发展、最新研究成果和实践经验融入课堂教学，注重培养学生的批判性和创造性思维，激发创新创业灵感，培养学生的创业意识。二是充分利用各种资源建设大学科技园、大学生创业园、创业孵化基地和小微企业创业基地，作为创业教育实践平台，建好一批大学生校外实践教育基地、创业示范基地、科技创业实习基地和实训基地。三是完善创新创业实训教学体系，深入实施大学生创新创业训练计划，扩大覆盖面，促进项目落地转化。四是支持学生成立创新创业协会、创业俱乐部等社团，举办创新创业讲座论坛，开展创新创业实践。

3. 评价方式：运用多样化的方式考查学生的实践知识

树立以能力为重、以学生发展和学习成效为核心的质量观，倡导运用多样化的考核评价方式考查学生运用知识分析、解决问题的能力，考查学生是否获得了以实践知识为主的一体化学习经验。注重培养学生的批判性和创造性思维，激发创新创业灵感。运用大数据技术，掌握不同学生的学习需求和规律，根据学生的学习发展过程和学习效果来评价学生是否达到预期目标。

二 实然性分析

当前，学生在学校的学习常常是这样一种状况：以接受知识为主而不是主动建构知识、脱离实践而不是在实践中学习、学生以个体学习为主而不是以团队合作为主。人们普遍认为，只要熟练掌握理论知识并稍加练习，就自然可以解决职业情境中的各种实际问题，而忽略了理论知识与真实世界之间的联系，忽视了实践知识对于工程创业的重要性。为此，课题组访谈了部分光电子领域成功创业的企业家，结合访谈与调研内容，发现现行的创业型工程人才培养模式还存在一些亟待解决的问题。

1. 教学内容

很多学校忽视学生实践知识的形成，而片面强调理论知识的系统性，使理论知识的学习与实践知识的学习在创业型工程人才的培养过程中缺乏有机统一，主要表现在以下方面。

（1）课程设置按照知识本身的逻辑进行组织，理论知识仍然是课程的主要知识体系

目前，学校课程设置的依据仍然是知识本身的逻辑体系，而不是以社会需求为导向来考虑学生应该会什么。教学一味地把获取理论知识作为目的，把教学过程理解为理论知识的积累过程，并未将知识作为解决实际问题的工具或手段，忽视了学生知识迁移能力的培养。无论是技术形态的实践知识（包括动作技能、智慧技能）还是认知形态的实践知识（包括经验、认知策略、自我认知），在课程设置中都鲜有体现。试问，这种以理论知识掌握的系统性、精确性为主要目标的教学内容是否阻碍了学生求知欲和创造力的发展？这些已经被选定的知识的传授能否培养出创业型工程人才所需的自主学习能力、设计创新能力、创业能力等？2007 年美国机械工程教育会议讨论得出的一个结论是，片面强调科学基本原理的工程课程已经导致了"工程的实践环节薄弱，不够重视产业创新和技术商业化。工程教育必须转变为基础和实践并重，不但要有应用科学家所拥有的陈述性知识，还要有解决工程问题的过程性知识"[①]。课题组访问的一位企业家就说道，"我们都是高科技产业，来这里工作的学生不仅要理论基础好，工艺方面的知识和技能也要非常出色。光电子产业最主要的工艺是精细加工和材料生产，学校现在比较欠缺这方面的课程。"

（2）课程内容割裂了工程创业过程系统化的关联性体系，不利于学生

---

① 〔美〕詹姆斯·杜德斯达：《变革世界的工程：工程实践、研究和教育的未来之路》，浙江大学科教发展战略研究中心译，2009，第 73 页。

实践知识的形成

一方面，工科课程中缺乏有关经济、社会、政治、外交、法律、管理、市场营销等人文社会科学方面的知识；另一方面，创业教育与学科专业教育脱节，工科课程与创业课程的交集很少，鲜有设置有关科技创业方面的专门课程。当前的工程实践和工程系统变得越来越复杂，涉及来自越来越广泛的专业组成部分和过程，狭窄的专门化知识根本无法解决实际问题。同样地，工程创业也是一个复杂的过程，涉及市场机会识别、可行性分析、技术开发、产品制造、营销、运营、财务、管理等内容，需要创业型工程人才具备在职业情境中处理实际问题的实践知识。工程创业的实践性很强，需要以实践任务为核心来组织课程内容，那种以专门性分析为主的科学教育不能为学生提供不同领域的综合性知识，不能满足创业型工程人才的实际需要。工程创业教育的课程需要从专门化转为综合性，在工程专业知识学习的基础上纳入创业知识及其他多种相关知识；需要在工科专业教育基础上进行创业教育，且课程内容以大工程观为背景、根据工程创业过程来系统设置，否则会对学生的思维产生一定的局限，不利于学生对相关知识的了解和运用，学生将难以应对与所学知识直接联系的认识任务和实际问题。由于课程之间缺乏关联性，学生很难把优化的知识结构、娴熟的操作技能、多层次多类型的工程创新创业能力和强烈的创新意识结合起来，学生将很难有效获得实践知识。

（3）实践课程脱离了工程创业实践的需求，学生难以将理论知识转化为实践知识

一方面，多数实践课程局限于验证理论原理和掌握操作技能，仍属于接受验证式学习，并非启发发现式学习，脱离了工程创业实践的需求。实践课程缺乏对学生设计能力、分析能力以及解决工程实际问题的能力的训练，缺乏对学生在实践中创造新知识的训练，缺乏将知识迁移到未来工作中的训练。由此导致学生难以通过实践课程的训练获取如语言交流能力、组织管理能力、市场开拓能力以及职业意识等诸多技术形态和认知形态的实践知识。另一方面，实践课程往往机械地后置于理论课程，学生学到的理论知识很难快速通过实践参与和个体反思转换为实践知识。传统的课程设置非常注重次序，线性式循序渐进地为学生传授知识。学生一进校都是先上理论课程，等理论知识的学习达到一定程度后才逐渐增加实践环节，而不是让学生一开始就"做中学"或是"边学边用"。很少有在大学低年

级就安排和职业以及专业发展机会联系在一起的综合性课程，这使得工科生低年级时几乎接触不到与工程和企业相关的内容，直到快毕业时才了解工程或企业是怎么回事。有的学生直言，"我很反感整天坐在教室听枯燥的理论课，希望老师能够在课堂上为我们多营造一点企业工作的氛围，能尽早地教我们如何写项目申报书、商业计划，如何做项目设计等。""比起虚拟的项目，我们更喜欢参与真实项目或者到企业去实习，从中获得真实的企业知识和工作体验。"

2. 教学方法

教学过程中，教师总是希望学生能够理解和掌握所学知识，可以熟练运用并解决相关问题，但结果却往往是学生"一听就懂，一做就错"。毕竟，理解能力并不等同于实践能力，实践知识的获取需要行之有效的教学方法。在以科学教育为主、理论知识为主导的知识观引导下，当前的教学过程呈现以下状态。

（1）以传递知识为主，缺乏职业情境创设

言传式仍然是主要教学方式，与职业情境的联系不够紧密。师生之间是以知识的理解和掌握为核心的传递者和接纳者的关系。正如某个美国国家卫生基金会（NSF）的研讨会所指出的："过多的讲授对于真正的学习不是好事，尤其在像工程这种需要观察、动手的领域里。这种以讲授为主的体制促成了一种被动的学习环境，一种高度车厢化的课程安排，最糟的是，抑制了终身学习的能力和动力。"[①] 学校的工程创业教育缺乏过程体验，学生缺乏在真实的企业环境中实践演练的机会。创业实践环节薄弱，即使有实践，也只是学校创新创业计划大赛、"挑战杯"比赛等各种创业大赛，受益面非常有限，绝大部分学生仍无法体验创业实践。同时，对学生的评价也存在问题，目前教学评价的主要标准是对课程知识的记忆、理解、判断、综合及简单应用，学生对课程知识掌握得越全面、越准确，在考试中也就越容易得高分。今天的工科学生整天沉浸在确定的书本知识中，以考试成绩为学习目的，脱离生活，缺少实践，缺乏体验，缺乏那种发现取向以及具有互动性和合作性的学习经历，这样无论如何都是无法成长为合格的工程人才的。

---

① 〔美〕詹姆斯·杜德斯达：《变革世界的工程：工程实践、研究和教育的未来之路》，浙江大学科教发展战略研究中心译，2009，第41页。

（2）重应知轻应会，学生缺少"做中学"的主体参与

现在的教学模式虽已逐渐强调"做中学"，但实践环节仍然非常薄弱。这在两个方面表现尤为突出：一方面，学生对实践教学的满意度低，学生渴望"做中学"。有学者对 H 大学的工科本科教学质量学生满意度做过调查研究，结果显示，学生对学校实践教学的满意度最低，平均得分仅为3.12 分（问卷采用 1~5 分的五点计分法，将 3.0 分作为中等强度的观测值）。专业实习安排、科技创新基地活动开展、综合性和设计性实验教学三项指标的平均得分均低于 3.10 分。① 由此可见，学生对于主体参与实践的渴望和学校对工科学生开展的实践教学还存在较大距离。另一方面，企业不愿接收本科生实习，学生缺少边做边学的机会。多数企业认为本科生适应能力差，学生不能为企业创造价值，这是他们不愿接收本科生实习的直接原因。某企业负责人告诉笔者，"学生来企业实习主要是为了学习，而不是为企业创造价值；但企业追求一种价值输出。学生来企业实习，我们肯定要花时间、金钱，这种投入值不值？学生来实习三个月刚适应就走了，做不了什么事，某种程度上讲是给企业添麻烦。"一位曾在新加坡开过公司，回国后再创业的企业总裁说，"新加坡的学生在企业实习一般都是半年到一年。没有三个月的，三个月时间太短，学生学不到东西。我感觉现在国内本科毕业生整体能力偏差，我们需要适应能力强的学生来企业实习。我在新加坡的企业，学生如果来一个月还上不了手，不能创造价值，就必须走人；实际上，国内学生实习期间能够在三到六个月上手就已经不错了。"工科学生需要在"做"的过程中学习，而校内外为学生提供实践的机会偏少、力度不够，由此恶性循环，导致毕业生很难受到业界的欢迎。

（3）以传统的班级授课为主，较少采用团队学习模式

为追求知识传递的效率，学校教学多采用大班授课制这种传统的教学组织形式，以讲述法、演示法为主进行单向灌输，很少采用小组讨论等方式。一名教师要对同一个班的全体学生进行相同内容的教学，这在一定程度上忽视了学生个体的独立性、自主性，无法顾及学生个体不同的学习需求和情绪体验；而且教学形式固定化、程式化，即使设计学生讨论环节，

---

① 房保俊：《本科教学质量学生满意度调查研究》，华中科技大学硕士学位论文，2008，第23 页。

其问题和结果甚至过程也都是事先确定的，这必然会导致课堂教学失去对学生的吸引力，无论是教师还是学生都不会从中感受到任何理智的快乐。创业是团队行为，技术型创业更强调团队合作，需要从事市场调研、研发设计、生产制造、物流销售、财务管理等方面的人才进行合作，共同完成产业链中各个环节的工作。创业型工程人才的培养需要将其置于学习共同体中，生生互动、师生互动，通过角色分工进行相互合作、积极互动，共同完成实践任务，实现学习目标，有效培养学生的自主学习能力、沟通交流能力、组织管理能力等，以获得学生个体的实践知识。

三　实践取向：创业型工程人才培养模式的改革之路

上述现实状况与创业型工程人才培养的应然做法存在巨大反差，严重制约着创业型工程人才的培养，甚至影响了普通工程人才的培养。创业型工程人才培养模式改革应是实践取向的，即人才培养活动要把实践放在核心地位，充分发挥实践在主体活动中的根本性作用，要充分重视实践知识的重要性，将实践知识很好地融入人才培养体系中。

1. 实践取向是创业型工程人才培养的本质要求

在教育领域普遍存在的理论与实践脱节的现象，其根本原因在于，对理论与实践的逻辑顺序认识不清。真正的理论是来源于实践并服务于实践的，实践和经验对于工程的发展与工程教育非常重要。从工程发展的历史来看，一切工程都是先根据经验，然后尝试，等到知其成败，再从成败中推求出法则、研究出理论，然后从新的理论中再创造出新的工程，但其最初根源是实践而非理论。可以举出很多工程实践先于科学理论的例子，如第一代蒸汽机出现的时候，还没有热力学；第一架飞机飞上天的时候，也没有空气动力学。工程师对于科学理论要彻底了解，更要牢固掌握。然而理论是抽象的，一旦用到具体实物上，便受各种边界条件的限制，而欲知如何合理应用理论，就必须寓于实践，从经验中求之。

茅以升先生"习而学"的思想主张中，学的对象是理论，习的对象是实践，在学习中应求其统一。应该先学实践课程，后学理论课程，由"知其然"达到"知其所以然"，即先实践以习技能，后理论以通原理，对于实际接触的具体问题，能以理论去贯穿联系，达到全盘的透彻了解与掌握。他认为，理论与实践是互为基本、互为工具的，不应抢分高下或各自孤立。① 因此，在工程的学习里，理论不一定要先于实践，先习后学是较好的方式，确切地说是习和学螺旋上升的方式。工程思维的训练不能光靠理论的学习，实践与反思也是对思维很好的训练。

2. 以实践知识为主的知识观是创业型工程人才培养的基础

建构主义知识观是建构主义学习观和教学观的基础，不同的知识观就会产生不同的学习观和教学观。从教育学范畴来看，不同的知识观决定了从教育理念到教学目标、教学方法及教育评价等方面的区别。以实践知识为主的知识观，就应该有与其对应的建构实践知识的学习方法和教学方法。

在相当长的时间内，我国工程教育一直委身于科学教育甚至等同于科学教育，体现出明显的理论导向，也就出现了上述诸多问题。然而无论是工程教育还是创业教育，都应是实践导向的。在工程创业教育中，必须改变传统知识观，确立实践知识观，构建创业型工程人才的培养模式。从知识的表现形式来看，理论知识观认为知识的表现形式就是符号，知识是可以被编码并传递的；而实践知识观则认为知识有多种表现形式，不仅局限于符号一种，许多实践知识是不可编码的，其传播方式也多样化。因此，学校应关注教学内容的特性以及相应的教学方式。这可从知识的获取方式来进行详细解读。理论知识观把知识视为客观、确定的，认为学生是白板，是接收知识的容器，学生储存的知识越多越好，而忽视了学生本身作为认识主体就有的先前经验和主体能动性。真正的知识获得必然蕴含着主体的探究兴趣和热情，是个体主动建构的过程。而这种缺乏主体参与所获得的知识是无生命力的，不可能被学生内化并转变为行动机智，难以对学生今后的实际运用产生意义。这就导致课程设置脱离实践而过于学术化的倾向，产生了僵化落后的以言传为主的灌输式教学方法。实践知识观则把知识视为一种意义建构的过程。实践知识不是"价值中立"的知识，而是具有情境性和个体性的，知识必然需要在特定的情境中通过个体的实践来获得。换句话说，知识是在具体的情境脉络中建构出来的，脱离了具体情境的知识毫无意义。因此，实践知识被视为实践、默会、具有情境性和建构性的。创业型工程人才的知识不仅要有理论知识，还要有实践知识，这些知识的获取是一个建构生成的过程，并且在建构的过程中赋予了个体性

---

① 王沛民、顾建民、刘伟民：《工程教育基础——工程教育理念和实践的研究》，浙江大学出版社，1994，第334页。

的反思。

3. 实践知识支配着创业型工程人才的认识实践活动

对于创业型工程人才来说,实践知识事实上支配着他们整个认识活动,为他们的认识活动提供了知识信念和思维框架。一般来说,工程创业实践并非完全是理性化的过程。工程师或企业家在分析和解决问题时,理论知识固然有用,但却是很不充分的,运用更多的则是实践知识或实践智慧。他们要想拿出合理的解决方案,就必须将那些客观的静态的专业知识实践化、个性化,转变为自己独特的知识,使之成为他们知识结构不可分割的重要组成部分。这就好比学习游泳,一个学习游泳的人尽管可以牢记游泳的显性规则,但这远远不够,他必须在学习游泳的过程中个性化地、真正地理解和运用这些规则,并从中发现和总结适合自己、只有自己才能够领会的新规则。否则,一个人就不可能最终学会游泳。所以,在职业情境中理论知识是有用的,但其发挥作用的方式却有赖于实践知识。

创业型工程人才的实践知识有技术形态和认知形态两种表现形式,它们各自存在多种类型的实践知识。然而,在教学过程中这些大量的实践知识的存在是师生都未意识到或者至少是没有给予充分关注的。在此情况下,学生在考试、就业等压力下,死记硬背地掌握了理论知识,自然就会出现"高分低能"的现象。随着时间的推移,这些并未消化吸收的理论知识都会被遗忘,大家在工作和生活中应用最多的仍是自己无意识积累的实践知识。若认识不到实践知识的价值和用途,必然会产生理论与实践的脱节,将理论知识与实践知识各自独立,没有联系和统一。"教育是对知识的筛选、传播、分配、积累和发展活动。"[①] 理论知识主要通过教育教学来传播,实践知识是理论知识传播的基础,如果二者割裂开来,那么理论知识的选择、配置、传播将毫无意义。

四 培养模式变革的原则

创业型工程人才的培养,应以强化实践知识的建构主义知识观为指引,切实将实践知识的习得融入教学活动中。为此,本研究提出以下解决问题的原则。

第一,教师必须意识到学生的学习是有先前经验的。应由简单的课堂

---

① 石中英:《知识转型与教育改革》,教育科学出版社,2001,第233页。

灌输式教学转变为反思性与合作性教学，明确学生的主体地位，提倡主体性学习。

第二，在大工程观的背景下，将创业课程与工程课程有机结合，优化课程结构，加强课程与工程创业实际的联系。在理论学习的同时，更注重在真实职业情境中的体验学习。

第三，强调实践教学，将实践教学与课堂教学相统一。改革教师的"直讲"课堂，变换为"实践项目"课堂，让学生以"做中学"的主体性参与来习得实践知识。实行"分组教学"与"合作教学"，以促进学生的交流与团队合作。

第四，在对学生学习效果的评价方面，由单一化评价转变为多元化评价。评价方式应由原来的只注重知识记忆、掌握的总结性评价转变为强调知识的运用与获取过程的过程性评价。

第三章　创业型工程人才特质与
培养目标的构建

面对国内外形势对创业型工程人才的迫切需求，需要对创业型工程人才进行明确定位，通过与其他工程人才的比较来挖掘创业型工程人才的特质和特殊性。进而，结合我国产业转型与升级的背景以及市场对创业型工程人才知识、能力等素质的需求，通过对光电领域成功创业的部分光电企业家的访谈，设计当前创业型工程人才的培养目标和规格。在此基础上，分析创业型工程人才所具有的实践知识。这些都为创业型工程人才的培养方案设计指明方向。

第一节　创业型工程人才的定位与内涵

一　创业型工程人才的定位

《国家中长期教育改革和发展规划纲要》和《关于深化高等学校创新创业教育改革的实施意见》提出了改革人才培养体制、探索多种培养模式的要求。人才的培养模式取决于人才需求，从人才需求的角度来看，高等院校和科研院所主要需要学术科研型人才，而社会其他行业则既需要科研型人才又需要应用型人才，但以应用型人才为主。因此，高校的人才培养一般就可粗分为学术型人才培养和应用型人才培养（本研究的应用型人才不包括技术型人才，这类人才的培养机构主要是职业技术院校）。

1. 学术型人才与应用型人才的区别

学术型人才主要指那些专注于学术探讨的人才。比起知识的具体应用，他们更对知识本身感兴趣，对事物内在原理感兴趣。对于这类人才而言，进行知识创造是他们研究和探求的目的，学科兴趣和学术价值则是他们的出发点。所以，他们不关心自己所探求的结果是否被应用或在什么程度上应用。学术型人才的理论基础比较扎实、综合素质较高，有着较强的思辨能力，能够在错综复杂的现象中发现事物的本质属性，能够辨清事物发展的方向和目标及内在规定性，从而制定促进事物发展的规则。学术型人才更适宜从事基础理论研究和教学工作。

应用型人才主要指具有较强的专业能力和职业素养、能够创造性地从事实际工作的专门人才。应用型人才探究的兴趣来自实践中的问题，关心的是相关的专业知识如何应用，为企业增效和为社会服务则是他们的出发点。应用本身包含了面向实际、面向社会的领域，将知识或技术转化为一种实际生产力，是一种实践活动。因此，应用型人才就可以说是一种面向社会、面向实践的人才，他们的实践是基于专业知识的实践，是将专业知识进行转化的实践。应用型人才具有专业知识面广、实践能力强、综合素质高的特点，并有较强的科技运用、推广、转换能力。[1]

需要指出的是，学术型人才与应用型人才之间不是截然对立的，他们之间有一个连接点：都是从现实问题出发的。但学术型人才更注重现实问题背后的理论价值，而应用型人才则更注重它的实用价值，一个探讨的兴趣是其对事物运行机理的质疑，另一个探讨的兴趣是如何改变现有状况；一个是从战略上进行思考，另一个是从战术上进行思考。

2. 工程人才的定位与分类

（1）工程人才属于应用型人才

按照人才的分类，有多种类型人才都属于应用型人才，如工程人才、医疗人才、农业人才、师范类人才等。这里将工程人才定位于应用型人才，主要是由"工程是应用的"这一特征所决定。

20世纪90年代初，麻省理工学院关于工程的一个定义可作为最好的说明："工程是关于科学知识的开发应用和关于技术的开发应用的，在物质、经济、人力、政治、法律和文化限制内满足社会需要的，一种有创造力的专业。"[2]朱高峰院士认为，工程是人类综合应用科学理论和技术手段，改造世界、创造财富的实践活动。工程内容既包括建设项目、技术改造、研究开发等活动，也包括它们的前期工作，如规划、战略、设计等活动。[3]简言之，在社会中，工程的重点在于转化和应用，因此其属于应用科学。

---

① 朱科蓉：《从学术型向应用型转变的专业改革策略》，《现代教育管理》2010年第9期。
② 倪明江主编《创造未来——工程教育改革研究》，浙江大学出版社，1999，第3页。
③ 朱高峰：《创新与工程教育》，《高等工程教育研究》2007年第1期。

相应地，绝大部分工程人才都属于应用型人才的范畴。

（2）工程师的分类

随着社会的发展，现在的工程领域涉及面更为宽广，一方面其建立了许多新的生产、流通与服务部门，另一方面工程活动加大、加快了向经济领域、社会领域的渗透。相应地，工程师就担负着范围广泛的专业职责。现在，产业界倾向于根据工程师的职能来对工程师进行命名和分类，例如，销售工程师、市场经理/工程师、采购工程师、金融工程师、过程工程师、项目经理/工程师、支援工程师、产品工程师、生产工程师、制造工程师、设计工程师、开发工程师、试验工程师、咨询工程师、战略工程师、研究科学家/工程师、系统工程师/规划师等。[①] 也有学者将现代工程师分为五大类，分别是研发工程师、管理工程师、设计工程师、工艺工程师、营销工程师。其中，研发工程师里含有少量的工程科学家。现代工程师是本科教育培养的重点。

现代工程师是一种复合型人才，进入 21 世纪后随着职业的发展，工程师与规划师、设计师、经理、顾问、咨询师、协调师等角色没有本质区别。他们在技术领域和涉及资源、产品、财经、项目、事务、政策与系统的其他领域，同样贡献着自己的智慧。他们中的部分人仍然是某个技术领域的专家，而其他一部分人将会是有工程背景的企业工程师、商务工程师、系统工程师，他们不再专注于做技术，而将工作重点放在经营管理上。还有一些就是与工程有关的职业人员，如企业的会计、报道一个国家工业发展状况的记者等，他们可被称为社会工程师或"杂家"工程师。

（3）创业型工程人才属于应用型人才

在各种类型的工程师中，创业工程师有别于其他任何一类的明显区别就体现在"创业"上。他们大多是企业工程师、商务工程师等，是具备创业意识、创业精神等创业特质的工程师在实际工作中付诸创业行动。

本研究的创业主要是指开创企业，或者在企业中开创事业。创业的过程主要是将专业知识转化为实际生产力，这种转换可以说是一种基于应用、基于问题解决的商业化模式，是一种实践活动。相应地，创业型工程人才，就是指在工程领域中开创企业，或在企业中开创事业的一类人。他们创的"业"，主要指产业。他们主要是利用工程技术知识开创高新技术

---

① 倪明江主编《创造未来——工程教育改革研究》，浙江大学出版社，1999，第 9 页。

企业，当然，他们可以不选择创办企业，但即使在别人的公司里工作，同样需要创业精神和技能，这对开展工作并取得进步和成就非常重要。他们在企业中用创业精神与技能结合自己掌握的工程技术知识来开创新的事业。也就是将工程知识应用于生产或服务的中心环节，在这个转化的过程中实现技术创新、知识应用与再创造，从而实现为企业增效和为社会服务这个根本目的。因此，创业型工程人才属于应用型人才。

二 工程师创业的特点分析

1. 工程师创业的适切性

近年来，世界上越来越多的工程师加入创业者行列，他们中有很多已经成长为优秀的创业家，比如著名的传感器无限公司的创始人格雷格·奥尔森，还有 Google 的创始人拉里·佩奇和谢尔盖·布林。同时，工程领域的创业也已催生出一大批新公司。例如，在美国波士顿 128 公路的高技术地带，75% 的公司是由麻省理工学院的工程学毕业生和斯隆管理学院的毕业生创建的。[①] 美国硅谷集结了世界各地的高科技人才，他们对硅谷高新技术公司的创立起着至关重要的作用，其中高学历的工程科技人员往往占公司员工的 80% 以上。与硅谷相似，作为中国第一个国家级光电子产业基地——光谷，以光电子信息产业为主导的 2000 家高新技术企业分类聚集于此。许多科研院所的技术人员和高校教师，带着自己的科研成果来到光谷创业办公司，将科研成果产业化。如烽火科技、华工科技、楚天激光等，这些如今光谷的明星企业，起步之初都是由大批专业技术工程师牵头创办的。由此可见，工程师创业已经成为一种趋势。

就事实而言，工程专业由于其应用和实践的本质属性，本身就与创业有着某种"自然的共生关系"。工程师是把数学、自然科学和系统集成应用到构思、设计、实施和运行实用项目或流程上。而创业者（entrepreneur）这个词来自法语 entreprendre，其含义就是采取行动。创业者识别好机会，筹集好创办事业（或企业）必备的资源，就马上可以行动。[②] 二者的行为方式非常相似。

---

① 〔美〕凯瑟琳·艾伦：《技术创业：科学家和工程师的创业指南》，李政、潘玉译，机械工业出版社，2009，第 3 页。

② Tan, L. L., Can a University Turn an Engineer into an Entrepreneur? *Innovation*, 2008, www.innovationmagazine.com.

　　有研究认为，在平时的工程训练中，工程师形成了出色的分析能力和综合能力。工程教育为学生理解创业中的某些概念，例如投资效益、风险和机遇等奠定了较好的逻辑基础。[①] 他们可以通过学习商业知识、提高经营管理能力、提升科技创造力，从而成为从事创业活动的候选人。笔者采访的工科毕业生纷纷表示，他们逐渐认识到，要想在本领域出类拔萃，仅仅拥有工程技术、了解大型企业的运行情况已远远不够，必须充分掌握如财务、市场、管理和运营等商业领域的诸多知识。许多毕业生就业并没有选择传统的大型企业，而是选择进入创业企业或者高速增长的小型企业，因为这些企业"麻雀虽小，五脏俱全"，毕业生都期望承担多样化的任务，得到全方位的锻炼。

2. 工程师创业的优势与劣势

　　工程师擅长发明和创造，他们是科技创业者群体的重要成员。工程师创业优势与劣势并存。优势主要是工程师具有扎实的专业知识，他们依托于某一专业积累了丰富的工程经验，掌握了具有竞争优势的技术成果，能够敏锐地根据市场需求开发生产出技术领先的产品。即使有些技术本身不是最前沿的，但它们有极大的市场需求量，引入市场后有可能带来巨大的商机。所以，工程师在科技型创业中往往具有较为独特的优势。然而，在技术创业中工程师也存在劣势，一是深厚的技术背景经常会使他们高估产品或技术的价值，低估市场的风险，必要的商业知识和创业技能成了他们的"薄弱环节"。即使他们能够在信息化世界迅速找到技术知识与市场对接的机会，但往往因为缺乏某些创业技能而难以获得创业的成功。二是某些工程问题的解决方法与创业所要求的方法在某些时候会产生冲突，使得工程师在创业中经常感到无可奈何。

　　然而，创业是可以学习的，创业意识和创业能力是可以培养的，只要对工程人才采用有效的教学方式并有针对性地培养，相信他们一定能够发挥优势、弥补劣势，成为高科技创业队伍中的领军人才。当然，并不是要把所有工程师都培养成创业者，而是帮助他们培养一种思维，掌握必要的方法，在他们心中播撒如何去发现和创造、如何为人类创造更好环境和更多财富的种子。一旦将来遇到合适的机会，他们就能够充分发挥创业技能，为企业为自己创造最大价值，同时可以和商业人士愉快合作。

3. 工程师创业的重点和难点

工程师创业的关键在于"技术商业化"。工程师对产品从研发、设计到实施、运行整个过程都非常熟悉，但是对于产品从生产线到市场的转化不一定能够得心应手。因为将产品从生产线引入市场所需要的知识技能，与产品在开发生产阶段所需的知识技能是完全不同的。不是工程师想当然的"我们负责把它建造出来，顾客自然就会来购买的"。技术是不能替代一切的。

接受笔者访谈的某科技公司 W 总裁明确提出，"将工程技术商业化，简单来讲需要四个环节，技术→产品→商品→企业。"也就是说，从技术开发到消费者愿意购买产品或相关服务，这个过程的跨度非常大，也非常复杂。由于技术和市场的高度复杂性，大量技术创新的设想并不能最终转变成新产品。许多项目要么是不能成为技术上可行的产品，要么即使技术上可行，也不能被市场接受。因此，技术商业化的过程可以被看作一个隧道，开始时有许多有发展潜力的新创意和科研技术，但到最后能够实现科研成果产业化的却不是很多，经过各个环节的筛选，最后能够转变为市场可以销售的商品或相关服务的科研成果，往往是企业安身立命的核心技术。

这位企业总裁告诉笔者，"普通工程师大多掌握的是技术类的东西，技术变成产品，这个跨度本来就非常大；产品变成商品，跨度更大；商品成为企业的经济支柱同样跨度很大。很多科研技术，只有一小部分能转化成实际的产品，而产品只有很少一部分能成为商品，而商品也只有很少部分能到企业生产而成为最终市场上的商品。因此，我们企业中一些高校课题组的博导、教授级专业技术工程师，要从技术走向企业，必须努力将自己的科研成果转化为商业化的产品。从运营形态来讲，从课题组发展走向一家比较好的企业，都需要走出三个跨度、四个环节。"这是站在学校或科研的角度来讲的。反过来，站在企业的角度来讲，作为一家好企业，首先是寻求好商品，好商品需要好产品，好产品需要好技术，企业根据市场需求从商品出发，向前追溯，如果正好和某项科研技术成果契合，那么他们就能对接，最终实现科研成果的转化。而这个工作应该始于产品的研发阶段。这个契合的点可称作相互作用的结合点，它常常不能进一步演化为可市场化的创新，同时这也是企业家应付诸努力的地方。使技术与合适的市场相匹配，并做必要的调整，是技术转化中的根本问题。

这一过程与产品技术本身关系不大，如果单一强调技术的优势那就是"自欺欺人"。从技术到市场上可销售的商品，它们之间存在一个鸿沟，必须要靠一个商业模式来填补——一种创造价值和从顾客那里捕捉价值的手段。[①] 如图 3 - 1 所示，从创业的一般过程来看，创业开始于商机的发现。面对许多看似有价值的创意设想，需要有审慎而独到的眼光从中发现真正具有市场潜力和商业价值的商机，进而寻找与商机和规模经济相匹配的商业模式，这是创业成功的基本保证。商业模式，简单来讲是通过市场调研、风险分析、资源分析等，开发出商业概念、设计出可行的商业计划，内容包括生产管理计划、运营计划、营销计划、财务计划以及相应的经营策略，以确保必要的管理、确认资金需求与来源等。创业型工程人才必须了解和掌握这种商业模式，将技术和商业很好地结合起来，时刻保持灵活的思维，积极适应不确定的商业环境，及时根据市场发出的信息做调整，随时改变经营路线和方法，使新技术顺利地投入市场，获得顾客认可和满意的产品或服务。这是创业型工程人才区别于其他工程人才的核心所在，也是工程师创业的重点和难点。

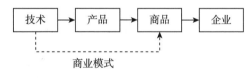

图 3 - 1　技术商业化过程

三　创业型工程人才的内涵

本研究所指的创业型工程人才，主要是指高科技企业的创业者，他们具备扎实的专业知识和相关创业知识以及一定的创业潜质，熟悉企业和商业环境，具有市场能力和组织管理能力以及突出的知识转化能力和技术转移能力，能够从事研发、设计、管理、市场等方面工作。无论是开创企业，还是在企业开创事业，其工作性质对他们提出以下内在要求。

首先，专业技术是基础。科技创业是指创业者在高新技术领域内从事开发、生产、经营、管理等一系列活动。这就要求创业者必须是相应高技

---

① 〔美〕凯瑟琳·艾伦：《技术创业：科学家和工程师的创业指南》，李政、潘玉译，机械工业出版社，2009，第 4 页。

术领域的内行，必须具有从事经营活动的高技术领域的广博知识，其中最基本的是具备扎实的自然科学和工程技术的背景知识。即使他本身并不一定是该领域的技术专才，他或者更擅长营销，但最起码要有专业背景。一方面，能够与科技专家拥有共同话语，得到他们的认同，树立管理权威，一起为企业发展贡献力量；另一方面，能够在变幻莫测的市场中正确识别、把握技术和市场的走势，为企业发展把握方向。所以，拥有深厚的工程专业背景知识是科技创业者从事生产经营活动的前提条件。

其次，经营活动是重点。法国近现代著名工业家和管理学家亨利·法约尔认为，企业的生产经营活动包括六个部分：技术活动、商业活动、财务活动、安全活动、会计活动以及管理活动。①技术活动，指生产、制造、加工等。这是工程师的主要任务，也是企业安身立命之本。它如此重要，与其他活动密不可分，在产品生产制造的同时还必须考虑原材料、资本、市场需求、产品销量等。②商业活动，指购买、销售、交换等。比如企业的决策、产品的价格制定等。③财务活动，指资金的筹集和运用。筹集资金关系企业发展的前途，对于初创企业来说，筹措资金的能力更是重要。同时为了合理恰当地使用资金，完善的财务管理非常必要。④安全活动，指设备和人员的保护。⑤会计活动，指各种财务报表的制作和分析、成本核算、统计等。企业领导要能看得懂诸如利润表、资产负债表、现金流量表等专业报表，会设定投资回报计划，能预测企业何时越过盈亏平衡点。⑥管理活动，包括计划、组织、指挥、协调、控制五个要素。这六种活动相互联系、相互配合，共同组成一个有机整体为企业的生存和发展发挥着各自的作用。①

法约尔指出，首先，这六种活动是企业上自高层领导、下至普通工人都会涉及的，只是根据职务的高低和企业的大小不同而各有侧重。其次，每组活动都对应一种专门的能力。其中，技术能力和管理能力是最为突出的两个方面。比如，管理能力的重要性会随着职位的升高而逐渐增加，而其他诸如技术、商业、财务、安全、会计等能力的重要性则会相对下降。对于企业管理者来说，他们的技术能力可以不如一个普通员工，但管理能力必须相当出色。受访的华工科技总裁说，"从管理角度讲，最需要解决

---

① 赵婧：《对法约尔管理理论中企业的六种基本职能的解读》，《现代企业教育》2007年第1期。

的不是知识的问题，不是技术的问题，而是人的问题。我们要非常重视科技人才，管理者要把人力资源作为第一资源，把科技人才看作人力资源中顶级的资源，首先要重视人，这就是科技企业的不同。不要把技术放在首位，技术是一个手段，商品是一个载体，没有谁为技术而技术、为商品而商品。所以，经营管理者对科技人才的情感要远远大于对技术的情感。"同样，创业者也是如此，专业技术知识是必要的，但相对于经营管理知识和能力来说，后者则更重要一些。

最后，从技术向经营管理的转型。专业技术对创业型工程人才固然非常重要，但他们必须清醒地认识到技术必须与组织、营销等能力相结合才能发挥它的巨大效能。创业型工程人才的前途在更大程度上取决于其管理能力，而非其熟练掌握的技术能力。工科大学生在校期间一般只专注于掌握必要的工程技能，却往往忽视了有关现代企业经营、商业营销和会计运作等基本管理知识和技能的学习，从而使得他们毕业后的事业发展空间极其受限。而后者正是工科毕业生日后成为创业者应具备的关键素养。一般来说，创业者都渴望并愿意通过开创新的事业来把自己的创意推向市场，被顾客认同并购买。技术创业者就希望把技术发明或发现运用到市场中或开拓新市场来满足人们的需求。他们需要具备识别机会的敏感性，在承担适当风险的同时通过辛苦劳动来积聚财富。从产品开发到经营的整个商业化过程非常复杂，这中间不仅包括如设计制造、装配以及包装等方面的问题，还涉及人员和技术等各种复杂问题。创业型工程人才仅凭深厚的技术基础显然不能解决创业过程中遇到的各种问题，他们必须灵活应变、有能力处理更为复杂的事务，包括通过对企业管理事务和管理技能的了解、参与和掌握、运用，进而发展为创新和统摄主导，从而有能力完成创业这一复杂的活动。因此，创业型工程人才应由传统的单一型技术角色向更高层次、更具丰富内涵的综合型管理角色转型，以适应企业发展以及自身职业发展的需求。

四 创业型工程人才创业的特点

本研究所指的"创业"是面向高新技术产业的技术型创业，创业型工程人才创的"业"，主要指产业。如何实现工程技术与市场的接轨，是创业型工程人才的职责。与普通的工程人才或创业人才相比，他们的创业有其特殊性存在。

1. 能够把工程技术转化为产业或产业链

如何瞄准市场、把技术转化为产业或产业链，是创业型工程人才区别于一般工程人才的关键所在。当然，一般的工程人才也要面向市场，要有经济观念、成本意识，问题的解决方案通常是选取多种边界条件下的最佳折中点。而创业型工程人才不仅要做到这些，还要关注如何适应市场需求，以开创一个产业甚至是产业链，这是创业型工程人才的核心。因此，创业型工程人才需要充分了解市场环境，了解目标市场所呈现的宏观趋势及其对新技术的影响。一般来说，可从以下几方面来了解市场环境：①目标顾客群的人数统计趋势是否支持创新产品拥有一个不断增长的需求假设，市场可能会有多大规模；②政治环境是否影响技术在市场中的发展，技术采用是否有税收和制度上的优惠；③是否能够获取足够资源开展大规模的商业化生产，如成本、核心技术等自然资源可获得性的变化是否会影响企业的创办；④本行业技术创新的变革速度，创新技术在目标市场的传播速度有多快，目标顾客是不是新技术的及时接受者。[①] 这一分析过程的目的是保证技术成果在转化为产业的整个商业化过程中不偏离市场和顾客的趋势。

2. 技术型创业更强调团队合作

创业是团队行为，绝对不是一个人单打独斗可以完成的。对于科技创业来说，高新技术产业的知识密度高和技术周期短等特点，决定了面向高新技术产业的技术型创业必须是团队行为，很少有单个创业者能够在深度和广度上同时具备创业所需要的专有技术、经验以及各种社会资源。科技创业需要团队各成员从不同的专有技术出发，各尽所长，进行不同的组合、搭配，发挥互补优势和集群效应，形成合理的团队结构和团队协作的行为风格，共同承担相互依赖的任务和这些任务的结果，共同推动企业成长，产生 "1 + 1 > 2" 的整体效益。正如系统工程学的一句名言：系统的整体效益一定超过各个子系统单独效益的总和。从产业链的前端到末端，从研发设计到生产、形成产品，一直到面向市场销售变为商品，整个链条各个环节的工作都需要依靠团队来完成。

根据科技创业者在企业中工作内容的不同，创业团队又可以大致分为

---

① 〔英〕杰拉德·乔治、亚当·J. 博克：《技术创业——技术创新者的创业之路》，陈立新译，机械工业出版社，2009，第 106 页。

技术研发及生产团队、经营管理团队等。技术研发及生产团队主要由研发工程师、设计工程师、制造工程师组成，他们属于创业型工程人才中的第一类角色，能够将科学技术知识应用到产品的研发设计和生产流程中。经营管理团队主要由营销工程师和管理工程师组成，他们属于创业型工程人才中的第二类角色，能够将技术成果转化为实际生产力，实现产品的商业化，同时处理公司内部一些复杂的问题。其中，营销工程师负责开拓产品市场并为企业的革新提供决策依据；而管理工程师则是实行计划、组织、指挥、协调和控制，对企业进行顶层设计，规划企业发展战略等。

需要指出的是，成功的高技术企业的创业带头人在这个团队中非常重要，他思维敏捷、富有远见卓识，能够预见可以让公司发挥出最大潜能的战略。他们往往组成一个小团队，借助最高管理层的协作关系，使个人能力和团队协作有效结合，形成一种有机的合作关系，使最高领导层具有一股强大的合力。通常的情况是，如果一位企业主管有很多富有创意的点子，而且擅长做技术，他就会请营销能力很强的人做助手，帮助他拓展市场，同时搭配数位在管理方面才华出众的人；如果一位企业主管的管理能力很强，并且交际面很广，他往往会聘请技术专家担任顾问，同时挑选组织制度建设能力强的人做搭档。

五　创业型工程人才的角色组成

总体来说，科技创业的整个过程需要三方人员的共同努力，换言之，创业型工程人才主要由以下三类角色组成。

第一类是负责产品研发的技术工程师。他们的任务是开发出具有商业价值的创新技术和产品，同时也参与企业的一些管理，但仍主要专注于产品或技术。他们区别于普通研发人员之处在于：第一，他们的诸多研究项目组合积累了有关市场需求和商业化的丰富信息，他们非常清楚市场和商业化要素，对市场有敏锐的直觉，会根据"什么是最需要的"来设计产品。第二，他们可以为新创企业构建起错综复杂、广泛的学术和行业网络。

L 是一名工程师，长期致力于光电器件与集成的研究。在武汉邮电科学研究院的支持下，开办了烽火科技集团旗下的一家公司，开始了自己的创业历程。但他从未有意识地要去担任 CEO 角色。在他的创业领导团队中，他还是习惯把自己看作工程师、技术专家，而不是公司领导。正如他所说："我就是做技术，擅长解决实际问题。公司还有做管理、做市场的，我们分工不同。"

第二类是负责企业经营的有工程背景的工程师。确切地说，他们是有相关专业技术知识背景、懂得业务运营的商人。这类人主要专注于企业的经营管理，识别市场机会，而不是简单的产品开发。他们负责产品的商业化过程，主动理解顾客和市场需求，依靠已有的研究训练和技能来解决特定的市场需求。那些愿意担任企业领导的工程师，首先，要具备创业者心态，能够适应事物的不确定性，具有创造性和承担预计风险的思维方式；其次，必须掌握金融、市场营销和运营方面的知识，能够看懂并合理运用金融数字，将自己的想法通过为公司带来收益的计划付诸实施。他们非常清楚，产品只是企业创业中一个很小的组成部分，而机会、获取和管理技术专利、人力和资金等资源对于创业成功更重要。

接受笔者采访的华为公司 Z 副总就是这种类型的典型代表，他主要负责华为公司产品和市场战略发展的规划工作。当面对"如何进入华为高级管理层"的问题时，他这样回答："当你知识很广博的时候可以做一些公司发展战略方面的事情，不一定对每一项技术研究得很深。但是可以宏观地看到公司的发展，这对公司是很有价值的。"他认为，"企业的运行要素是技术、市场、管理。做企业是要重技术，但技术不是唯一。华为开始不应该走单一技术道路，这条路很艰难。先做贸易再做技术，再开发一些东西，然后通过扩大工厂来增加生产，这样的路是中国企业要走的正确道路。因为相关政策并不完善，如技术鉴定，筹措资金比较困难，对企业来说，资金如血液一样重要。我主管华为技术，但我没说过技术是决定部分。一个企业最重要的是经营管理。"

第三类是既提供技术又是主要管理人员的工程师。这类人在技术商业化活动中身兼技术专家和管理者双重身份，在两种角色间游刃有余地穿梭，他们在不同的情境中进行角色转换，解决工作中遇到的各种问题。

S 先生是中国某大型企业的总工程师兼该公司光电研究所所长和光电公司总经理，长期从事光学工程和光学信息处理的研发，主持光电产品出口工作。他可以代表这类双重角色的人。作为总工程师，他能从诺贝尔物理学奖看基础研究和产业，从技术的角度解读空间光调制器研究成果引发光显示产业的革命；作为企业管理者，他能从战略高度思考如何从规模、效率、资源等方面增强企业实力，如何解决光电产业创新问题等。

随着企业的发展，上述三种角色在某些特定时刻或特殊情境下会随之自然转换。可以说，创业型工程人才始终在技术工程专家和企业管理者之间游弋。他们根据个人能力特长和职业规划进行角色扮演，出色完成任务。

第二节　创业型工程人才的特质

本研究的创业型工程人才主要指高新技术企业的科技创业者，他们的来源多种多样。有来自科研机构的研究人员，有来自高校的工科教师，有高校毕业的工科大学生或研究生，还有来自原有大中型企业的研发人员、管理人员。通过访谈发现，这些成功的创业型工程人才都拥有一定的个性品质，这是影响他们创业活动的重要因素，也对高科技企业的成长起着关键作用。比如，他们都有较深厚的专业技术知识，对光电领域（访谈对象都是光电领域的成功创业者）的产业现状及发展状况非常清楚，对产业的市场前景预测有独到的眼光；他们都深深地热爱自己的公司以及为之奋斗的事业；等等。本节分别从性格特征和行为特征两方面来分析创业型工程人才的典型特质以及他们区别于普通工程人才的特点。

一　创业型工程人才的性格特征

已有大量研究总结出创业者的性格特征，主要包括创新意识、成就追求、内在控制、风险偏好倾向和价值取向等。创业型工程人才的性格特征突出表现在以下三个方面。

1. 创新精神

创业者必须进行创新，创新是展现创业精神的特定工具。创新不仅包括发明创造，还包括理念的商业化、执行，对现有产品、系统和资源的更新。[①] 已有很多研究表明，创新是创业者创建企业的一个主要动机。"具有创新的机会"被认为是开始一种商业行为的原始动机，"站在新技术的前沿"则被视为创办新企业的理由。[②] 对于高新技术领域的科技创业者而言，创新精神是一大典型特征。

---

① Bird B. , *Entrepreneurial Behavior*. Glenview, IL: Scott Foresman, 1989.
② 转引自杨德林《中国科技型创业家行为与成长》，清华大学出版社，2005，第 14 页。

创业者的创新精神体现在以下方面：一是创造资源。德鲁克认为，任何使现有资源的财富创造潜力发生改变的行为，都可称为创新。企业家从事创新，是赋予资源一种新的能力并使之创造财富的活动。创新就是改变资源的产出，就是改变来自资源而且被消费者所获取的价值与满足。① 中国大恒（集团）有限公司总工程师宋某告诉笔者，"以光信息显示产业为例，核心部件为空间光调制器，核心部件的灵魂是各种特殊的物理效应，技术附加值最高，具有独特的创新性能，是企业核心竞争力的基础。如果能够将新技术推广到产业界，将会有非常巨大的收获。"可见，科技创业者会巧妙地利用特殊的物理效应创造新的资源，以实现创新。

二是灵活利用变化。绝大多数成功的创新都是利用变化完成的。当然，创新本身就蕴含着重要的变化。在面对充满风险、不确定的环境时必须进行创新，"以变制变"，而非"以不变应万变"，对变化及时做出反应，并将它视作机遇而加以利用。美国《基督教科学箴言报》最近载文称："中国从纺织厂到硅谷的转变是一大挑战，环境代价使当前增长不可能持续，中国错过了信息技术革命，也错过了微芯片革命，他们不想错过下一次生物技术革命和纳米革命。""最大的挑战在于如何培育技术创造力，使GDP增长主要建立在技术和创新的基础上。"② 从纺织厂这种劳动密集型企业向高科技产业创新，这是一大转变。科技创业者将变化视作机遇，积极创新以求得中国科技产业的生存发展。

德鲁克总结出创新机遇的七个来源。第一组创新机遇前四项来源存在于单位内部，不管它是企业还是公共服务机构，都是或存在于某项产业，或服务业部门之内。①出乎意料的情况，包括意外成功或失败以及意外的外部变化。②不一致的状况。实际状况与预期状况之间不一致，或者与原本应该的状况不一致。③以程序需要为基础的创新。④产业结构和市场结构的改变。产业结构通常在以下时刻发生变化：产业快速成长阶段，原本分离的技术得到综合，产业的经营方式发生变化。第二组创新机遇包括发生于企业或产业以外的变化，即后三项来源。⑤人口变动，涉及人口规

---

① 〔美〕彼得·F.德鲁克：《创新与创业精神》，张炜译，上海人民出版社，2002，第33~40页。

② 宋菲君2010年4月17日在"华中科技大学武汉光电国家实验室—中国大恒集团光电所"光电学科创新人才培养研讨会上题为"光电产业创新性研究开发和创新性人才"的讲座内容。

模、年龄结构、组成成分、就业情况、教育程度、收入水平等。⑥认知、情绪和意义的改变。这主要指观念转变，并没有改变事实，只是改变了它的含义。⑦科学及非科学的新知识。进行知识创新有三个要点：市场导向，抓住机会之窗；提供系统的解决方案；重视创业管理。这七个创新机遇的来源领域分界线相当模糊，而且彼此之间还有相当大的重叠部分。①

2. 理性的冒险精神

成功的创业者大多具有足够的自信，他们相信自己能够主动控制局面而不是听从环境驱使。他们是理性的"冒险家"，能够在不确定的商业环境中果断做出决策，并且勇于承担后果。这里所谓的冒险不是盲目的，而是强调一种胆识、魄力和智慧，是精于算计的适度冒险。

可以从两方面来理解这种理性的冒险精神：一是敢于冒险，勇于承担风险。创业是在不确定的条件下开创事业，创业者为了公司的生存和发展，必须冒险地做出一些决策，承担一些必要的风险。例如，有些风险决策是针对初创公司谋求生存空间、巩固市场地位的，有些风险决策是针对公司成长过程中摆脱困境、谋求发展的。二是理性冒险，决策前精心策划。不管怎样，创业者会尽可能地将风险化解到最小。他们在做出重大决策之前往往要尽可能细致地调查、搜集尽可能多的信息，并对得到的信息进行认真的分析和研究。因此，他们的冒险决策往往是精心策划之后做出的。有调查显示，我国科技创业者的冒险性主要体现在他们对企业未来投资机会的选择上。科技创业者的选择集中在具有适中的成功率和收益率的投资项目上，80%的创业者选择成功率在40%～60%而且项目成功后年收益率达到20%～45%的投资机会。这充分说明科技创业者的风险承担兼顾了风险和收益两项指标，稳健又不失冒险精神。②

3. 机会敏感性

创业者要获得市场利润或收入，必须对非均衡市场所创造的获利机会有灵敏的嗅觉。识别市场机会是创业者必须具备的一项基本能力。考虑到高新技术创业的独特性，科技的快速发展以及技术内包含的隐性知识都使得技术的生命周期被缩短，机会窗只会存在较短的时间。在信息经济时代，速度是大多数产业成功的关键要素。如果不能在短期内提取技术创新

---

① 〔美〕彼得·F.德鲁克：《创新与创业精神》，张炜译，上海人民出版社，2002，第42页。

② 杨德林：《中国科技型创业家行为与成长》，清华大学出版社，2005，第49页。

的商业价值，实现快速成长，就很可能因为技术的更新换代或市场不接受而使新企业遭遇失败。能够抢先进入市场，抓住机会之窗，创业者才会获得超额利润。创业型工程人才通常善于发现机会。他们善于洞察生活中的各种问题，发现许多未满足的潜在需求，快速解读这些问题或需求背后潜在的商业价值。在他们看来，诸如新技术产生、消费者行为发生变化、社会价值观念转变、政府政策改变等都会产生新的机会。

二　创业型工程人才的行为特征

创业精神通常是指"着手工作，寻求机会，通过创新和开办企业实现个人目标，并满足社会需求"。[①] 德鲁克认为，创业精神应当是一种行为而不是个性特征，是行为、政策和实践的综合反映。[②] 因此，创业精神是通过创业者的实践行为表现出来的，更具体地说，创业者的性格特征也只有通过他们的行为才能得以体现。创业型工程人才区别于普通工程人才的行为特征概括起来有以下几个方面。

1. 市场优先

科技创业中的机会转瞬即逝，作为创业型工程人才要对变幻莫测的环境做出快速反应，及时把握机会，理性冒险，在信息不完全的情况下敢于果断、迅速行动以抢占市场，这是科技创业成功的关键。而普通工程人才相对而言，则缺乏这种市场敏感性和快速反应能力，他们对新奇的事物感兴趣，但是没有创业型工程人才行动快速，他们往往在获得较为充足的决策支持信息后再行动，以降低风险、提高成功率。

高新技术领域的技术、市场以及环境都在不断创新和变化，创业型工程人才必须具备持续发现新出现的机会的能力，并且抢先进入市场，占领战略制高点，只有这样才能适应竞争激烈的高科技产业。他们为了捕捉市场中的机会之窗，获取并抢占市场份额，通常是"先开枪再瞄准"，而不是趴在那里瞄准半天。他们在理清几个简单问题——我是谁？我认识哪些人？我知道哪些事？——的基础上快速行动，首先做出一个临时的产品或服务，然后尽力吸引相关利益者对自己的产品或者服务进行购买、关注或

---

① 王雁：《创业型大学：美国研究型大学变革模式的研究》，浙江大学博士学位论文，2005，第 64 页。

② 〔美〕彼得·F. 德鲁克：《创新与创业精神》，张炜译，上海人民出版社，2002，第 215 页。

者投资，在行动的过程中不断地建构市场和树立品牌，创造一个又一个机会。①

工程师创造新产品和新技术的价值，创新是工程师的核心任务。创业型工程人才与普通工程人才相比，其目光更多地关注于市场。一位企业经理说，"对于我们这样的科技型企业，市场很重要。我们的企业、我们的产品要积极适应市场需求，为此，企业要花一多半的精力做这个事。我们派市场营销人员主动了解顾客需求，然后及时按照顾客的意愿修改自己的产品或服务，甚至调整企业的生产工艺和组织结构。同时，我们也很注意开发新顾客，发掘潜在顾客群，发现机会，主动进行客户开发，最后让顾客愿意花钱购买产品或服务。"而普通工程人才更多地关注于技术，他们将目标锁定在提高技术效率上，尽量完善自己的产品，根据市场反馈来进行技术开发，设计下一个产品，其主要还是解决技术问题。

2. 资源整合

创业者往往对所需资源难以预测，缺乏对资源的长期稳定控制，而且受资源限制，他们不得不分阶段逐步获取资源，甚至想尽办法进行"资源整合"。一方面主动行动寻找新资源，另一方面充分挖掘手头资源，比如有些资源是别人忽略或者不用的，有些资源是非常廉价甚至是免费的，包括来自顾客、投资者、供应商、顾问、员工等的资源，也包括物质、社会以及制度等各方面资源。创业者对资源进行拼凑和整合，忽略资源的最初用途和质量，并加以整合使其发挥新的作用和价值，这就是他们与众不同之处。

创业型工程人才也具备这种"资源整合"的行为特征。与之相比，普通工程人才即使资源有限，要做的也仅仅是想办法用最有效的方式找到和利用现有资源解决问题，他们有明确的工程规划并严格按照规划行事，而不是突破常规的"随性而为"。打个比方，创业型工程人才与普通工程人才的行为方式可以用"碎布缝制和整布剪切"来区别。同样是缝制一件衣服，创业型工程人才由于资源供给量少、资源可控时间短以及信息不完全等限制，他们就用手头仅有的各种碎布头进行拼接，过程中会偶然拼接出某种图案，随后就会不断构思，从碎布里找出比较合适的布片拼接上去，直到缝制出一件成衣。普通工程人才的资源环境相对稳定，在缝制之前通常已经拥有一块整布料，他们会根据设计图纸按规定、按既定步骤来缝制衣服，当然其间会遇

---

① 张玉利主编《创业研究经典文献述评》，南开大学出版社，2010，第119页。

到很多不可预知的状况，也有许多外部条件的限制，他们会综合考虑多方面因素，在多种边界条件下更改最初设计图纸，选取折中的方案来缝制成衣。华为公司 Z 副总在谈起公司的开创时说了这样一番话："华为的开始是无知者无畏，经常是在没有足够信息支持的情况下做出启动新事业的决策，在逐步发展的过程中遇到问题就努力解决，就这样一步步走到了今天。很多东西你不可掌握，但你要掌握那些你能够掌握的。没有人能保证你人生的牌是最好的。也许底牌比人家小，也有可能打赢别人。"

3. 决策判断

面对瞬息万变的市场，创业型工程人才的决策判断力比技术能力更为重要。创业型工程人才更多地关注于对行业和市场的判断。对于行业，需要解决如何开展技术型产品间的竞争以及资源获取问题；对于市场，则要判断顾客需求趋势等。受访的一位企业总裁很清晰地告诉笔者，"一个企业管理者一定要有战略眼光。我们经常会思考的问题是：产品的可生产性大不大？市场需求大不大？产品的核心竞争力在什么地方？谁会购买这些产品？终端使用者将获得什么收益？未来消费者趋势如何？"正确的决策判断是保证创业活动顺利进行的前提。而普通工程人才则会花更多的精力处理各种工程问题，例如数据的处理、设计方案的选择、多种边界条件下的应变等，他们直接接触各种具体问题，并及时予以解决，很少从战略决策的高度考虑问题。

整体来看，大量文献研究显示，创业者具有许多特质和特征，似乎他们无所不能，是全能型人才。创业型工程人才也具备诸多性格特征和行为特征，远远超过笔者总结的几项。需要说明的是，这些特质是赋予抽象个体的，也就是说创业型工程人才并非这些特质都具备，只是具备其中的某几项而已。但是对于整个创业团队而言，这些特质则必须全部具备。

创业型工程人才的特质和能力可以通过系统训练来培养，而不是与生俱来的。德鲁克指出，创业是"可以组织，并且是需要组织的系统性的工作"。"任何敢于面对决策的人，都可能通过学习成为一个创业者并具有创业精神。创业是一种行为，而不是个人性格特征。"[1] 通过上一章对实践知识的论述可知，实践知识本质上是一种实践力，一种在实践过程中根据经

---

[1] 〔美〕彼得·F. 德鲁克：《创新与创业精神》，张炜译，上海人民出版社，2002，第229页。

验和反思对事物理智控制的能力。所以从实践知识角度来讲，创业型工程人才性格特质和行为特征的形成需要在实践知识的作用下"做中学"。

第三节 创业型工程人才的培养
目标及规格

在经济全球化背景下，各国面临产业转型和升级的挑战与机遇，国际人才市场的需求发生了重大变化。我国要成为制造强国、保持经济可持续发展，需要进行由劳动密集型向知识密集型和具有高附加值产品、面向创新的产业升级。这就意味着产业要提高科技含量，相应的工程教育就需要培养大量掌握高科技的创新创业人才，让其在知识、能力等方面都能适应社会需求。

20世纪90年代至今，全球光电产业发展速度惊人，市场潜力巨大，具有技术跨度大、市场容量大、产品更新快等特点。国内处于光电产业领跑地位的武汉·中国光谷，是我国最具代表性的高新技术产业之一。行业特色决定其需要大批具备高科技知识结构、开阔的学科发展视界与创新创业精神的高科技人才。鉴于此，本研究以光电产业为例，对成功创业的部分光电企业家进行了访谈，请他们对目前工科本科毕业生做出评价，并根据成功企业家应有的素质，对学校教育提出相应的改进建议。结合产业界需求和学校实际，特别是根据产业界对光电人才的近期和中长期需求，整理和分析访谈内容，对创业型工程人才培养目标和具体规格进行了深入探讨。相比创新型工程人才而言，创业型工程人才具有突出的知识转化能力和技术转移能力，能够更好地实现创新产品的市场化和产业化，为社会和民众服务。本节重点是设计创业型工程人才的培养目标，为创业型工程人才培养的整体改革奠定基础。

目标设计既是一个重点，也是一个难点。目标设计止于一级的传统做法无助于克服建立新教学模式的困难；目标设计本身就是一项系统建设，换言之，笔者设计的目标应当是一个多类型、多层次、彼此支撑、互相制约的系统。

一 人才培养目标的特性

目前，高校工科专业的培养目标存在具有趋同性并且缺乏科学性、规范性和可操作性等一系列问题，现代工程技术发展对人才的一些新要求尚未引起高等学校的足够重视，导致人才培养目标可有可无、形同虚设，这必会影响人才培养质量。因此，必须重视人才培养目标的重要作用。

1. 以需求决定论为价值导向

现代工程教育体系应当是以需求决定论为价值导向、以全方位的产学结合为生态基础、以国际化的现代工程师为主要培养目标的专业教育体系。所谓需求决定论，是指社会发展的需求、市场经济的需求、第二产业（尤其是制造业）发展的需求以及学生未来发展的需求，决定着工程教育的信念、目标、体制、运作过程和质量评估标准。然而，上述需求不断发展变化，彼此之间也并非完全一致；加之我国高等教育体系自身存在的种种问题，如定位失准、办学目标趋同等，由此导致教育教学目标建设面临抉择的困难，许多高校尤其是重点高校在目标问题上支绌躲闪，不愿明确表示工程教育的主要目标是培养现代工程师。

人才培养归根到底是为社会服务的，社会需求是人才培养的原动力，是学校确定人才培养目标、规格和模式最重要的依据。工程教育是面向国家重大需求的，它与社会需求之间具有内在的适切性，工程人才培养目标应以社会需求为导向。

2. 在人才培养模式中起指导作用

人才培养目标决定了人才培养模式的设置。如果把人才培养模式本身当作一个系统，那么可以说"目标决定系统"。人才培养模式中有培养目标、教师、学生、课程、教学方法、评价保障等诸多要素，培养目标在整个系统中起到了"龙头"作用，它不仅给整个体系注入活力，而且还决定着整个体系的性质和发展方向，可称之为驱动子系统。

倘若没有清晰明确的培养目标的指引，培养体系改革即使进行得如火如荼也是劳而无功，很可能会流于空泛、陷入迷茫，逐渐产生一种"为改革而改革"的怪圈，而不知为什么要改革，这样做究竟为了达到怎样的目的。久而久之，这种盲目跟风式的体系改革终将导致培养出的人才严重脱离社会需求，成为学校和社会的负担。

3. 培养目标本身具有系统性

如上所述，培养目标在整个人才培养体系中起了决定性作用。同时，培养目标本身也具有系统性。这里可以借助系统论思想进行解释。系统论认为，整体性、关联性、等级结构性、动态平衡性、时序性等是所有系统共同的基本特征。任何系统都是一个有机的整体，它不是各要素的机械组合或简单相加，而是各要素相互关联、相互作用而成的。系统中各要素不是孤立地存在的，每个要素在系统中都处于一定的位置，起着特定的作用。系统受到外部和内部的约束，它依赖环境，反过来又影响环境。同时，系统是多种多样的，可以根据不同的原则和情况来划分其类型。

根据范围划分，人才培养目标有宏观系统和微观系统之分。无论怎样划分，社会需求都是培养目标的价值导向。培养目标的定位、分类、分层属于宏观系统。工程人才的培养目标可根据经济、产业需求从层次结构和科类结构来分析。我国经济快速持续增长、产业结构提升和社会的转型，为工程人才教育结构的调整和优化创造了条件，也对其提出了新的需求。工程人才的层次结构是指学士、硕士、博士的培养，本、专科生与研究生数量之比是受高技术部门的比重、企业研究与开发水平和生产率影响的。工程人才的科类结构是指专业设置、各科类学生的比例，由工业产业结构的高级化、工业主导产业部门的变更以及各工业部门的 GDP 等因素决定。[①]

培养目标的微观系统则涉及具体规格要求等内容。从层次来看，培养目标可以分为一级目标、二级目标、三级目标（甚至四级目标）。目标逐级分解和细化，用下级标准限制上级标准。比如，二级目标就是对一级目标的限定和具体化。目标逐级细化的过程，也是目标从静态转向动态的过程。换言之，目标分解得越具体，越接近其实现途径，可操作性就越强。需要提及一点，一级目标在宏观系统中是类的区别。从具体规格来看，培养目标通常指人才的知识、能力、品德，根据一级目标的定位和某专业领域特征而进行设置，具有独特性。同时，三者根据外部社会需求和内在专业特点，分别由各要素形成结构性强的小系统，指向特定的一级目标，并发挥整体的功能，使培养目标更加立体化。三者相互关联、相互影响，构成培养目标的统一整体。另外，培养目标是开放系统，受各利益相关者的影响和约束，随时根据实际情况进行调节，以达到动态的平衡。

二 主导培养方向的一级目标

培养工程人才只是目标研究的开始，而不是一级目标的最终确定。所

---

① 白逸仙：《社会需求导向的工程人才培养目标研究》，华中科技大学硕士学位论文，2007，第 11~17 页。

谓一级目标，是指面向一定职业需求、受制于一定教育教学条件、体现为一定专业类型的主导性培养目标。在工程本科教育中，一级目标不是指一个笼统的包罗万象的工程师概念，而是指特定专业所要培养的一类或几类有特定职业面向的工程师类型。

以 H 大学光电器件专业本科生培养计划为例，一级培养目标可以具体表述为：培养具备坚实光电专业知识基础和相关创业知识以及一定创业潜质，德、智、体全面发展的高级光电工程专门人才，毕业生能在研究院所、高等院校、信息产业部门及其相关领域创造性地从事光电器件与技术的研究、开发、管理、市场等方面的工作。需要说明的是，这里没有明确提出培养光电行业的企业家，主要是因为以下两点：第一，本科教育只能提供相关创业人才的基本素质训练，而不能代替他们毕业后必须经历的长期艰苦的创业实践以及要取得创业成功必须具备的环境条件和市场机遇；第二，即使他们将来并未成为业界领袖，一定的创业素质对于优秀的现代工程师来说也是不可或缺的，现代工程都是系统工程，没有一群具备创业素质的工程人才通力合作而仅靠某些杰出个人的单打独斗，要取得成功是不可想象的。这也意味着，创业型工程人才并非管理类工程人才，就其知识结构、能力结构和工程意识结构的主体而言，创业型与创新型工程人才是基本一致的。2006 年中国工程院就工程管理人才培养做过一次大型调研，其中有一组数据十分耐人寻味：据国外报道，高校工科毕业生参加工作 3~5 年内，80% 进入工程领域的人要从事一定程度的管理工作。很多工程师毕业 5 年后会在继续从事纯粹技术工作和进入与技术管理有关的岗位之间做出选择；而毕业 10 年后，超过 75% 的工程师选择了第二条路径。[①] 由此可见，一级培养目标的定位是符合社会需要和人才发展规律的。

提出定位准确的一级目标取决于三个要素：一是对社会人才需求信息的全面搜集、深入分析和准确把握；二是对教育之本在于育人的深刻理解和使命感；三是对自身办学优势、特色、条件（包括通过努力可以获得的条件）和不足（包括短期内无法弥补的不足）的清醒认识。换言之，目标设计不应当受人才需求、教育使命和办学条件之外的因素干扰，譬如，为参与资源的争夺而制定华而不实、攀比趋同的目标。

---

① 资料来源：查建中"工程教育改革战略：产学合作、'做中学'和国际化"讲座内容。

三　规范培养标准的二级目标

根据笔者研究，大学工科教学体系应当是以能力本位论和学生主体论为价值导向、以全方位的工程训练为培养路径、以现代工程师的综合素质为基本培养规格的课程教学体系。这意味着：第一，在一级目标确定之后，二级目标（培养规格）应当从整体上呈现一级目标所蕴含的素质要求；第二，二级目标是现代工程师的综合素质在培养目标上的系统表达；第三，工程综合能力和工程师职业道德作为上述综合素质的核心要素应在二级目标系统中得到重点强调。

创业型工程人才培养二级目标的设计应当既体现工程师的一般特点，又体现对此类工程人才创业素质的特殊要求。为便于表述，这里仍循惯例，将二级目标对创业型工程人才的素质要求分为知识、能力和职业意识三个部分。补充一点，工程教育的基本导向是功利主义的，是国家功利，而非个体功利；是前瞻性功利，而非急功近利。工程人才是要进入国家工业体系的，具体来说是进入企业，为企业、为国家赢得利益。从这个角度来讲，工程师负有特别重大的国家责任和强烈的责任意识。传统的人才素质包括知识、能力和品德，这里要将品德替换为职业意识，以突出工程师这个职业的特殊性。笔者注意到，知识、能力和职业意识这三个部分不仅各有其结构形态，而且就学习者个人而言，三者应共同形成一个有机联系的完整的素质结构。关于这一点，笔者在分述二级目标对三者的要求时还要进一步讨论。

1. 知识

研究知识结构，通常有三个角度：知识自身的逻辑、认知心理的规律和实际应用的需要。三者是大有区别的。教学计划所呈现的知识形态往往只考虑知识自身的逻辑而不虑及其他。因此，笔者在分析二级目标对知识的要求时，仅将其理解为基于知识自身逻辑的程序化表述，而不是主要基于认知心理规律的结构化表述；换言之，这里涉及的主要是知识的科类，而不是知识的结构。为此，在充分尊重知识自身逻辑的同时，也要从认知心理和实际需要的角度对这些知识进行分类并对它们在专业教育中的作用进行价值判断。

（1）数理基础知识

数学和物理是整个自然科学和现代工程技术的基础，当然也是现代光电科学和现代光电工程技术的基础。光电工程人才，包括创业型光电工程人才应当拥有扎实的数理基础知识，这是不言而喻的。笔者对部分企业家的访谈也证明了这一点，受访者一致认为，学好数学和物理对学好光学专业可以起到事半功倍的作用；他们批评近年来进入产业界的相当一部分毕业生数理基础薄弱，"参加工作三年，基本物理概念讲不清楚，基本的数学方法不会用"。清华大学的学者对修建青藏铁路的部分工程师的调研也得出了类似的结论。但是，数理基础知识的积极作用不像表面看上去的那样简单。首先，数学和物理是两个范围极为广袤的领域，即使是数理专业的学生，也不可能在四年本科学习中穷其一隅；其次，虽然数学和物理经常被视为一个整体，但它们各有其学科体系和研究方法，在教育和毕业生未来工作中发生作用的方式也不尽相同。一般来说，越是规模庞大、内容复杂、技术精密的工程活动，对工程师数理基础的要求就越高，光电工程就是这样一个高度依赖数理知识支撑的领域。但是，这并不意味着数理学科所有的尖端问题都应成为光电专业教育的内容。因此，二级目标在强调数理基础的重要性时，应尽可能清楚地界定光电专业需要的数理知识的范围，包括相关前沿研究的成果；应强调概念性知识（分类和类别、原理和通则、模型和结构）的学习，并引导学生形成有效的学习策略和对知识学习的自我认知；应将情境化学习（如案例辨析或项目训练）适度引入数理知识教学，并设立一定的标准。

（2）专业基础知识

专业知识分为两个层次：专业基础知识和专业技术知识。专业基础知识的主体属于布鲁姆分类中的概念性知识，涉及专业的类别、原理、通则、模型和结构，当然也涉及相关的学习策略。专业基础知识是专业技术知识的直接基础，是数理基础知识通向专业技术知识的桥梁，它在专业教学中的极端重要性是不言而喻的。多年来，人们在教学改革中提出的拓宽专业口径，主要就是指拓宽专业基础知识的口径。对于创业型工程人才来说，掌握较丰富的专业理论知识和研究方法，有利于自主学习，有利于技术创新，尤其有利于从技术创新的角度把握市场趋势，开拓市场前景。笔者在调研中也注意到，不少企业家建议适当增加专业基础课的课时，以便为学生自学做准备，也为强化学生的工艺设计能力打基础。二级目标应给出较宽的专业基础知识范围，并准确描绘专业基础知识与相邻学科知识的关系。

（3）专业技术知识

专业技术知识的主体属于布鲁姆分类中的事实性和程序性知识，涉及专业的术语、细节、技术和操作方法。专业技术知识处在工程创新的前沿，是更新最快的知识领域。如果说，学生对数理基础知识和专业基础知识的学习经常是通过去情境化的教学来掌握，那么，专业技术知识的教学则应当与工程（实践）训练直接结合，即主要通过情境化的教学来实现。从工程训练的角度看，专业技术知识教学是典型的情境化教学。换言之，设置技术创新的训练情境，是现代工程教育中学习专业技术知识的最佳途径，也是教学改革面临的最大挑战。至于在此背景下专业技术知识与数理基础知识、专业基础知识的关系，则因专业教育的类型和层次而异。在本科及以上层次的工程专业教育中，三者的联系最为紧密，对优化课程结构的要求也最高。二级目标对专业技术知识的教学内容应提出不断进行知识更新的要求，应强调专业技术知识学习与工程实践训练直接结合的重要性。

（4）相关领域知识

相关领域知识涵盖甚广，包括与本专业相邻的其他理工科知识（化学、材料科学、环境科学等）、工具性的文科知识（外语、形式逻辑、科技写作、学习策略等）、社会性的文科知识（法律、政策学、工程伦理、技术美学等）、经济和管理学科知识（市场学、成本理论、企业管理、领导学等）。一个优秀的工程师应掌握的知识当然是多多益善，而作为创业型工程师，对涉及专利、税务、撰写项目建议书、制订投资回报计划、确立市场战略和营销策略的知识，尤其要尽可能了解和掌握。在调研中，许多企业家反映，工科毕业生普遍缺乏人文社会科学类知识，解决工程中法律、社会和伦理问题的能力明显不足。他们建议学校为理工科学生开设相关的方法论与逻辑知识、法律知识、市场知识、企业管理知识以及工程伦理知识的课程或讲座。当然，本科四年学时有限，不可能将上述知识不加选择地全部纳入教学计划，因此，二级目标应限定相关领域知识的课堂教学范围，应强调方法论的教育，凸显学习策略的作用，应要求将相关领域知识的学习与数理基础知识、专业基础知识和专业技术知识的学习结合起来，应提倡多种教学方式的综合应用。

总之，创业型工程人才应具备的知识既不是"技术上狭窄的"，也不是"狭窄于技术的"，他们的数理基础知识要尽可能坚实，专业基础知识要尽可能宽广，专业技术知识要尽可能先进，相关领域知识要尽可能丰富，这一切只有通过旨在引导学生自主学习、实施全面工程训练、基于跨学科合作、体现课程系统整合的教学计划才能实现。

2. 能力

二级目标所列的知识，是指按能力训练的目标和路径被组织为课程的知识，能力本位论和学生主体论是判断知识学习的价值标准。换言之，只有通过学生的主体活动，达到二级目标规定的所有能力和职业意识发展目标，并实现能力结构和职业意识结构的整体优化，谈论知识结构才是有意义的。已经有大量的研究提出现代工程师应当具备的种种能力，其中最著名的就是美国工程技术认证委员会（ABET）提出的 11 条工程教育专业认证标准以及欧洲工程师协会联盟（FEANI）提出的工程专业毕业生必备的12 条能力标准。现在的问题是，如何根据中国社会的发展需要来确定工程本科毕业生应当达到的能力培养标准，具体到光电专业，就是二级目标应对创业型光电工程人才的能力培养提出哪些要求。

（1）自主学习能力

自主学习能力是高级从业人员不可或缺的基本能力。在工程实践（训练）中，自主进行知识储备，自主学习、补充和更新所需知识与技能，是工作得以完成的基本前提，对于知识经济时代的创业型工程人才来说尤其如此。实际上，对自主学习能力的需要，在学生在校学习期间就已经开始了。如果不把自主学习能力的培养放在首位，学生不仅无法完成内容不断更新、难度不断增加的理论知识学习，而且也不能适应现代工程背景下高难度、高强度、高技术含量实践训练的需要。在这个意义上，也可以说自主学习能力是其他任何能力赖以形成的基础。从认知过程看，自主学习包括从最简单的记忆（信息储存和提取）到最高级的创造性应用的完整序列，二级目标不必面面俱到地加以罗列，而应强调如下重点。

① 搜集和整理信息。这里的信息有两层意思：一是指教材以外的知识，二是指任何书本以外的知识。在这两种情况下，信息的获得都要有明确的任务意识和对前期学习经验的综合应用。在互联网时代，网络信息成为最丰富、最方便、最有效的信息来源，大学生则成为网络信息最广大、使用频率最高、技术最娴熟的搜集者和使用者。可以说，互联网极大地拓展了学生的知识视野，极大地提高了他们的自主学习能力。在调研中，企业家也对毕业生这方面的能力评价较高，"与八十年代毕业的老大学生相

比，现在的大学生熟悉网络工具，善于从网上寻找信息，迅速搜集相关的各类政策信息、业务信息和市场信息。"当然，搜集信息只是第一步，还要根据任务（包括理论学习和解决工程实际问题）的要求对搜集的信息加以整理，包括解释、分类、建模、比较和评价，并由此形成在纷繁复杂的信息中建立秩序的习惯和技能。

② 理解原理、把握重点、提出问题。较之自然科学研究，工程活动对知识的广度有更多的要求。因此，学校教育必须保持足够的速度才能使学生学到尽可能多的专业知识和其他相关知识，从而满足工程创新的需要。基于工程的这一特点，只要学生能迅速理解原理、准确把握重点，并能整合众多知识，就工程现象提出有意义的问题和可能的解决方案，就可以认为他们已经掌握所需的知识，而不必要求他们对其中的某一特殊领域进行深入的学术探究。

③ 掌握基于系统思维的学习策略并形成个性化的自我认知。受访的企业家一致认为，学习的方法比内容更重要。某企业管理者说："我们在招聘时更看重应聘者的学习能力和适应能力，而不是特别关注他们的专业知识水平。掌握如何学习的技能远比掌握某一学科的知识重要，它意味着良好的自学能力和终身学习的可能性。"笔者注意到，许多企业家之所以特别强调数理基础的重要性，也许就是这两个领域的知识能对思维方式和学习策略产生最大的影响，物理学对实验的强调也能给予工程思维诸多启迪。但数理思维与工程思维的关系仍有待进一步考察。数理思维是以分析为主的思维模式。分析当然是极其重要的思维工具，但它只是系统思维的工具之一，而系统思维是一种更为复杂的思维模式，它意味着在系统目标引导下对分析与综合、归纳与演绎、发散与收敛、具象与抽象等众多思维工具的系统应用。在这个意义上，工程思维正是典型的系统思维，工程本科生的学习策略应当是上述各种思维方式系统训练的结果。我们可以把基于系统思维的学习策略视为工程本科生应当掌握的学习常模。与之相应，学生应当对此形成个性化的自我认知，包括兴趣、品位、特长、想象力和对工程现象进行价值判断的良好直觉。

任何思维模式的合理性和有效性都不是无限的。对原理性知识提出质疑通常不是工程思维的责任，在这种情况下，工程师应当适度关注那些原理性科学假设的争论及相关研究的最新进展，以便在工程应用中加以取舍。当然，二级目标对此不必做硬性规定，只要求学生有常识性的了解即可。

(2) 设计创新能力

设计在这里主要指的是工程技术设计，包括创意设计（或称概念设计）和技术设计（或称工艺设计）两个阶段。创意设计被称为"构想"，技术设计则被称为"设计"。设计能力是高级工程人才必须具备的核心能力，但是，当二级目标把设计创新能力作为本科生培养的目标时，应当对其内涵进一步加以界定。一般来说，"设计"是常规性技术行为，有时需要有一定程度的创新；而"构想"则是创新性工程行为，有明确的创新目标，有赖于综合性创新要素的充分支持。笔者认为，工程思维是在众多边界条件限制下寻找最佳折中点的思维过程；创新思维能力则是受价值增长要求的驱动，通过知识综合创造性地解决工程问题的工程思维能力。据此，可以说设计创新能力主要是指"构想"（或者说"创意设计"）能力。显然，这对大多数本科生是一个过高的要求。所以，二级目标对设计创新能力的要求应当适合本科生的发展阶段，主要从教育的角度强调知识综合、技能训练和创新意识培养，可以鼓励但不宜苛求设计创新的高技术含量。

应当指出，发现、培养和支持有杰出设计创新才能的工程人才是开基创业的重中之重，这意味着创业型工程人才对设计创新应有充分的了解，甚至自身就是设计创新人才的转型。

(3) 组织管理能力

工程创新是系统的组织行为，当然不限于技术创新，对于创业型工程人才来说，组织管理创新是同样重要的任务。约瑟夫·熊彼得将构建一种新的生产组织方式列为五种创新之一，恰好揭示了工业生产是一项参加者众多的组织行为。在大工程时代，工程创新是各种新兴学科、边缘学科、交叉学科的综合，有赖于各种不同学科和社会背景的工程人员的合作，工程领域的开基创业尤其需要众多具有创业素质的人才共同努力。在创业型工程人才群体内，为了实现共同的目标，对人员要进行不同的组合搭配，形成合理的团队结构和良好的协作风气。二级目标应鼓励教师和学生在理论和实践教学中培养学生组织管理能力的探索。

① 组织领导能力。一位毕业于国内某知名大学的企业家说，"国内大学培养的学生，很少有领导人物，毕业生都只会干活、被别人领导。"这段话的前半部分值得注意：当前在企业和政府领导成员中具有工科背景的

人才的确不多，更不要说创业型工程人才了。组织能力是合理分配人力和物力资源、筹划和推动团队行动以达到一定目标的能力，领导能力是组织能力的高级形态，创业型领导人才除了能胜任常规的组织工作外，还应具有一定的战略眼光和形势判断力，意志坚定，有知人之明，廉洁自律，办事公正，善于激励他人共同行动，等等。不言而喻，这些品质的形成有赖于长期的社会实践，尤其是在激烈的市场竞争中艰苦的创业实践，但二级目标应当要求学校教育为此提供必要的知识基础和能力训练的起点。

② 团队合作能力。现代工程背景下的创业活动都是团队行为。在创业活动中，领导者的角色是相对的。创业团队的成员应能适应领导与被领导的角色转换。他们有别于普通的工作人员：领导是前瞻性、身先士卒的领导，服从是有创意、积极主动的服从，协作是既顾全大局又公平竞争的协作。受访的企业家告诉笔者，企业招收毕业生时，很重视他们在大学是否担任过学生干部，有没有组织集体活动、到企业实习、当志愿者等社会活动经历；并认为有过这类经历的学生更容易相处，更有团队精神，其中的优秀者甚至有较强的组织能力，能正确处理竞争与合作的关系。因此，二级目标应对学生的团队合作能力提出相应的要求。

（4）语言交流能力

创业过程需要团队合作，需要赢得人们的理解和支持，为此，需要大量的交流沟通，这意味着，创业型工程人才必须具备很强的母语和英语表达能力（考虑到英语是国际通用语言，故将二级目标对外语的要求限定为英语）。

① 口头表达能力。创业型工程人才至少要与四个方面的人打交道：所在团队、合作者、竞争者和消费者。在经济全球化时代，这四个方面都可能涉及对外交往，因此，创业型工程人才必须有很强的表达能力。首先是口头表达能力。譬如，向团队成员说明创业计划，向合作者解释双方的利益共同点，向传媒介绍产品的特点以便扩大销路等。在调研中，一位企业家明确提出，他的公司需要"说话清楚、表达简明扼要而又有说服力的工程师"。另一位企业家则说，工科毕业生"不仅要能与其他工程师交流，而且要能与非工程师交流"。而开拓海外市场、与国外同行合作、了解国外先进产品等，无不需要熟练的英语。受访的企业家反映，现在工科毕业生大多只会"哑巴英语"。他们表示，"较之英语四六级证书，公司更看重毕业生的听、说、读、写等实际应用能力。"因此，为满足未来创业的需

求，二级目标应要求学生掌握中外语言和相关的专业符号系统，在业务交流中能准确、流畅、专业化地进行母语和英语表达。

② 书面撰写能力。企业要想在科技竞争中取得优势，需要参与项目竞标，整合科技资源，开展科技创新。一份优秀的项目申请书或项目策划书成为竞标成功的"通行证"，一篇思想超卓、脉络清晰、结构严谨、演算正确的科技论文也是同行间学术交流、思想沟通的优质媒介。但是，业界普遍反映，大部分本科毕业生不会写项目书，也很少能写出格式规范的科技论文。他们认为，这主要是由于本科生在校书面表达训练太少，呼吁学校通过组织工程项目训练，培养学生撰写项目报告的能力。受访的企业家还建议学校适当指导学生练习创业计划书、商业可行性报告及多种渠道融资的报告性文件的写作。二级目标应当把科技写作尤其是各种应用性文件的写作纳入学生的训练范畴。

（5）市场开拓能力

了解市场需求、掌握核心技术、拥有可生产的产品是创业的三个基本条件。在竞争激烈的市场环境下，市场开拓能力是创业成功的必备条件。

① 市场预测。较之一般的经营者，大多数创业者都比其他人更善于寻找和把握商业机会。市场预测是在大量经验积累基础上形成的能力，要求本科生在大学四年内就掌握这种本领是不现实的，但是，学校可以让他们了解市场预测的基本方法，并尽可能创造条件让他们受到这方面的基本训练。譬如，对产品的市场容量、价格、营销策略以及市场风险进行分析和预测，从而在未来的创业生涯中更快地学会对产品的市场前景乃至对整个企业的竞争力和可持续发展做出专业性判断。

② 资金筹措。没有足够的资金，企业就不能开业，创意、高新技术的转化就会成为空中楼阁。但是，本科生在校期间接触筹资融资事务的机会微乎其微，学校能做的主要是向学生介绍相关常识，二级目标除了指定在校应修的金融财务知识外，还应要求学生在工程实践（训练）中尽可能关注筹资融资问题，特别是在项目训练中积累初步的筹资融资经验。

③ 通过人际交往打开工作局面。一些受访的企业家告诉笔者，"企业的上游有供应商，下游有客户，周围还有政府、工商、海关、银行、快递、物业，没有'人脉'，将一事无成。"实际上，创业型工程人才多数时间处理的都是非工程问题，尤其是人际问题。因此，他们必须善于同各种各样的人打交道，必须学会处理企业内部和外部的各种关系，在遵纪守

法、廉洁自律的前提下，努力积累丰富的人脉资源，在人际关系网中打开工作局面、寻求企业生存发展的途径。二级目标对学生通过人际交往打开工作局面的要求应当充分兼顾法制观念、道德操守与人际能力的平衡发展。

研究表明，上述能力体现了工程思维和工程行为的本质特点——综合性。整体工程能力是各种能力的综合，其中每种能力也都是不同能力要素的综合。从能力培养的角度看，每种能力都不同程度地介入其他能力的形成过程，每种能力的形成都依赖于不同的社会条件，凝聚着多方面人文要素。因此，二级目标对各种能力的描述既要条分缕析、清晰到位，又要有统一的出发点和对各种要素的综合把握。

3. 职业意识

在创业实践活动中，职业意识规定着参与者心理和行为的方向和强度，创业型工程人才应当具有全方位的职业意识，这里主要强调如下几点。

（1）国际视野

美国工程技术认证委员会（ABET）关于工程专业毕业生必备的 11 种能力标准之一是"理解工程问题的解决方法对全球和全社会的影响"。James J. Duderstadt 教授在《变革世界的工程——工程实践、研究和教育的未来之路》一书中把"从世界视角看问题"作为现代工程师（当然也包括创业型工程师）必须具备的三大素质之一。更多的研究者则是从经济全球化和教育国际化的角度强调现代工程师具备国际视野的重要性。二级目标对国际视野的描述应当是具体、可操作的，譬如对国际政治、经济、科技、文化的了解，对世界市场发展规律和竞争规则的了解，对工程领域跨国合作及如何维护本国本企业利益的了解，对掌握沟通技能必要性的了解，等等。部分受访的企业家和教师认为，内地学生不如京沪等大都市学生的国际视野开阔。二级目标应对如何形成国际化的校园文化氛围提出相应的要求。

（2）职业责任感

工程师职业责任感的核心是对工程质量负责。工程质量是一个复杂的不断发展的概念。在当今时代，人们对工程质量的理解包括技术指标的完成度、性价比、顾客满意度、中期和长期的市场竞争力以及对人文和自然环境的影响等。工程师，尤其是创业型工程师必须对这一切负责。"质量是企业的生命"，最好地诠释了工程师职业责任感的丰富内涵。有些企业家说:"小业靠勇,中业靠智,大业靠德。"这个说法失之偏颇:在创业过程中,无论是小业、中业还是大业,"德"都是最重要的。优质产品是德与智的结晶。缺德之人、不智之行、匹夫之勇,三者加起来就是"豆腐渣工程"。根据国内专家的研究,工程师的职业责任感经历了三个阶段的演变:对雇主的服从→对用户的诚信→对社会的关爱。每个阶段都提出新的质量标准,同时也吸收前一阶段的合理成分。受访的企业家一致认为创业者必须具有正直的品德,企业对社会负责、对产品质量负责,才能做大做强;而现在许多大学毕业生好高骛远、做事虚浮、跳槽频繁,缺乏爱岗敬业精神。因此,二级目标应对培养学生的职业责任感提出具体要求,尤其要强调社会实践和企业实训在学生职业责任感形成中的道德教化作用。

(3)合作意识

前面已经提到团队合作能力。实际上,合作是一个非常广泛的概念,大而至于国际合作,小而至于团队内部的合作,无不涵盖其中。是否把合作作为企业生存和发展的基本条件之一,是创业者市场眼光是否开阔的重要标志。譬如,把非本企业之长的某些项目外包给其他厂商,就是一种建立在社会契约基础上的合作形式。有合作意识的创业者能利用多方智力资源,把主要精力集中于自身的强项,在激烈的市场竞争中建立企业的创新优势。合作意识是合作能力得以形成并发挥作用的动力。所以,二级目标应当从创新理念的高度把合作意识的培养纳入创业素质培养范畴。

(4)意志力

据统计,只有十分之一的新创企业能够取得成功,创业的艰难由此可见一斑。清华大学学者对修建青藏铁路的部分工程师的调研显示,几乎所有的受访者都认为吃苦耐劳精神和百折不挠的毅力是优秀工程人才必须具备的品质。笔者调研的企业家反映,现在到企业求职的年轻人往往急功近利,把薪酬高低当作择业的主要甚至唯一标准,到岗后挑肥拣瘦、怕苦怕累,缺乏长远发展、干一番事业的理想。所以,二级目标应当对学生意志力的培养给予充分关注,倡导发挥优秀大学文化的积极影响,强调社会实践和工程实训对于学生意志力养成的促进作用,要求教师自觉地引导学生通过知识学习、实践训练培养创业者必须具备的踏实作风和坚强意志。

(5)人文情怀

作为技术人文主义者,工程师尤其是创业型工程师,对于创造一个美好宜人、可持续发展的环境负有广泛的责任。任何工程创新都不应以牺牲环境为代价。具有人文情怀的工程师不仅应当廉洁正直，而且应当敏感而富有同情心，从扶助弱者、保护环境、弘扬优秀文化出发进行工程创新。李培根院士多次强调要把人文情怀的培养作为重要内容纳入工程教育范围。对此，二级目标要提出可操作、可评估的具体标准，使一线教师和在校学生都能切实了解哪些人文情怀应当是由学校教育培养的，哪些应当是在实践训练中自觉养成的，哪些是就业后还要在社会生活中继续努力修炼的，从而找到最有效的集体培养和自我训练方法。

朱高峰院士认为，知识靠传授，能力靠训练，道德靠养成。而构思（Conceive）—设计（Design）—实施（Implement）—运行（Operate）、基于问题的学习（Problem-Based Learning，PBL）等先进的工程教育模式则将这三种素质教育融为一个有机的整体，那就是：用工程项目实践来组织课程知识的传授，用工程项目实践来训练学生的各种工程能力，用工程项目实践来养成学生的工程道德和职业意识。显然，设计这样一份基于工程项目实践、旨在培养创业型工程人才的工程专业教育计划，也需要应用综合性工程思维。

四 监控培养途径的三级目标

创业型工程人才的培养必须通过完整的工程创业训练，必须构建尽可能真实的工程活动情境，让学生在解决工程实际问题的过程中学习知识、运用知识、创新知识，形成培养目标所要求的知识结构、能力结构和职业意识结构。培养目标的实现需要学生参与真实的项目，而这些项目的规模、类型、技术含量、依赖的条件、研发的时间、参加的人数都不一样，这就给教学安排和目标监控带来了极大的挑战。就是说，面对多变的培养路径，二级目标对教学活动的指导有可能形同虚设；如果对检验的方式做硬性规定，让培养路径来削足适履，就会对项目的真实性造成冲击，与改革教学模式以激发学生和教师主动性的初衷南辕北辙。所以，这里必须解决两个问题：怎样才能使培养目标与培养路径实现良性互动？怎样才能使培养目标体现学生和教师的主动性？

答案是耐人寻味的：面对项目式训练的培养路径，培养目标必须进一步细化，做到随物赋形、因势利导；而细化培养目标的主要承担者不再是专职教务人员，而是活跃在教学一线的学生和教师。由此获得的目标是监控培养途径的教学任务目标，在培养目标的二级目标指导下具有更加具体的可操作性。比如，课程要有课程目标、项目要有项目学习目标等。教师要对课程目标有清楚的认识，同时对项目的设计也必须有具体的项目目标和能够衡量项目成功及评价项目参与者的评判标准。

这有点像是学生的学习生涯规划和教师的课程教学方案的交接地带。两者都含有一定的个性元素，譬如由兴趣支撑的学习重点、以习惯为背景的解释角度等；而完成目标规定的教学任务则是两者必须共同面对的现实，由此形成可以共享的信息源、学习策略和教学相长的环境。而现在两者的交接地带就是项目式训练的培养路径。与以往强调共性的路径不同，现在他们必须面对形形色色、内容各异的真实工程项目，他们的重点不是简单地完成项目，而是在完成项目的进程中把每个环节都与传授知识、训练能力、养成包括职业道德在内的工程意识等教育任务联系起来。

这样，教学任务目标就不再是统一的行动标准，而是统一标准的个性化呈现。其有如下特点：它是针对不同学生、不同项目的不同实施方案；它将项目训练与知识的学习和应用联系起来，要求对项目完成的进度和知识传授、能力训练、意识养成的进度进行双向、即时的监控和检验；它不是对二级目标的背离，而是二级目标的具体化、行动化、个性化和完善化，在这个意义上，它不排除若有必要对二级目标提出局部性修正的可能。

李培根院士多次提到专业教学应当体现学生的主动性，在教学任务目标建设中，学生的主动性就能得到充分体现。其建设的难点在于，不同的学生个体、不同的学生组合，要求有不同的目标方案，这只能在教师的关注、引导和协助下完成。教师的责任感、教学热情和业务功底在此受到真正的考验。曾经有学者论及"因材施教"，认为理想的教学计划应当是为每个学生单独制订一份，其建设至少是向这个境界走近了一步。[①]

第四节 创业型工程人才的实践知识

通过对创业型工程人才的特质及其所需具备的知识、能力、职业意识等方面的描述，可以看出这些内容大多属于实践知识的范畴。按实践知识的本性来说，实践知识更多的是一种智慧而不仅仅是一种具体的知识形

---

① 华中科技大学教育科学研究院课题组：《创业型工程人才培养目标刍议》，《高等工程教育研究》2010 年第 5 期。

态。笼统地讲，其构成除一般性知识外，还包含了性格特征、行为特征、经验、能力、职业道德等多种成分。实践知识主要靠个人的经验、反思和身临其境的实践等方式获得。传统的讲授式教学很难让学生获取实践知识，只有在"做中学""干中学"中才能真正掌握。

本研究认为，实践知识的表现形态有两种，分别是用于处理外部事物的技术形态的实践知识和用于调控自身心智情感的认知形态的实践知识。下面分别从这两方面对创业型工程人才实践知识的构成成分予以剖析。

一　技术形态的实践知识

技术形态的实践知识是指"知道怎么做"的知识，即有关操作性、程序性的知识，包括实践方法、程序、技术要求等内容。根据加涅提出的五类学习结果（言语信息、智慧技能、认知策略、动作技能和态度），技术形态的实践知识可以从动作技能和智慧技能来阐述。

1. 动作技能

动作技能包括许多动手操作的程序，这些动作有思维过程或其他心理过程的参与，包括计划、监控、调整、评估动作水准等。专业技术知识是典型的技术形态的实践知识，它涉及许多技术规则和操作方法。还有系统知识、设计知识以及设计创新能力也都属于工程人才实践知识的范畴。创业型工程人才需要具有在企业和社会环境下构思、设计、实施、运行系统的能力，这是他们的必备知识，需要通过工程训练来建构这类技术知识。相关领域知识涵盖面很广，这里主要指人文社会科学类知识，诸如外语、形式逻辑、科技写作、法律、政策学、工程伦理、技术美学等，还有对创业人才来说非常重要的如市场学、成本理论、企业管理、领导学等经营管理知识。技术形态的实践知识将为工程师在面对实际问题时"会不会做"的基础上设置众多边界条件，让工程师考虑"能不能做""该不该做""怎么满足诸多条件地折中做"等。这些知识凸显了实践知识的情境性和建构性。工程师只有面对不同的情境，做出不同的解决方案，才能逐渐将这些知识内化为自己知识结构的一部分。

2. 智慧技能

智慧技能是指能使创业型工程人才运用知识与环境相互作用的能力，从最基本的语言技能到高级的专业技能和经营管理技能，都体现出一种"转识成智"之后的行动机智。智慧技能在这里包含了创业型工程人才的语言交流能力（口头表达能力、书面撰写能力）、组织管理能力（领导能力、团队合作能力）、市场开拓能力（市场预测、资金筹措、人际交往能力）等，还有突出创业特性的三个行为特征：市场优先、资源拼凑、决策判断。这种实践知识并非明确的技术操作规则，是超出专业技术之外更高级的技能，很难用语言明确表达。它们在创业实践活动中灵活多变、无处不在，往往是通过个体行为综合性地表现出来。学校要通过实践教学，用真实的任务来培养学生多方面的能力，建构其实践知识。

二 认知形态的实践知识

认知形态的实践知识主要指在掌握技术形态的实践知识基础上形成的经验、策略、职业意识和性格特征等非智力因素。这种知识具有很强的个体性，无法与个人分离，它难以言说，一般是通过个体行为等方式显现出来。认知形态的实践知识可为技术形态的实践知识提供价值导向，是认知过程的动力和方向系统。

1. 经验

经验是实践知识形成的基础，也是实践知识的重要组成部分。建构主义强调，知识并非以实体的形式存在于个体之外，即使人们通过各种形式赋予知识一定的外在形式，但学习者对这些知识的理解仍存在个体差异。学习者是以自己的经验为基础来建构或者解释知识的，由于每个人的经验以及对经验的信念不同，不同的人看到事物的不同方面，正所谓"仁者见仁，智者见智"。杜威认为，经验包括"经验的对象"和"经验的过程"双重意义，二者是统一的整体，不可分割。所谓经验的事物，即人们做什么、经历什么、追求什么等；而经验的过程，则是人们如何操作、如何经历各种事情以及人们的信念、观察和思考的方式等。① 经验是个体在实践中自己建构起来的知识，它只适合于解释个别现象，不具有普遍性。实践知识的建构必然依赖于个体的经验背景以及特定情境下的学习过程。

经验对于创业型工程人才的实践非常重要，可以说，没有经验就不会有工程师灵活、随机应变地解决问题的实践能力。能力的充分体现就是通过个体对具体、独特的经历进行自我反思，不断体悟、总结而逐渐积累的。个体通过实践不断积累经验，同时将他人的经验内化为自我所特有的

---

① 高文等主编《建构主义教育研究》，教育科学出版社，2008，第5页。

实践知识，并在转化过程中产生新的理解和认识。因此，经验是形成实践智慧的基础与核心。

2. 认知策略

认知策略是一种很重要的实践知识，是个体用来指导自己学习、记忆和思维的能力，是实践智慧的关键体现。创业型工程人才解决实际问题，不仅依赖他们所掌握的相关技术规则，还依赖他们解决问题时控制思维过程的策略。

创业型工程人才的自主学习能力就是典型的认知策略。工程人才需要掌握基于系统思维的学习策略并形成个性化的自我认知，同时要能够搜集、整理信息，理解原理、把握重点、提出问题。实际上，前面讲到的创业型工程人才强调创业的行为特征（市场优先、资源拼凑、决策判断）同样也属于认知策略。创业过程中遇到的许多问题大多缺乏明确的解决方法和清晰的发展路径，这就需要创业型工程人才根据当时的环境、凭借直觉迅速做出决策判断，此时他们体现出的就是一种认知策略。这其中还包含对情境的洞悉和了解，对情境了解的多少、对不同情境经历的多少均与个体的实践能力强弱直接相关。这种实践知识，依赖于创业型工程人才对情境的敏感、认知的灵活、思维的敏锐以及行为的变通等。拥有了认知策略，创业型工程人才可以根据具体情境灵活地运用技术规则解决各种工程或创业问题。

3. 自我认知知识

自我认知知识是指创业型工程人才对自身以及内心世界的有意识的反映，包括职业意识和性格特征。此类知识主要涉及工程师是否有意识地根据自己的特点能力等进行有效的工作和学习，是工程师认识自己和了解别人以及接收外界信息的中介和桥梁。其中，他们的职业意识包括国际视野、职业责任感、合作意识、吃苦耐劳的意志力、人文情怀；创业方面的性格特征有创新精神、理性的冒险精神和机会敏感性。这种自我认知知识有利于个体了解自己的优势和不足，扬长避短，适度发展，并在实践过程中不断调整自己的态度和行为以达到最佳状态。

尽管上述论述并没有穷尽创业型工程人才实践知识的所有内容，但以上几个方面能够说明创业型工程人才实践知识的基本构成成分。上述内容之间不是孤立、简单的存在的，而是相互联系和影响的。创业型工程人才在企业工作中的实践行为，都是受实践知识各要素之间相互影响和作用的支配的。社会实践在本质上是一个整体。创业型工程人才实践知识在工程实践活动中发挥的效用是各种知识的"合力",它是一个"浑然"的整体,是一个网络系统。在对创业型工程人才的实践知识进行探究时,应该注意以下三点:第一,实践知识是一个不可分割的整体,不能被简单地划分为道德、心理、技术的,也不能片面、孤立地只注重其中一部分。第二,针对实践问题,要能够从政治、经济、法律、生态、心理、伦理等方面跨越学科界限综合考虑。第三,它依赖情境而存在——透过复杂、动态的关系反映出来,植根于系统的社会、企业和技术的背景环境中。所以,创业型工程人才的实践知识是整合多种知识的集合体,是综合素质的集中体现。

第四章　创业型工程人才培养模式
的国际案例

　　国际上工程教育体系主要有两个典型代表，一是以美国为代表的英美体系，二是以德国为代表的欧洲大陆体系。美国所构建的工程技术教育体系主要是在传统大学内生长起来的体系，相对忽视较低层次的工程技术人才（如工匠、技工）的培养。德国的工程教育体系几乎与美国同时肇始于19世纪初，但在发展过程中却形成了与美国迥然不同的工程技术教育体系，它培养的工程技术人才分高、中、低三个层次，尽管层次不同、类型各异，但三者地位平等。① 多年来，亚洲工业化国家和欧洲其他国家纷纷把美国、德国的工程教育体系视为两种值得借鉴的典范，我国工程教育改革同样深受美、德、俄等国的影响。创业教育始于美国，其科技创业教育同样处于国际领军地位。创业型工程人才的培养需要工程教育和创业教育二者充分结合，相得益彰。本研究选择了英美工程教育体系中的两所大学作为案例进行研究，两所大学突出科技创业的特色，与产业界紧密联系，对创业型工程人才的培养具有鲜明特色。

　　本章运用定性的案例分析法审视国外两所大学创业型工程人才的培养模式。选取案例的标准包括以下几点：明确提出要培养创业型工程人才；采取了实质性措施来培养这类人才；英国和美国的大学各一所；在学校的不同层面以不同形式培养创业型工程人才。基于上述标准，本研究选取了英国沃里克大学和美国北卡罗来纳州立大学。沃里克大学是一所极具特色的创业型大学，学校的工程学院利用其"亲工商业"的特点，在校园创业氛围的影响下，对本科生和研究生都实行工程创业教育。北卡罗来纳州立大学是美国一所赠地大学，其社会服务功能尤为突出，为了提高工科学生

---

　　① 李曼丽：《工程教育体系的历史制度主义分析——美国与德国的范例》，《高等工程教育研究》2009年第2期。

对工程的兴趣并增强他们的创业能力，学校发起工程创业者计划，主要面向工程本科学生开展科技创业教育。两所大学对于创业型工程人才的培养，一个是工程学院面向各层次学生全面进行，另一个是以一项计划为中心、集中面向本科生并由一个学科向其他学科辐射进行，二者各有特色。"他山之石，可以攻玉"，他们的成功经验均有值得借鉴之处，对这些经验进行建构主义的分析，将有助于理顺创业型工程人才培养模式的内在逻辑，并构建出具有中国特色的高校创业型工程人才培养模式。

第一节 沃里克大学创业型工程人才培养模式

英国沃里克大学（University of Warwick）建于 1965 年，是英国政府在二战之后为适应高等教育发展而建立的"七姊妹大学"之一。该校依靠自身力量，只经过短短 30 年的发展就远远超过同期成立的"七姊妹大学"中其他六所大学，跻身于英国大学排行榜的前列，成为一所著名的富有特色的创业型大学。伯顿·克拉克在《建立创业型大学：组织上转型的途径》一书中曾对沃里克大学的成功转型经验做出如下总结："一种加强的行政才能，一个自由处理的资金组合，一个外扩的结构和计划的朝气蓬勃的外围，一种心脏地带的系参与的新的冒险事业和关系的意愿，以及一种以新的发展方向团结大学和提出一个不同于传统模式的有特色的观点的包含一切的创业精神。沃里克教导我们很多有关什么样的组织上的变革进入创业型大学的形式。"①

沃里克大学始终以"乐观向上，敢于冒险，勇于尝试"的创业精神促进大学的改革与发展，这种精神已形成一种校园文化，渗透在学校工作的方方面面，更是熔铸于人才培养理念中。在整个大学浓郁的创业氛围下，沃里克大学的人才培养也体现出强大的实力和朝气。由于其卓越的教学质量，学校赢得了广泛的社会认可，在 2005 年英国高等教育质量评估得分

---

① 〔美〕伯顿·克拉克：《建立创业型大学：组织上转型的途径》，王承绪译，人民教育出版社，2003，第 44 页。

中，获得了 22.7 分的好成绩。① 学校注重面向社会需求，与工商界密切联系，着力培养适应企业需求、能为经济和社会发展做出重大贡献的优秀人才。

沃里克大学位于英国中部西区工业发达区，学校的首任副校长巴特沃思为了使学校适应工商业发展的需要，同时获得较大的资金回报，一上任便提出"沃里克大学将既是一所'适应时代需要的大学'，又是一项以学科为中心的事业"② 的办学理念。在此理念的指引下，学校在起步阶段着重为中小企业服务，以科技为本，直接为企业提供技术、管理等服务，解决企业实际问题。同时，多层次、多形式地开展人员培训，针对企业需求设置专业，开展人才培养，并大胆进行课程改革，使培养的学生充分满足企业需求。现任校长范得莱德说："大学能给工商业提供的最好的转化商品，就是毕业生头脑中形成的发明创造，高质量的毕业生是无价的财富。"③

本研究探讨创业型工程人才的培养模式，这里笔者着重了解沃里克大学工程学院在这所著名的创业型大学里，在人才培养理念的引导下，面向企业培养创业型工程人才的问题。

一　工程学院人才培养基本情况

沃里克大学工程学院是英国同类型学院中最大的学院之一，有超过350 名研究和教学人员以及1200 多名硕士和博士研究生。主要的工程领域涉及自动化工程、土木工程、电子工程和机械工程，著名的沃里克制造业集团（Warwick Manufacturing Group，WMG）也隶属于工程学院。这种综合的工程学院能够提供灵活、跨学科的学位课程，并且强调跨学科的学习。为那些希望提高沟通能力、创新能力以及分析能力的学生提供最大的灵活性。学位课程的选择是学生与招生导师共同讨论完成的，以最大限度地符

---

① 英国高等教育质量控制署（QAA）所实行的高等教育质量评估体系为世界高等教育界公认为最严格的体系之一，其通过数项指标的加权，最后为受评大学打出一个分数，最高分为24 分。在2005 年进行的评估中，约克大学得分最高，为23.1 分，沃里克大学与圣安德鲁斯大学均获得22.7 分，并列第4 名。资料来源：毕家驹：《英国高等学校的水准和质量识别》，2006，第34 页，http://web.tongji.edu.cn/~bijiaju/article/2005-09.pdf。
② 〔美〕伯顿·克拉克：《建立创业型大学：组织上转型的途径》，王承绪译，人民教育出版社，2003，第12 页。
③ 《中国教育报》2004 年8 月11 日。

合学生的愿望。图 4-1 表明了工程学位设置的基本情况。

　　沃里克制造业集团在与社会和企业紧密合作方面表现得最为典型，同时作为工程学院培养创业型工程人才的重要基地，这里有必要先对其做简单介绍。WMG 隶属于沃里克大学工程学院，是欧洲最大规模的制造工程中心，工作内容涉及教学、科研、工业发展及咨询顾问等。集团的研究、技术转移以及项目培训等各种活动都是通过与工业企业密切合作的方式来进行的。它是一家国际集团，与当地市场和行业一直保持着密切的联系，在英国、印度、中国、马来西亚、俄罗斯、新加坡和泰国等地都有合作中心。WMG 的使命是，通过实现持续创新的价值以及新技术和技能的应用来增强竞争力。集团的任务主要集中在两个方面：一是与工程公司紧密联系，开发技术和改造产品；二是为企业工作人员提供培训、培养人才，即"以工程为基础的管理训练"。这种培训不仅关注企业环境，而且重视工程技术本身。集团除了为企业职员提供培训外，还招收大量的研究生。集团有先进的技术设备，还有既有学术背景又有工业背景的研究团队。研究团队由多学科人员组成，包括工程师、物理学家、材料科学家、数学家、设计师、计算机专家、社会学家、经济学家以及知识迁移专家。所有的研究项目都致力于解决现实问题，学生也从解决工业企业面临的实际问题中受益。

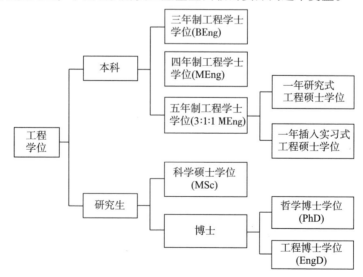

图 4-1　沃里克大学工程学位设置

　　资料来源：陈劲、胡建雄：《面向创新型国家的工程教育改革研究》，中国人民大学出版社，2006，第 227 页。

二　创业型工程人才的培养目标

英国工业界和政府要求，工科毕业生不仅要掌握专门领域的技术细节，而且要精通企业的整个业务流程。学校希望培养毕业生成为未来的行业领军人物，他们不仅能够取得卓越的学术成就，而且商业能力也要享誉全球。特别是工程学院的沃里克制造业集团的教育目标是培养参与制造业和工程商业的管理者、工程师及科学家。他们希望培养的研究生是具有技术开发创新能力和商业管理能力的复合型工程师，能够成为未来工业企业界的领袖。

三　创业型工程人才的课程体系设置

"亲工商企业界"是沃里克大学的一贯宗旨，工程学院就是贯彻这一政策的基本阵地之一。学校积极为企业服务，直接面对企业中的各种问题组织技术开发、及时予以解决。实际上，创新创业人才的培养过程是与科技创新或技术的研究开发过程、新技术企业的诞生成长过程交织在一起的。在此过程中，针对企业需求设置专业，开展人才培养，并大胆进行课程改革，才能使培养的学生充分满足企业要求。

为了达到上述工程人才培养目标，沃里克大学通过设置灵活的工程学位和模块化的课程来培养学生。工程学院的模块系统课程，是一个逻辑鲜明的有机整体。它不仅打破了传统的学科界限，进行跨学科教学，而且具有可以满足学生个体需求的灵活多变性，能够随着学生的兴趣变化而调整。

对于创业型工程人才的培养，下文就本科生和研究生的课程设置分别展开介绍。

1. 工程本科生课程结构

沃里克大学工程学院将工程硕士学位课程纳入了本科课程。所有学科前两年的课程与该学科工程学士学位课程相同，从第三学年开始才与工程学士学位课程分开进行。工程学院与工业企业紧密联系，为学院所有学位的学生提供假期实习培训的机会。鼓励学生在第二或第三学年的假期进行一段时间的企业实训，并为他们今后更好的就业提供指导。此外，学院允许希望上大学预科的学生延期入学。尽管工程学院不建议"三明治"课程，但如果学生愿意，也允许他们中断一年的学习去获得适当的工作经验。

以沃里克大学工程学院电子工程（The Electronic Engineering）为例。沃里克大学电子工程的整个学位课程主要有三个核心主题：电路和系统设计、信号处理、软件工程和电信。这是所有电子工程师必备的基本专业知识。此外，学生可以根据自己的兴趣和需要，在多项选择性模块中适当调整自己的课程。它们有一个共同的核心，是由设计、商业和技术科学（提供基本的工程原理与理论）组成的课程模块。这些课程模块为学生提供专门的机会，如工厂实地参观、课程学习或做实验；同时，学生要做项目设计。选择性模块每一学年都有，包括语言技能或工程主题的内容。

具体来说，电子工程的课程是由主辅结合的模块课程组成，各种模块按类别又分为核心模块（Core Modules）、选择性模块（Optional Modules）以及选项（Options）。电子工程本科四年课程模块如表4-1所示。

贯穿学位始终的是不同课程模块的学习内容，这些内容以实践工作和设计项目为支撑。在第一、二学年，课程模块将在应用范围内为学生提供任务、问题和基于项目的学习，学生根据自己的意愿，可以只集中申请电子工程的相关课程，或申请选择不同学科的课程。学生在第三学年进行个人项目，通过项目学习充分展示自己的能力，并发展自己感兴趣领域的技能。工程硕士的学生还在第四学年进行团体项目，发展综合的技术、管理和团队合作能力。

表4-1　沃里克大学工程学院电子工程（The Electronic Engineering）课程模块

类别	一年级	二年级	三年级		四年级硕士学位（MEng）
			学士学位（BEng）	硕士学位（MEng）	
核心模块	• 功能设计 • 工业经济与结构 • 技术科学1	• 电子设计 • 启动与运行商业 • 技术科学2 • 计算机系统	• 模拟系统设计 • 通信系统 • 数字系统设计 • 现代超大规模集成电路设计基础 • 个人项目（A部分） • 信号处理 • 软件工程	• 模拟系统设计 • 通信系统 • 数字系统设计 • 现代超大规模集成电路设计基础 • 信号处理 • 个人项目（B部分）	• 专用集成电路、微电子机械系统和智能设备 • 智能化系统工程 • 电力电子转换器和设备 • 团队项目

续表

类别	一年级	二年级	三年级 学士学位（BEng）	三年级 硕士学位（MEng）	四年级硕士学位（MEng）
选择性模块	• 生物医学工程 • 英国汽车工业历史 • 古代哲学概论 • 多媒体技术 • 是与非：工程专业与社会 • 技术的国际发展 • 设计美学	• 生物医学材料 • 辩论工程 • 工程职业与社会	• 自动化与机器人 • 电气机械及电力系统 • 系统建模与控制（三选一）	• 自动化与机器人 • 电气机械及电力系统 • 软件工程 • 系统建模与控制（四选一）	电子工程与商务管理：质量体系、模拟操作、供应链管理 电子与通信工程：光通信系统、无线通信、遥感模拟 电子与计算机工程：信号与图像处理、网络工程的设备测量 电子与系统工程：系统动力学与控制、生物医学系统建模、控制系统设计 电子工程与机器人技术：高级机器人技术、机械系统动力学分析
选项	• 哲学导言＋逻辑学入门＋沟通与内涵 • 一门现代外语，如法语、德语、意大利语、俄语或西班牙语	同第一学年			（上述五个只需要选择一个）

资料来源：根据沃里克大学网页中的内容汇总而得，http://www2. warwick. ac. uk/fac/sci/eng/ug/degrees/ete/degstruct/。

● **第一学年**

第一学年以了解企业家精神、培养学生知识产业化的意识为主。前两个学年，学生将参与一个旨在介绍专业基础知识和企业运作过程的多学科项目，这种项目是学院与科孚德机电公司（Converteam）、通用航空集团（GE Aviation）和丰田集团（Toyota）等一流公司广泛开展合作来进行的。第一学年，学生通过参观这些一流企业，同时在企业家讲座和实验室动手操作中学习电路和设备知识，目的在于让学生初步了解企业及其经营组织的实践。第一学年的学习能够使学生打下良好的专业基础，以便在此基础上建立更深的理解力以适应未来的变化。工程学士在经过第一学年学习之后，可以选择转为工程硕士学位。

- 第二学年

第二学年是让学生了解真实市场环境以及开办企业所需的流程，同时要强化设计能力，试图构建并测试电子仪器。两年基础学习之后，学生如果达到标准，就可以继续电子工程课程的学习，或者按学生的志愿转到其他专业学习。

- 第三学年

这是关键的一个学年，学生将通过从事一个主项目来发展工程师应有的知识、团队合作精神以及项目管理技巧，同时学生开始参与将大学的研究成果商业化的过程，为企业提供技术和专业知识支持。

第三学年工程学士与工程硕士虽然有着不同的核心模块，但是选择性模块大体相似，他们只需从中选择一个模块学习。至于个人项目，工程学士与工程硕士学生都要选择，他们可以结合自己的学习兴趣，从关于产品设计、生产技术或者管理技巧的题目中自由选择。

三年的工程学士课程能够使学生通过进一步深造成为有执照的复合型工程师，还有20%～30%拿工程学士学位的学生毕业后会学习研究生课程。工程硕士学生在第三学年末，可以选择调整其第四学年的选修科目，例如商务管理、通信工程或机器人技术。当然，他们也可以选择延长课程时间到第五学年，使他们有一年的时间进行工业实习或研究。这种丰富的经验大大提高了就业成功率，不仅被工程雇主追捧，而且在许多部门都受欢迎。

- 第四学年

第四学年要求学生逐步参与到知识产业化的进程中，学会将技术知识和科研成果向企业有效率的转移和扩散。这一学年工程硕士学位课程的内容更为综合，包括了团队项目、核心模块以及选择性模块。团队项目（或称多学科集体项目）可以给学生提供一个在真实工业情境中解决复杂工程问题的团队工作经历，同时对电子工程专业的学生提出了极高的要求。这些团队项目由更广范围的公司支持，如 ABSL 空间产品公司（ABSL Space Products）和 Thales 公司。选择性模块是由五个选修科目组成，这里的

"选修"是指以电子工程为主体并与其相结合的一组模块，它们分别是商务管理、通信工程、计算机工程、系统工程、机器人技术，每个选修科目均由 2~3 个模块组成。学生可以从五个"选修"中选择一个，这个"选修"将被记录在学生的学位课程上；学生也可以不选择"选修"中的任何一门，而是直接选择各种选择性模块并保持其深度和广度，最后直接获得工程硕士学位。

2. 工程研究生课程结构

工程学院培养本科生的同时也培养研究生，其中以 WMG 培养研究生最具特色。WMG 尤为重视将科学技术成果转化为生产力，鼓励研究生积极从事科技知识生产并将这些知识运用到实际经济活动中，培养他们知识资源开发利用的能力和产业开发能力，使他们成为能够将知识和技术转化为商业利益的高级人才。WMG 的课程主要有全脱产科学硕士课程、非脱产科学硕士课程和国际课程三类。这些课程由有工业企业经验的人员开发，通过学校和国际中心提供。课程开发人员是一群有特色的专家，包括学术科研人员、出色的企业领导者、教育合作伙伴、顾问以及教育研究者。WMG 运用分析工具和相关技术，让学生在管理和业务方面开展广泛学习，以便改善企业内外部的运行，并改进工业企业流程和技术问题。学生将具备研究、分析和对复杂商业问题进行评估以及运用系统方法解决实际问题的能力。

沃里克大学的研究生学位培养分为研究学位（Research Degree）与授课学位（Taught Degree）两类。WMG 主要培养授课学位硕士。全日制授课式硕士可以在 1 年内完成学业。这里主要介绍全日制授课式工程硕士课程结构。

全日制硕士的所有课程都是有结构的，以便学生能够将各种模块课程进行灵活组合。学生必须至少完成 10 个模块的课程，之后要完成后期模块任务，与此同时要做一个主要研究项目。所有课程 10 月份开始，为期 12 个月。

模块负责人是各自领域的专家并且在该领域具有权威地位。每个模块为期一周（星期一至星期五），有讲座、研讨会、个案研究、远程学习、实际工作等多种学习活动。每个模块都不相同，但当学生参与一个模块时，通常每天从上午 9 点到下午 6 点半都要出勤。学生所修模块会被安排在第一年 10 月到次年 6 月之间，而且严格考勤。当不参加模块的时候，时间是自由的，但会忙于模块布置的任务以及自己的主项目。

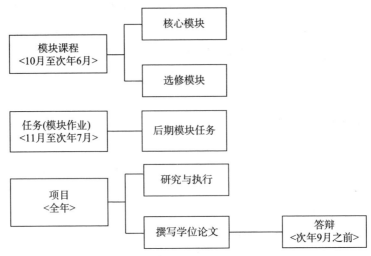

图 4 – 2　全日制硕士学位课程结构

资料来源：http：//www2. warwick. ac. uk/fac/sci/wmg/education/wmgmasters/structure/。

从图 4 – 2 可以看出，硕士学位课程是由模块课程、模块作业以及项目三部分组成。

● 核心模块。这是硕士必修课程。如果由于先前的经验或资格可以免修一些核心模块，那么学生必须选择更多的选修模块。

● 选修模块。需从选修模块清单中选择至少 2 个模块方为有效。要选择足够的选修课程，以达到 10 个模块总数的要求。

● 后期模块任务。在每个模块结束时，学生将被分配相关的模块任务，最后以书面形式上交并考核。学生需要花费 40 ~ 60 小时完成这些任务，在 6 周后模块结束时按时上交，最后由导师评分。

● 项目。在进行课程学习和完成模块任务的同时，学生必须选择一个与自己研究兴趣一致的大型主项目，作为学位论文内容。项目占整个硕士学位成绩的 50%，必须在次年 8 月提交学位论文。之后将会参加答辩，与项目主管和独立的主管共同讨论该项目。论文成绩和答辩成绩都会被记录。所有项目都由沃里克制造业集团的工作人员或合作伙伴监督管理，与行业发展和集团的研究密切相关。

硕士核心模块，以工程商业管理（Engineering Business Management，EBM）课程为例。

工程商业管理课程是主要用于培养学生工程制造能力或科技公司管理

能力的一类课程，专为那些想要成为科技企业的管理人员或领导者而设置，它适合有工作经验以及很少或根本没有商业背景的人士学习。课程目标是：促进潜在和有经验的管理者的个人和职业发展，使他们对企业中工程制造的运行和管理有一个全面综合的了解，成为一个对工程制造和商务功能广泛了解的职业经理人。所有的课程都关注两个方面，一方面是工程制造和企业技术中关键流程的设计与运行，另一方面是个人发展和通过管理方面的变革而进行的企业改进。

表 4 - 2　工程商业管理硕士核心模块课程

核心运行/技术模块	背景知识（零阶段）	制造技术（非工程专业学生必修课）
	顶层设计（第一阶段）	产业经营战略
		项目规划管理与控制
	技术开发（第二阶段）	产品设计与开发管理
		质量、可靠性与维修
	运行管理（第三阶段）	物流与运营管理
核心商业模块	市场管理（第四阶段）	营销战略
		财务分析与控制系统
		团队、人员与工作情况

资料来源：根据沃里克大学网页中的内容总结分类而得，http：//www2. warwick. ac. uk/fac/sci/wmg/education/wmgmasters/courses/。

从 EBM 的核心模块课程（包括核心运行/技术模块、核心商业模块）就可看出，其课程设置具有一定的层次结构，是根据企业流程和产品的生命周期（构思 Conceive—设计 Design—实施 Implement—运行 Operate）来组织选编的。如表 4 - 2 所示，两个核心模块的课程看似并列关系，仔细推敲发现，其实际上是巧妙按照商业进展阶段的四个步骤（顶层设计、技术开发、运行管理、市场管理）来设计的，逻辑关系明显。每个阶段包含了一定主体的模块课程，后期模块任务中有这些课程布置的小型工程项目任务，每个项目一般持续 6 周左右。同时，学位论文所做的项目贯穿所有阶段，它不但作为一条主线衔接所有的阶段，使其紧密连接，而且可以根据学生的差异性来设置不同项目主题，从而使得整个课程模块更具灵活性。这些项目与诸多不同企业部门的管理问题相关，同时还涉及商务管理中的各个方面，如运营、财务、人力资源、供应链或战略管理等问题。

四 创业型工程人才的培养途径

1. 通过科研成果的转化促进教学和科研

沃里克大学要求各院系创造性地依靠自己独特的方式取得收支平衡，鼓励师生自力更生地实现经济的创收。在此政策引导下，大学发挥和利用自己特有的资源和优势，在与社会和企业紧密合作的前提下获得发展。大学教授纷纷大胆地走出课堂，为企业担任技术指导和咨询顾问，将科研成果转化为经济收入。由此赚得的收入反哺教学和研究，为师生进行下一阶段的研究学习提供便利。同时，高质量的研究成果又赢得更多的工商业客户，让学生有更多的机会接触各种企业客户。

通过这些活动，教师把在实际应用中获得的知识带回课堂，或直接将公司的问题分配给学生解决，这样不仅使师生与企业的联系更加密切，让学生近距离地接触企业、感受企业、了解企业，而且能够促进教学，使课程学习因为真实例子而变得生动，同时可以从企业的若干问题中提炼出理论意义并反馈到学校的研究设计里。

2. 项目学习贯穿整个学习阶段

对于创业型工程人才来说，对他们产生最大影响的是来自项目的学习。无论是本科生还是研究生，一入校便会进入项目小组，参加由易到难的项目设计，进行以解决问题或制造产品为特征的项目学习。项目小组多为跨学科的，学生5～8人一组，为企业提供技术、管理等服务，解决诸多企业面临的实际问题。与此同时，还要学习产品生产与管理经验、工程职业与社会背景、商务知识等。这种形式是课程的一部分。通过项目学习的口头和书面评估，提高学生的交流能力和时间掌控能力，这对未来的成功至关重要。

本科生阶段，一、二年级以参与为主进行跨学科的团队项目学习，高年级则是学生根据自己的兴趣选择主题明确的项目设计任务，此时学生是主要参与者。研究生阶段，项目学习占主导位置，项目设计是学位论文的主要内容，学生在项目小组中是核心人物。

3. 专职教师与企业家兼职教师共同指导学生

学校采用"双导师制"来培养创业型工程人才。学生的学业除了由校内专职老师指导外，还有来自企业的兼职老师指导。从课程设置到课堂教学，从项目设计指导再到最后的学习效果考核，均由专职教师和企业人员全程参与完成。这在研究生阶段最为突出。专业导师指导研究生所做的项目具有学术严谨性，企业导师的任务是指导研究生做项目时不要脱离工业企业的实际情况，要为解决实际问题而做。研究生的学业考评和学位论文的评审都是由学术人员和企业家共同进行的。本科阶段，学生每周会以每组 5 ~ 8 人的形式与个人导师见面，讨论并解决讲座中的学术问题，这些导师主要是学校的专职教师。他们与学生构建了稳定牢固的纽带，并且贯穿在整个大学的学习生涯中。学生在工业企业的参观访问、项目学习以及假期的职业学习等诸多实践训练则主要由企业导师帮助完成，这些老师有成功的企业家、风险投资家，还有企业内部的技术人员，这些专家与学生分享他们多年的工作经验和人生感悟，使学生对开创企业、经营管理企业等有了感性的认识。

五　创业型工程人才的培养效果

工程学院灵活的学位结构使得学生可以结合自己的兴趣自主选择课程模块的学习并拿到相应的学位。总体来说，一个工程学位能够带来许多就业机会。无论是本科的课程还是硕士的课程，都为学生成为有专业资格的工程师传授了知识、训练了能力。毕业生的就业率很高，在企业界和学术界都非常受欢迎。学生在学习期间获得的诸多技能受到雇主的高度青睐。经过系统的知识传授和项目训练，学生毕业后会发展成为工业企业开发、制造、质量保证、人力资源或客户服务等部门的领导者，特别是工程技术对商业成功发挥了重要作用。最新统计显示，在沃里克大学完成学业的研究生就业率高达 95.8%，研究生学习可以让学生"增值"，也使其在商业上能够占一席之地。[①]

第二节　北卡罗来纳州立大学创业型
工程人才培养模式

20 世纪 90 年代起，美国的创业型企业每年可创造几十万的就业岗位，发展到今天，美国经济增长的 50% 是由创业活动推动的。美国每年有超过 20 万的工科毕业生，其中越来越多的人开始在小企业或创业企业就业，这

---

① 梁建花选译《华威大学》，《英语沙龙·实战》2008 年第 11 期。

就使工科学生不仅要掌握专业知识和技能，还要具备企业经营管理等创业知识和能力。许多人抱怨当前的工程教育没能为学生今后从事该职业打好基础。雇主认为毕业生往往只掌握了工程方面的理论知识，而缺乏实践技能方面的学习，比如工程工作中十分重要的团队合作、领导能力以及理解工程与企业运作的关系等。除了缺乏实地的训练以外，工科学生很少有机会接触设计流程，一般最后一年他们参加高级设计实践时才有这样的机会。

在此背景下，1993 年身为企业家的托马斯·K. 米勒（Thomas K. Miller）博士在两个学生创业者创办一家技术公司的激励下，利用自己的人生阅历和一小笔启动资金，在北卡罗来纳州立大学（North Carolina State University）发起了工程创业者计划（Engineering Enterprise Program，EEP）。起初的创建资金是由国家科学基金会与东南大学和工程教育高校联盟（Southeastern Universities and Colleges Coalition for Engineering Education，SUCCEED）联合赞助的，主要是为了增强工科学生的兴趣和信心并保留住它们，同时增强他们的创业能力。

EEP 的起源来自米勒博士作为科技创业者的亲身经历，他对本科工程教育的热情以及对学生和他们未来的坚定承诺。因此，他决定培养工程和计算机科学专业的学生关于产品开发、组织、管理、金融、市场营销和创业等方面的技能。米勒博士知道，如果学生曾经带着可以转化为商业价值甚至可以改变世界的创意出发却经验很少的话，那么这些课将会提高他们成功的概率。他也知道，即使学生从来都未创办过科技公司，这些课程对他们整个职业生涯而言也是宝贵的财富。2002 年 1 月，米勒博士率先将 EEP 扩展范围，面向大学的所有部门，并任命斯蒂芬·J. 沃尔什（Stephen J. Walsh）博士为 EEP 的主管者。在他们的工作和领导下，EEP 已经成长为北卡罗来纳州立大学的杰出计划，为本科生科技创业及新产品开发提供服务。

确切地说，EEP 是基于工程创业和新产品开发的工程师教育，是以科技为基础的创业教育革命。该计划在培养创业型工程人才等方面取得了非常显著的效果，其成功经验对创业型工程人才的培养模式研究具有很好的借鉴意义。

一　工程创业者计划基本情况

美国北卡罗来纳州立大学成立于 1887 年，是美国的赠地大学，校地为政府拨赠。学校极力发挥赠地大学为社会服务的功能，通过教学研究来培养满足社会需求的人才。世界闻名的科技"三角研究园区"，即由北卡罗来纳州立大学、杜克大学医学院以及北卡大学医学院三所著名大学联结而成的三角地带。学校在科学技术、工程和数学方面的教学与研究居世界领先地位。学校拥有超过 500 项的技术专利，在专利技术力量上排名美国第 3 位，专利技术的产生及应用能力排美国第 9 位；学校来自产业界的研究资助，排美国第 7 位。

　　工程创业者计划是北卡罗来纳州立大学科技创业生态系统的枢纽。该计划为创业教育改革提供了经验，其核心在于：学生通过身临其境、多学科交叉、模拟式学习环境等方式来学习科技创业。EEP 试图用激励、授权和挑战的形式让学生改变世界，从根本上改善人类生存条件。

　　这是一项本科生参与，围绕科技创业公司主题而形成设计团队的多学期体验式学习过程。EEP 鼓励学生多个学期参与，通过训练最终成为领导者。学生刚进入大学时就引入设计流程，除了学习设计经验，学生还要求每周参加各种主题的研讨会，比如关于团队合作、制订商业计划、获得风险投资、法律事宜以及市场营销等方面的主题，让他们了解小型企业的运作过程，为以后的工作打基础。尽管参加该计划的大多数是电气与计算机工程专业的学生，但来自各个年级（从大一新生到大四毕业生）和其他学科专业的学生也可以参与，没有年级和专业限制。

二　创业型工程人才的培养目标

　　工程创业者计划有六个目标，主要集中在增加学生的学习经验以及提高有效工作的能力，分别是：①在学生进入大学初期，通过让其参加重要的设计实践保持其对工程的浓厚兴趣。②通过几个学期的设计活动提高工科学生的能力。③通过高年级已成为领导者的学生对低年级学生的模范作用，来降低该专业学生的流动率。④通过让学生参加团队项目来增强其团队合作能力，团队合作与他们未来的工作形式相似。⑤通过分配给高年级学生管理任务（项目和人事）来提高其领导能力。⑥通过向学生展示小型企业的运作过程，让他们为 21 世纪的工程师工作做好准备，在未来这些地方最可能产生新的就业机会。

　　这些目标遵循统一的企业主题下的两条基本原则：第一，工科学生必须一进校就接触设计流程并且这一过程要贯穿其大学四年；第二，学生要为以后的工作做好准备，因为大多数学生一毕业就要面临找工作。

同时，工程创业者计划也对学生提出了具体目标，要求学生通过 EEP 的学习成为创业型工程人才，能够具备以下能力：①确定顾客需求；②制订和验证解决方案；③组织和领导一个开发团队；④将他们的产品概念转化为模型；⑤理解基本的商业概念，例如市场调查、商业计划、资本化、网际协议和项目管理等。

北卡罗来纳州立大学工程学院院长 Louis A. Martin-Vega 博士称"这正是我们需要的"。"工程创业者计划是我们工程学院全面学术计划的重要组成部分。国家工程学会为了适应新世纪的工程教育，发表了一份题为《2020 年工程师教育》的报告。报告明确提出要学生具备跨学科团队能力、领导能力和创业技能等，同时要将这些能力的训练在工科课程中有所体现。这正是工程创业者计划做的事情，也正是我们需要的，以确保我们的毕业生拥有在 21 世纪取得成功的高水平素质。"[①]

三　创业型工程人才的培养内容

为了培养能够在专业知识和技能基础上熟练掌握创业流程和新产品开发技能的创业型工程人才，工程创业者计划开设了三门不同的课程，分别是：创业介绍与新产品开发（1 个学分：ECE 383[②]）、工程创业与新产品开发Ⅰ（3 个学分：工程专业学生修 ECE 482，非工程专业学生修 ECE 492Y）、工程创业与新产品开发Ⅱ（3 个学分：工程专业学生修 ECE 483，非工程专业学生修 ECE 492Z）。每周上课时间为：

ECE 383：周三晚 6：00 - 7：15；

ECE 482/ECE 492Y：周一晚 6：00 - 7：15，周三晚 6：00 - 7：15；

ECE 483/ECE 492Z：周一晚 6：00 - 7：15，周三晚 6：00 - 7：15。

有数百名学生带着他们的创意、创造的新产品和服务加入了工程创业者计划，渴望成为受企业欢迎的高素质创业型工程人才。结合图 4 - 3，下面对这些课程做详细介绍。

* ECE 383　创业介绍与新产品开发（1 个学分，秋季和春季开设）

该课程是工程创业者计划的一部分。学生作为团队成员由高年级学生

---

① http://www.engr.ncsu.edu/eep/about.php.

② ECE 是 Electrical and Computer Engineering 的缩写，指电子与计算机工程；383 为课程名称代号，同后面的 482、483、492。

领导从事项目工作，以完成他们的高级设计。学生将接触到产品开发的各个方面并协助设计，最后参与样品设计的实施。

● ECE 482　工程创业与新产品开发Ⅰ（3 个学分，秋季和春季开设）

前提：ECE 383 课程学习达到 C 或以上水平才有资格修这门课。

运用工程、数学、基础科学、金融和商业等方面的知识来设计和开发工程样品。这门课需要一个完整的书面报告和课程结束时的口头报告。这是连续两个学期的第一门课。学生修这门课将实施他们在 ECE 483 课程中所做的样品设计。这需要学院批准。

● ECE 483　工程创业与新产品开发Ⅱ（3 个学分，秋季和春季开设）

前提：要修线性系统（ECE 301，4 个学分，秋季、春季、夏季开设）、微电子学（ECE 302，4 个学分，秋季、春季、夏季开设）、电磁场（ECE 303，3 个学分，秋季、春季、夏季开设）、创业介绍与新产品开发（ECE 383，1 个学分，秋季和春季开设）课程以及任意两门电子与计算机工程的专业课程。

运用工程、科学、管理和创业的知识对新产品的创意进行设计、开发和推广。基于他们自己新产品的创意或其他形式，学生会组成创业团队去实现这些创意。学生像虚拟公司那样运行他们的创业团队，高年级学生在团队中扮演一定的管理角色。加入创业团队的可以是学校里其他年级和专业的学生。这需要学院批准。

● ECE 492　电子与计算机工程专题（1 ~ 4 个学分，秋季和春季开设）

根据电子与计算机工程的新课程发展需要来开设。

其中，ECE 482（ECE 492 Y）和 ECE 483（ECE 492 Z）两门课是前后两个学期开设，对新产品和新服务的设计有一个承接关系。ECE 482 偏重于产品和服务的定义和高水平设计，ECE 483 偏重于对 ECE 482 设计的产品和服务进行实际操作。修 ECE 383 的学生会作为成员在创业团队工作并且可以自由选择团队，这些团队是由修 ECE 383 课程一直到 ECE 483 课程的学生创办的。除了作为创业团队的成员，修 ECE 383 的学生还会参加一个"玩具建筑比赛"，他们自组团队，为幼稚园的孩子设计和建造玩具模型。

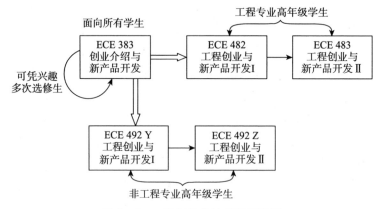

图 4 - 3 工程创业者计划课程设置

四 创业型工程人才的培养途径

这里从工程创业者计划的团队组织、实施运行、对学生的考核方式三方面来详细介绍该计划是如何培养创业型工程人才的。

1. 团队组织

工程创业者计划是建立在高级设计课程基础上的，这些课程是大多数工科高年级学生的必修课程，但是，它和传统工科课程的设计形式不同。学生每周必须参加商务主题的研讨会，还要在课外完成他们的团队项目。该计划对学生没有特别要求，从一年级新生到四年级毕业生都可以参加。

团队由指导老师和学生共同组成，其中学生分为"团队领导者"与"团队参与者"两类。

团队领导者一般由高年级的学生担任，他们通过参与计划来获得高级设计课程的学分。对于高年级的领导者来说，除了要准备项目工作外，还要扮演好一个领导者的角色，他们的主要任务就是确定任务、组织和目标。这与传统高级设计课程中学生的定位截然不同，传统模式的团队学生都是以队员的身份参与项目。

团队参与者在团队中起辅助性作用，他们一方面要积极参与以获得相应的学时学分，另一方面在技术上要利用所学的专业知识完成项目。

每个团队都会配备一个指导老师，他的角色相当于导师和协调者，他的首要任务就是确保团队组织结构清晰，队员各司其职。对于他来说，最重要也最富挑战性的工作就是管理好团队，使其正常运作。尽管教师指导非常重要，但高年级学生的领导作用对于团队的成功起着至关重要的作用。

对于高年级的领导者来说，他们每周至少花 12 个小时在计划的课程和相关的项目工作上。这实际上主要包括 4 个小时的课程设计和一个高级设计项目。而对于其他的团队成员来说，他们每周花在课程上的时间是 2～5 个小时。计划要求指导老师最初的工作强度较高（每周 4～8 个小时），但是随后会减少到每周 1～2 个小时并保持稳定。如果一个团队的大多数成员尤其是高年级领导者，以前参加过该计划，那么指导老师的初期任务就会轻得多。因为这可以让那些先前参与过该计划的高年级学生更容易对团队进行组织和管理。

团队规模大小不等，但是 5～10 人（包括 2 名领导者）的规模最为合适。该计划招募队员的形式多种多样，一年级新生了解该计划主要是通过给他们发送夏季邮件以及参加指导老师的工程入门课程。以前的老队员也会招募一些新成员到他们的团队，指导老师也会引导其他感兴趣的学生参与进来。那些以前没有参加过计划的高年级领导者则是从高级设计课程班中招募的。该计划鼓励学生每个学期都参与 EEP 的课程。

2. 实施运行

团队是围绕公司的主题来组建的，在第一次班会上，那些以前没有参加过计划的学生加入他们感兴趣的公司。公司的主题包括便携式医疗设备研发、软件开发等。在初期，指导老师和学生一起确定公司的潜在客户以及与公司主题相应的产品。一些公司可能还会得到来自产业界的赞助，如 IBM 公司、Nortel 公司。通常由学生来确定与主题一致的产品的名称和标志。

在第一次班会上，学生开始将他们的团队围绕一个主题组建成一个公司，决定生产什么样的产品。团队的组织结构有所不同，但是鼓励各个成员负责相应的工作，如领导者（公司首席执行官 CEO）、记录员（秘书）、产品开发测试人员以及业务发展人员。高年级的领导者负责构建公司的组织结构，安排每个成员负责的任务。研究发现，如果每个成员即使是细小的工作也能够有明确清晰的分工，那么公司就能够很好地运作。这样首先确保了每个成员都会感到他是团队的一分子，降低了风险：高年级领导者只是为了完成工作而与其他成员毫无联系地孤军奋战。这也促使高年级的领导者必须做出重要的领导决策。

在学期末，这些团队要负责设计和制造一个产品的模型（即样品），该样品要与公司的主题和任务一致。其中的项目包括气垫船、家庭安全系统、电脑游戏软件、游泳训练计数器。高年级领导者最终对成果负责，但是每个成员如果合理发挥自己的优势也会做出有价值的贡献。例如，一个开发软件的团队利用大一新生成员来测试该软件，这样可以确保即使掌握很少技术的人也能理解并运用该软件。每个团队都要求记录下他们的所有工作，包括设计草图及一些最终决议等，这些在学期快结束的时候要和项目文件一起上交。

研讨会和学生报告是创业型工程人才在工程创业者计划中经常采用的两种学习形式。尽管该计划没有正式的讲座，但是每个星期都会有研讨会。研讨会的主题是开放式的，与计划相关即可，主讲人很多是从校外聘请的，包括律师、管理顾问、营销专家、企业公司的创始人（成功和不成功的）、风险资本家、企业经理、制造工程师等。系列研讨会为学生提供了一种真实情境下以工程和技术看待问题的视角，这在课堂上很少见，因此成为计划的重要组成部分。除了研讨会，学生报告也是一个重要的部分，每个团队每学期做三次报告。第一场报告中，每个团队介绍其企业理念、本学期的任务、达到目标所使用的策略。计划中安排的第一场报告要尽可能在学期初，越早越好，所以每个团队必须尽快确立其目标和战略。在第二场报告中，每个团队回顾其各自的任务、目标和策略；拿出一个关于目标实现状况的中期进展报告以及策略变化的文件记录。第三场报告则是展示本学期所取得的成绩，每个团队呈现并演示他们研发的技术模型，并概述他们公司和产品的未来计划。

3. 对学生的考核方式

工程创业者计划试图采用一种以成功为标准的方式来给团队定级评估，没有书面考试之类的测试形式。评分时主要参考研讨会的出勤率、学生报告和每周的团队会议。评分则基于成员是否很好地完成了学期初给其指定的相应任务以及自身角色的完成情况。

高年级领导者的评估还包括他们的领导能力、他们分配给每个成员的任务完成情况和成员参与项目的情况。在评分的过程中，团队成员对领导者效率的评估和领导者对成员贡献的评估，这两点也是考虑的因素。这些评估能改变一个学生的最终分数，多一个字就可能得更高的分。领导者和参与者相互评估的这一规则，让每个团队都更好地进行分工，每个成员都更好地让别人了解自己的工作。由于评分带有主观因素，指导老师要参加每周的会议、监督每个人的工作、关注他们的问题和成绩，这一点至关重要。

五 创业型工程人才的培养效果

工程创业者计划采用多元化评估方法来评价创业型工程人才的培养效果和该计划的实施效果。其中，定性研究包括调查访谈和个案研究，定量研究包括对保留率—加权平均分（GPA）—项目收益的三角定律的纵向研究。该计划已被论证可行，因此可以作为一种模式进行推广，对于那些想提供综合、多学科和以实践为基础的工程训练的学校有很大的借鉴意义。

本研究选用了 EEP 的早期研究结论。早期评估主要是为 EEP 提供改进建议。在 EEP 实施 6 个学期后，学校进行了正式的评估，来确定该计划实施达成目标的程度。总体而言，评估结果非常乐观。评估的数据信息既有大量参与该计划的学生对 EEP 评价的调查和访谈资料，也有 1990~1994 年参与该计划的 100 名学生的数据资料。其中，在学校和专业保持率方面将这些学生和北卡罗来纳州立大学的其他学生进行比较。还有在学期结束时对 120 名参与该计划超过 6 个学期的学生调查结果可以清晰地反映 EEP 达成目标的程度。

对已有文献中评估数据资料的整理得出，其主要有以下四方面的评价。

第一，学生对工程专业的兴趣大大增加。参与 EEP 的学生提高了对工程专业的兴趣，专业保留率（保留率指毕业生占注册学生的比例）高于未参与 EEP 的学生。调查中，低年级学生表示，EEP 是他们决定留在工程专业的一个原因，他们因为参加 EEP 项目而变得更有信心获得工程学位。EEP 甚至还促使一些学生改变原来的专业而选择电子与计算机工程专业，例如从计算机科学转到计算机工程。与此同时，高年级学生也纷纷表示从项目经验中学到了很多，他们有能力看到自己所学的技术得到应用。

第二，学生的团队合作能力和领导能力明显增强。78% 的学生整体感觉他们团队合作的能力提高了，其中包括 93% 的高年级领导者。所有的领导者都认为他们是有效的领导者，这已得到 80% 的团队成员认同。[①] 指导老师观察发现，学生的团队合作能力和领导能力是在每个学期的参与中逐

---

① Matthew W. Ohland, Guili Zhang, Catherine E. Brawner, Thomas K. Miller, A Longitudinal Study of Retention and Grade Performance of Participants in an Engineering Entrepreneurs Program. 2003, *American Society for Engineering Education*, Session 11, 2003.

步提高的，而那些以前就参加过 EEP 的高年级领导者的进步尤为显著。那些有过工作经历（合作社、实习以及正式工作）的学生一致认为，他们从 EEP 中学习到的团队合作和领导技能对他们的工作大有裨益。

第三，学生学习成绩明显提高，具有很强实践性的工程设计带给学生真实的体验感。参与 EEP 的学生不仅能力有所提高，他们的 GPA 也比未参与者要高。在提高工程设计经验的质量方面，参与 EEP 的高年级学生与其他高级设计课程的学生相比，虽然没有显著的区别，但因 EEP 项目设计的实践性最强，学生一致认为，在他们的学术生涯中，这是最棒的设计体验，具有很强的吸引力。访谈结果显示，低年级有 2/3 的学生会再次注册申请这门课程。事实上，约有 1/4 的学生会在多个学期选择这门课程。

第四，学生认为 EEP 现实应用性强。对于那些参加工作或者实习的学生来说，他们更有信心能够胜任工作或担任领导。虽然只有很少的学生在毕业后很短的时间内去一家小公司工作或者自己开一家公司，但对于进大公司工作的学生来说，在该项目中学到的能力对于他们的工作是尤为宝贵的。例如，IBM 公司的行业赞助商专门组织了一个部门鼓励学生到企业实习。通过团队和研讨班的学习，学生了解了公司的运作流程。85% 以上的学生认为研讨班不仅有趣，而且非常重要。①

总之，工程创业者计划得到了大部分学生的认同，有些学生反映 EEP 的经验影响了他们最初的工作选择，有些人开始了他们一生的事业，例如开展自由职业咨询。一个毕业后在 IBM 公司工作，后来又到思科公司的学生说，EEP 决定了他的职业生涯。他赞扬 EEP 经验加强了他对技术和商业之间的联系的认识，增强了他领导一个团队的能力。他认为这些是他在这两家公司游刃有余的原因。还有很多人也举例说明在 EEP 中学到的技术和交流技能对于他们职业发展的突出贡献。由于参与者对 EEP 的认可，他们开始通过行动来回馈这个计划。一个曾经的 EEP 参与者为该计划捐赠 50 万美元。1995 届北卡罗来纳州立大学计算机工程的校友 Donald J. Barnes，在 27 岁时作为一个百万富翁退休，他赞扬 EEP 是他成功的关键。除了资金支持，毕业生通过成为项目的督导者或者老师来贡献自己的力量。

---

① Matthew W. Ohland, Guili Zhang, Catherine E. Brawner, Thomas K. Miller, A Longitudinal Study of Retention and Grade Performance of Participants in an Engineering Entrepreneurs Program. 2003, *American Society for Engineering Education*, Session 12, 2003.

第三节 创业型工程人才培养模式的 建构主义分析

通过深入介绍两所学校创业型工程人才的培养模式，可以发现，尽管存在一些不同之处，但其培养模式中共性的东西有很多，下面用建构主义知识观来分析两所学校创业型工程人才培养模式的特点，从中挖掘学生形成实践知识的途径和方法，为下文提出培养模式的要素框架和对策建议提供借鉴。

如图 4-4 所示，学习主体必须通过"做中学"的主体参与才能建构知识的意义，达到预期学习效果，而其前提条件则是情境创设、团队学习以及学习主体已有经验三者的相互融合。

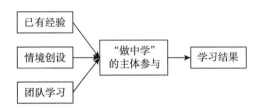

图 4-4 创业型工程人才培养模式的建构主义分析模型

一 已有经验：知识建构的基础

学生的学习活动有一个基本前提，那就是学习者具备一定的先前经验。两所学校培养创业型工程人才时，运用情境创设、团队学习等不同策略吸引学生，引起学生与学习内容之间有意识地互动，并将这种互动建立在学生的先前经验基础上，逐步引导学生从原有的知识经验中生长新的知识经验。例如，他们让学生较早进入项目设计，并且将项目学习贯穿整个学习过程。这种项目学习活动不是简单地从各门课程中开始的，而是按照学生的已有经验进行排序。同时，这些真实项目使概念等抽象的理论知识与学生的直接经验联系起来。学生在一定的情境下，即使以前从未接触过某些问题，没有现成的经验可以借鉴，但是当问题呈现在他们面前时，他们会基于已有经验，根据自己的认知能力来分析问题，提出解决办法。或许这些办法有些幼稚或并不合理，这都不重要，重要的是学生在整个实践过程中借助已有经验建构了新的知识、形成了新的经验。

二 情境创设：知识建构的条件

沃里克大学工程学院与工业企业紧密联系，为学院各种学位的学生提供假期实习的机会。鼓励学生在第二或第三学年的长假从事一段时间的企业实训。学院还愿意推迟那些希望在入学前获得工作经验的学生的入学时间，允许学生在学期间花一整年时间来获得合适的工作经历。这样做的目的，一是让学生直接参与到实际的企业工作中，深入其中地感受企业文化，了解一个公司的运作流程；二是使学生不是"空着脑袋"走进课堂，经过一段时间的实习锻炼，他们会积累一定的经验，并且对事物有了自己的看法，这样在今后的学习中能够通过新旧经验的交互作用实现知识的建构。在学校学习期间，教师也努力为学生创设真实的学习情境，选择合适的任务情境引入教学活动中。如根据企业流程和产品的生命周期来设置核心模块和选择性模块的课程、安排多项设计任务等，都是让学生通过主动参与来解决实际问题，完成知识的建构。

北卡罗来纳州立大学工程创业者计划的主要目的就是，使学生通过身临其境、多学科交叉、模拟式学习环境等方式来学习科技创业。该计划拥有大量的团队项目工作，团队围绕公司的主题来组建，学生可以接受类似于公司雇佣状态条件下的专业训练，从而培养其团队合作能力、领导能力、解决问题的能力和应变能力。团队的实施运行与公司的运作过程相似，从确定主题、决定生产什么产品，到最后产品面向市场销售，学生都会亲历其中的各个环节。这种发生于真实任务中的学习，使学生能够以创业工程师或企业工程师的角色看待问题、解决问题，他们的工作内容并不局限于专业技术，涉及面非常广，他们需要在多学科的环境中工作，解决诸多非工程问题。

建构主义强调学习的情境性，认为知识的意义存在于情境之中，学习总是与一定的情境相联系的。学习者只有在真实的情境下学习，才能结合已有经验理解和建构新的知识，从而赋予其新的意义。特别是实践知识，学习者是不可能超越具体的情境来获得的。实践知识在不同情境中表现出不同的形式，其应用也没有统一标准，而要根据具体情境的特殊性，结合对当前事件的理解，通过总结与反思来灵活应用，在此过程中建构个体特有的实践知识。

三　团队学习：知识建构的保障

沃里克大学工程学院培养创业型工程人才的教学方式主要是项目设计、研讨会和讲授等多种方式的结合，以鼓励学生团队合作和实践训练。无论哪种形式，都采用团队教学。团队大的有十几人，小则 5~8 人。团队成员与导师亲密接触，成员之间互相学习，讨论并解决讲座或项目中的各种问题。比如，学院组织低年级学生参与多学科项目，以了解专业基础知识和企业运作过程；为高年级学生设置多学科集体项目，发展综合能力。需要指出的是，学院为学生开展团队学习创造了极佳的外部环境。为培养卓越的工程师，学院积极建立多层次、多方位合作关系。一方面是院系之间展开合作。工程学院不仅各系科内部经常合作，而且与管理学院更是频繁合作，他们共同设计课程，联合培养，通过给学生跨学科的课题任务，培养创业型工程人才。另一方面，与工业企业密切合作。特别是 WMG 作为一家国际集团，与世界多所教育机构建立了广泛合作关系。同时，其研究团队由多学科人员组成，他们对指导学生项目实践起到了关键作用。

北卡罗来纳州立大学的工程创业者计划是建立在高级设计课程基础上的，该计划要求学生必须定期参加商务主题的研讨会，同时在课外完成他们的团队项目。团队成员主要由高年级学生担任的领导者和作为参与者的低年级学生组成。低年级学生成长为高年级学生，经历了一个"合法的边缘参与"的过程。从最初的"打杂"开始，逐步参与更高级的任务，获得更高级的知识和技能，在此过程中实现自己的身份转化——从初学者或新手变成专家或老手，从一个团队的边缘进入中心，进行更多的参与和活动，逐渐扮演核心人物或领导者的角色。

可见，多学科的团队项目是一种让学生了解技术和组织复杂性，培养合作能力、交流能力和领导能力的好方法。两个案例学校均通过组建学习共同体的方式让学生主动参与团队合作，各成员通过角色分工和交流协商来共同完成学习任务，实现知识意义的建构。学生在教师的指导和帮助下，与团队其他成员一起搜集和分析学习资料、提出与验证假设、进行反复讨论，最后得出结论。在此过程中，学习是知识的社会协商，每个人的智慧被整个团队所共享，知识意义的建构是整个群体共同完成的，学生获得了集体的实践知识，发展了共享的技能。建构主义认为，学习者与周围环境的交互作用对于知识意义的建构起关键作用。学习者与信息内容或团队其他成员进行互动，他们的实践知识就在不断交互的过程中逐步建构。

四 "做中学"：通过主体参与建构知识

知识是主体在真实的情境中通过实践来建构获得的。对于创业型工程人才的培养，两所大学都非常重视培养学生将知识的习得与运用合二为一，用"做中学"的方式将知识内化并形成能力。"做中学"就是主张学生通过解决问题来学习，是建构实践知识的重要途径之一。创业型工程人才所需的诸如自主学习能力、设计创新能力、组织管理能力、语言交流能力、市场开拓能力等，均属于实践知识的范畴。其强调的就是学生在理论知识生成的同时，对知识的实际转化和应用以及对实践性问题的解决。这种实践知识和实践能力只有通过学生的主体参与才能逐步形成和发展起来。

1. 项目学习是学生实践体验并获得实践知识的核心方式

沃里克大学的基于项目的学习，其特点是在已有的课程体系模块中结合所学课程而开展的学习活动，它将各门课程的学习贯通起来，形成有机整体。无论课程模块如何灵活多变，其项目设计的核心不变。这些项目都是由沃里克大学工程学院与许多一流公司广泛开展合作而进行的真实项目。本科生阶段，学生在第一、二学年参与跨学科的团队项目学习；第三学年则通过从事一个主项目来培养创业型工程人才应有的知识、团队合作精神及项目管理技巧；第四学年会作为主要成员参与综合的团队项目，学习如何将知识转化为企业的生产力，发展综合的技术、管理和团队合作能力。研究生阶段，项目学习占主导位置，项目设计是学位论文的主要内容，与课程模块的学习同时进行。其作为一条主线衔接研究生学习的各个阶段，使学习内容环环相扣。学生会通过项目训练具备运用系统方法解决实际问题的能力、知识资源开发利用的能力和产业开发能力。

北卡罗来纳州立大学的工程创业者计划（EEP）是围绕公司实际问题的基于项目的学习。该计划将项目工作贯穿教学全过程。鼓励本科生多学期参与，在设计团队中形成多学期体验式学习过程。学生一进大学就会参与进入真实的项目设计流程，然后持续多个学期参与项目设计活动。在团队项目设计中，学生所学的理论知识被立即应用于面向企业实际问题的复杂设计中。这些真实的项目，使学生能够身临其境，在模拟企业工程师角色和工程实践的环境中充分学习，通过自己的参与设计和与团队成员的讨论反思来建构知识，而不是重复教科书的内容，从而提高了他们的学习兴趣以及对知识的理解和运用能力。

可见，两所学校面向创业型工程人才开展的同业界合作的项目学习，使学生学到了更多的东西，适当的设计给了学生学习的动力，他们报以极大的热情学习工程科学。这种项目学习将企业的实际问题以项目的形式引入学生的学习中，学生围绕某一具体的学习项目，充分利用各种学习资源，从多学科角度提出问题、分析问题并解决问题，在实践体验、内化吸收、探索创新中形成如知识迁移能力、灵活应变能力、团队合作能力等相关技能，从而获得具体而生动的实践知识。项目学习能够帮助学生对当前学习内容所反映的事物的性质、规律以及与其他事物之间的联系等抽象知识深入理解。学生只有亲自参与、动手做了这件事，才会对其产生感性认识并深刻理解事物的实际状况，由此主动建构知识。在具体的运用中，知识需要针对具体问题具体情境不断组合、重建才能得到有效应用。建构主义更重视隐藏在知识背后的发现问题、分析问题、解决问题的能力。

2. 学生是知识建构的主体

沃里克大学工程学院十分强调学生学习的自主性。一方面，工程学位设置灵活，学生可根据情况中途转变学位或转换专业。工程学士的第一、二学年与工程硕士共同培养，每一个学生可以在学校的三、四或五年时间内的关键时刻自主选择学位，申请转为四年制工程硕士，甚至可以申请转到其他工程专业。学校这样做是充分尊重学生的主体地位，让学生在了解所学专业的基础上做出更加适合自己的选择。另一方面，课程模块设置也很灵活，能够充分满足学生个体化的需求。尤其是沃里克制造业集团的模块系统课程，打破学科界限，实施跨学科教学，学生可凭兴趣自主选修课程，结合已有的多方面经验，来主动搜集信息、发现问题、分析问题、解决问题。这种系统而不失灵活的课程结构对培养学生的工程能力，构建其实践知识具有非常重要的意义。

北卡罗来纳州立大学工程创业者计划中的项目团队由学生自己完成团队组建和运行管理。团队均由不同年级的学生组成。他们根据经验、能力、兴趣等进行角色分工，通常高年级学生由于已多学期参加 EEP，所以大多担任团队领导者角色，低年级学生则主要是团队参与者。每个项目团队都会配备一个指导老师，其角色相当于导师和协调者，他的首要任务就是确保团队组织结构清晰，使队员各司其职。尽管老师的指导非常重要，但团队运行主要由学生自我管理完成。

虽然两所学校培养创业型工程人才的模式不同，但都是把学生作为教学系统的核心，学生的主体地位毋庸置疑。学生是学习活动的积极参与者和知识建构的主体。学生在理论和实践学习中依据个人的实践经验和已消化吸收的学科知识，对遇到的各种实际问题进行认真思考并反复推敲，最后加以验证，以此来建构知识的意义，获取实践知识。当然，这些模式均要求学生自身的积极参与，要求个人的主动投入。教师则是学生建构知识的帮助者和引导者。老师和学生成为共同的学习伙伴和合作者。教师通过创设真实的职业情境、开展团队教学等方式，充分给予学生解决问题的自主权，激发学生的学习兴趣。与此同时，教师还注重对学生差异性的把握，对学生个体的不同特点加以区分，根据不同的学习类型选择不同的教学方式。

五　学习结果：经验系统的变化

创业型工程人才知识建构的根本途径是个体主动参与实践活动，而且学习的目标不再停留于简单的认知能力发展上，而是注重实践知识和实践能力的发展。学习的过程是学生个体不断建构实践知识、增长实践能力、社会化的主体参与实践的过程。学习是在学习者已有经验的基础上进行的，学习的结果是新旧经验交互作用，经验系统经过重组、转换、改造后发生的变化。这种变化是多方面的，从实践知识的视角看，其有技术形态的变化，如动作技能、智慧技能等，也有认知形态的变化，如认知策略、自我认知等。两所学校培养的创业型工程人才，经过全面系统的工程训练获取了诸多实践知识，除专业技术知识和相关领域知识有所收获外，其团队能力、领导能力、表达能力、自学能力等都大有提高，学生的经验系统发生了很大变化。下面从实践知识的两种表现形态分别进行讨论。

1. 学生技术形态实践知识的变化

第一，技术知识和相关领域知识增加。通过课堂讲授、项目学习等多种教学方式，学生不仅熟练掌握了专业技术知识，而且学到了更多跨学科的综合性知识，如创业学、企业管理、市场战略和营销策略等经营管理知识。这些知识主要通过课堂讲授获得。

第二，项目设计能力增强。两所学校为学生提供的项目学习，使学生运用工程综合思维，从确定选题、撰写项目申请的创意设计，到工艺流程的技术设计，均得到充分的训练，在"做中学"的实践过程中大大增强设计能力，同时创新意识也有所培养。北卡罗来纳州立大学参加 EEP 的学生一致认为，其项目设计的实践性最强、最具吸引力，这是他们经历的最棒的设计体验。

第三，智慧技能提高。首先，团队学习使学生的语言交流能力和团队合作能力明显提高。创业型工程人才通过工程项目训练，培养了应对复杂社会需求的交流能力。学生学会和多方人物打交道，口头表达能力得以提高。同时，项目申请书或策划书的撰写，也提高了学生的文字表达能力。两所学校在理论和教学实践中培养的创业型工程人才合作意识明显增强，团队合作能力更是大大提高。工程创业团队中，学生无论是领导者还是被领导者，都会根据需要适时地进行角色转换，与团队其他成员协作以实现共同的目标。学生毕业后都有很好的发展，成为企业各部门的领导者，或自己开办公司担任领导。其次，创业或企业经营管理的基本能力逐渐形成。沃里克大学的创业型工程人才已基本精通企业的整个业务流程并具有一定的商业管理能力，北卡罗来纳州立大学的创业型工程人才能够组织和领导一个开发团队并将技术转化为产品。

2. 学生认知形态实践知识的变化

第一，经历丰富，经验增长。无论是沃里克大学鼓励学生长期到企业实习，还是北卡罗来纳州立大学工程创业者计划提供的项目体验式学习，都是让学生通过情境中的学习，身临其境地了解企业运作流程、感受企业文化，从而丰富了经历，获得了企业工作经验。这种丰富的经验大大提高了就业的成功率，拥有这些经验的学生不仅被工程雇主追捧，而且在许多部门都受欢迎。

第二，认知策略增强。首先，自主学习能力提高。为了完成教师布置的项目任务，学生必须查阅资料、主动摸索、集体讨论，寻找解决方法，由此逐步掌握自主学习的方法。学生通过系统的训练，自主学习能力有了很大提高。其次，创业意识和知识均有所获。如增加学生的市场敏感度、增强了解市场需求和顾客需求的愿望、加深对基本商业概念的理解等。

第三，职业意识凸显。首先，学生增强了对工程学科的兴趣和责任。在企业的实习和项目任务的完成，使学生形成了强烈的质量意识，明白了对工程质量负责是职业责任感的突出表现。其次，合作意识增强。这里的"合作"是指大至国际合作、企业间合作，小至团队内部合作。经过训练，创业型工程人才能够整合多方资源，发挥自身强项，弥补自己或团队的不足，在激烈的市场竞争中形成企业的创新优势。最后，知识学习和实践训练使学生具备了踏实作风和坚强意志，毕业生受到用人单位的一致好评。

第五章 创业型工程人才培养 方案设计

认同建构主义知识观决定了学习观和教学观后，就必须对当前创业型工程人才的培养进行全面反思。因为建造在理论知识基础上与建造在实践知识基础上的教育教学模式，在教学目标、教学内容、教学方法、评价方式等方面都存在很大的不同，前者关注"知道是什么"，后者关注"知道怎样做"。如果用理论知识的教育模式来培养学生实践知识的形成，很难保证教育的有效性。因此，创业型工程人才培养应该建立在实践知识基础上而不是理论知识基础上，并以实践知识为出发点对创业型工程人才培养模式进行全面思考。

本研究针对创业型工程人才设计的培养方案，是对这一类人才培养模式的具体展现。培养方案的设计是按照"泰勒模式"的四段式循环过程进行的，这四个阶段分别是：①目标设定——课程学习试图达到何种目标；②课业选择——提供何种学习经验才能达到此目标；③内容组织——如何有效地组织这些学习经验；④效果评定——如何确定是否达到了课程目标。以上四个阶段，第一个阶段是关于人才培养目标的问题，已在本书的第三章第三节论述；其余三个阶段的内容将在本章展开讨论，即一体化课程体系、主体化教学方式以及多元化评价体系，这是培养方案紧密围绕培养目标设计的完整过程，也揭示出每个阶段之间的联系。本章重点探究高校应该如何组织学生进行学习，以实现实践知识的有效获取。

第一节 创业型工程人才培养的 E–CDIO 模型

一 基于创业的 CDIO 模型——E–CDIO 模型

为应对经济全球化形势下产业发展对创新工程人才的大量需求，美国麻省理工学院、瑞典林克平大学、查尔姆斯理工大学以及瑞典皇家技术学院于 2001 年合作开发正式创立了一个新型的工程教育模型——CDIO，即构思（Conceive）—设计（Design）—实施（Implement）—运行（Operate）的简称。CDIO 教育模式是以产品和生产流程以及系统的构思、设计、实施、运行全生命周期为背景的教育理念为载体，以 CDIO 教学大纲和标准为基础，让学生以主动、实践、课程之间具有有机联系的学习方式学习和获取工程能力。此模式符合工程人才的培养规律。

CDIO 包含了现代工程师领导或参与产品、过程和系统全生命周期的各个环节，也可以理解为工程活动的一个完整过程，是从工程设计到工程制造，最后到工程服务的完整的过程链和价值链。现代工程师参与 CDIO 各个阶段，每个阶段的任务各有不同。C - 构思阶段，主要是确定客户需求，规划商业战略和技术战略，结合市场定位等拟订商业计划和项目计划，包括使命和概念设计两部分；D - 设计阶段，主要关注产品原型的设计与开发，有初步设计和施工设计两部分；I - 实施阶段，是把产品原型制造生产为真正的产品，包括元件制造和系统整合、测试两块内容；O - 运行阶段，则是通过销售、运营等方式使生产出的产品和系统为客户提供预期价值，同时还包括对产品和系统的维护、改造、回收和升级。

CDIO 教学大纲中四个层面的学习效果目标（技术知识和推理；个人能力、职业能力和态度；人际交往能力，包括团队工作和交流；在企业和社会环境下构思、设计、实施、运行系统）与创业型工程人才培养目标基本相符。需要指出的是，2009 年 6 月 CDIO 国际合作组织第一次明确提出"工程创业者"的概念，同年 10 月新版本的 CDIO 教学大纲将"工程创业"在"企业、社会和环境背景下的构思、设计、实施和运行系统——创新"目录下单列出来，具体包括：了解社会和企业背景，掌握 CDIO 技能和工程领导力的各个方面。此外，还有其创业的特殊技能：公司的创办和组建，业务计划的开发，公司资本与财务，创新产品营销，构思围绕新技术的产品与服务，创新系统、网络、基础设施和服务，创建团队、实施 CDIO 工程过程，管理知识产权等。与此同时，新版本的 CDIO 教学大纲在"企业、社会和环境背景下的构思、设计、实施和运行系统——创新"目录下，扩充了"企业与商业环境"的内容，包括认识不同的企业文化，企业的利益相关者、战略与目标，技术创业，在一个团队中工作，工程项目的财务与经济学，新技术的开发、评价与应用，与国际组织合作。① 可以看出，CDIO 教学大纲已开始关注工程创业（或技术创业），学生的创业精神和创业能力越来越受到重视。②

工程创业是在技术创新基础上进行的创业，具体指开创企业，或在企业中开创事业。"技术商业化"是工程师创业的重点，他们要将制造出来的产品成功推向市场，以实现产品的商业价值。从工程创业的角度来看，CDIO 不仅是一个工程过程，而且是一个工程技术创业的过程，虽然技术创新和商业化是一个非常复杂的过程，但同样要经历构思—设计—实施—运行的各个阶段，最终实现创新产品的市场化和产业化。

创业型工程人才主要是利用工程技术知识开创高新技术企业，或在企业中结合自己掌握的工程技术知识开创新的事业，以实现科技成果商业化的转换。了解企业的运作流程是工程技术创业的第一要务。研究指出，企业内部所有创造价值的活动过程可以用"价值链"来表达。结合众多观点总结出，价值链可分为上游和下游两部分：上游是与生产制造相关的活动，包括原料采购、技术开发、产品制造、仓储；下游是与产品营销相关的活动，包括客户获取价值、销售交易、物流、批发经营和终端零售等。上游侧重产品的技术开发，下游侧重产品的市场应用，技术商业化较为突出。这一系列的生产和经营活动，构成了一个创造价值的完整的动态过程。

本研究结合工程创业的过程和企业价值链的内容，解读出 CDIO 中的创业内涵，构建出基于创业（Entrepreneur）的 CDIO 模型，即"E–CDIO 模型"。

如图 5-1 所示，构思—设计—实施—运行四个环节中，"工程"翼是从技术维度考虑产品或系统的生命周期；"创业"翼则是在技术的基础上，从商业维度来展现产品或系统的经营管理流程。构思—设计—实施—运行中的工程过程在此不多赘述，下面主要就 CDIO 中的"创业"内涵予以阐述。

---

① http://www.cdiofallmeeting2009.fi/materials/4CDIO_Syllabus_2.0_and_EL.pdf.
② 随着以技术创业为基础的高新技术产业的飞速发展，课题组已经清楚地认识到创业型工程人才对于时代发展的重要作用，并于 2008 年提出要建立"工程创新创业人才培养实验区"。令人欣喜的是，这个想法与 2009 年新版本 CDIO 教学大纲中特别增加的"工程创业"思想不谋而合。本研究不仅提出了创业型工程人才的培养目标，还在此基础上设计出培养方案，可谓比 CDIO 的已有研究往前多走了一步。

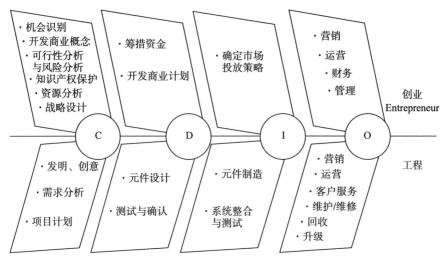

图 5 - 1 E - CDIO 模型

1. 构思阶段

大量技术创新构想存在于工程科技的研发设计中，如一个新的程序、一台新的设备、一套新的工艺流程等。这些创新构想或许都蕴含巨大的市场应用潜力，但由于技术和市场的高度复杂性，并不是所有的构想都能转变成新产品。

① 机会识别。识别和筛选机会是技术商业化的起点，也是创业过程中的关键阶段。机会不同于创意，它是创意与市场需求的交点，机会由于能够满足顾客的某些需求而具有市场价值。高新科技创业的机会来源有专利文献、大学中的科技成果、公司档案中的已有技术、赢利行业以及消费者等。创业型工程人才需要非常熟悉一个行业，具有丰富的经验和广泛的人际关系网，由此来从众多发明和创意中识别机会。此后还要对这些机会进行筛选，从中选出具有商业价值或蕴含商业潜力的机会。

② 开发商业概念。确认市场机会后，要从技术的角度进行分析并形成产品的商业概念，以体现技术创新构想的价值。商业概念包括四部分内容：一是技术以及产品或服务；二是技术所面向的顾客；三是技术能够解决的实际问题或者说技术的实际应用价值；四是销售渠道。

③ 可行性分析与风险分析。判断开发的商业概念是否可行，需要对技术和市场等因素进行详细分析。从行业角度看，要判断是否具有企业成功发展的行业环境；从市场角度看，要判断新产品是否有市场以及所占市场

份额的大小；从团队角度看，要清楚企业是否具备一支综合实力较强的创业团队；从资金角度看，要明确能否筹集到技术开发所需的资金和支持企业运营的资金。同时，还要对企业创办后某些可能导致危机的情况加以分析，使企业在商业运作中的损失最小化。技术创业者面临的主要风险有技术状况、市场状况、资金状况、竞争状况，还有生产、经营以及财务上的不确定因素。充分考虑以上因素后，科技企业在商业竞争中成功的把握会大些。

④ 知识产权保护。在技术创新构想被确定可行后，创业者需要申请专利或其他形式的知识产权保护，以排除其他人制造和使用受到保护的财产。这对成功实现技术商业化来说意义重大。许多技术都会受到各种规定的制约，因此，在工程技术创业的早期就要明确技术是否需要改进以符合这些规定，了解这一点非常重要。

⑤ 资源分析。与生存型创业不同，高新科技创业需要努力寻找和开发企业所需资源，并掌握更多的资源以面对复杂多变的环境。研究表明，良好的资源组合可以使企业具有更强的竞争优势。科技创业者要清晰地了解企业拥有的各种资源以及资源的来源和分布情况，以便在企业资源有限的条件下，合理配置各项资源，充分发挥资源优势，合理组织和安排生产，力求实现企业价值最大化。拥有创新技术后，组建团队和筹措资金是科技创业之初整合资源的重中之重。

⑥ 战略设计。科技创业者要从全局对企业的内外部环境进行分析并设定战略目标，同时在产品的研发、生产、市场、财务等方面进行规划。

2. 设计阶段

一旦确定了技术，就要将技术活动和商业活动同时进行。当创业团队中经营管理人员提出商业概念并对市场进行可行性分析时，负责产品研发的技术人员正在设计、开发产品原型和平台技术。新产品的设计与开发阶段对科技创业者来说非常重要。产品原型设计出来后，要接受市场和初始顾客的检验，技术人员会根据反馈信息进行改进或重新设计。同时要根据市场所需发展产品的相关应用。

① 筹措资金。筹措资金对于技术型初创企业来说非常重要，企业从创办到成长发展都离不开资金的支持。构建产品原型、检验技术和商业概念时需要的是种子资本；企业创办时需要的是启动资金；企业成长时需要的是增长资金，主要从天使投资平台和风险投资公司那里筹集资本。在 CDIO

整个产品生命周期中的设计和实施阶段，企业重点要筹集的是种子资本和启动资金。

② 开发商业计划。这是将创新产品商业化的关键一步。如何将产品转换为具有经济价值的商品，同时通过顾客的利益来捕捉价值，这些都是创业型工程师需要思考的问题。这就要求创业型工程师在战略导向下，通过确定的商业模式实现阶段性战略目标，具体就是制订一个复杂的商业计划，内容包括生产管理计划、运营计划、营销计划、财务计划以及相应的经营策略，以确保必要的管理、确认资金需求与来源等。同时，企业的发展还要建立相应的法律结构和股东的股权分配体系。

3. 实施阶段

确定市场投放策略。这一阶段是把设计生产出的原型产品投放生产，转换为真正的产品，一般有四种基本方式可供创业型工程师选择确定投放策略。一是把技术授权给厂商，允许其制造自己的创新设计；二是把技术全部卖给另一家公司；三是自己创办一家公司，负责生产和销售自己的创新设计；四是建立战略联盟，与多家企业联手共同实现自己的创新设计。

4. 运行阶段

产品批量生产后随即面向市场变为可供选购的商品或服务，以实现其商业价值。在这一阶段工程技术过程进入市场营销和科技产品服务阶段，工程创业过程也相应进入企业的营销和运营阶段，二者内容基本相同。严格来说，"创业"翼在运行阶段不用完全单列，但为了突出该阶段的创业内涵，特将营销、运营、财务和管理部分简单介绍。

① 营销。培养顾客的产品意识和购买意识，提升销量，并与顾客建立长期亲密关系。对于技术创业，营销的重心则是根据客户需求及时进行调整或为客户创造更多的需求。在对产品与服务市场的开拓与发展中，做好产品营销策划，尽快促进企业走向市场。

② 运营。运营管理涵盖企业运作过程的各个方面，大致有以下部分：生产、市场营销、财务、产品服务开发、信息技术、客户服务、行政管理。创业者要懂得运营程序和系统以保证日常经营的顺利进行。

③ 财务。理解在商业决策中要使用的金融概念和工具，其中包括会计、金融和理财能力等。

④ 管理。对于科技初创企业来说，产品的质量管理应是最重要的，任何质量管理体系都应该是零缺陷的。同时，还应涉及人力资源管理、信息

管理、销售管理、运营管理、风险管理、战略管理等方方面面。

简言之，E‑CDIO 模型突出了科技创业的特点，拓宽了 CDIO 的内涵。该模型旨在展现技术能力和商业能力的组合以实现科技成果商业化的目的。它在保持传统以技术为主的工程过程基础上，强化了技术商业化过程，将技术开发与市场应用一体化，将产品的生产制造和经营管理一体化，拓展了工程职业领域，使工程走出传统的生产技术领域而充分展现其在经营管理领域的内涵。

二　对 E‑CDIO 模型的内涵解读

1. E‑CDIO 既是背景环境，也是培养模式

第一，E‑CDIO 是创业型工程人才培养的背景环境。根据当代系统科学的发展，所有的社会模式都是一种开放系统。封闭系统与环境隔离，而基于开放系统理论，开放系统与环境密切联系。工程创业教育必须突破大学的边界，由封闭系统走向与当地环境相融合，把创业型工程人才的培养置于一定的背景环境下，E‑CDIO 就是这种背景环境。

创业型工程人才所需的如语言交流能力、组织管理能力、市场开拓能力等实践知识，必须通过在尽可能真实的环境下实践、演练，通过"做中学""干中学"才能达到学习效果。E‑CDIO 可以作为创业型工程人才获得这些实践知识的背景环境，理由如下：第一，基于创业的工程产品或系统的生命周期正是创业型工程人才所做的工作，也是他们扮演的职业角色。第二，构思—设计—实施—运行四个基本环节正是产业界对工科毕业生提出的知识、能力要求。第三，这是培养创业型工程人才能力和态度的自然场所。因此，在 E‑CDIO 这种真实的企业环境中进行工程创业教育，可效仿职业实践，有助于习得实践知识，是应用在工程教育中最好的实践。

第二，E‑CDIO 是创业型工程人才的培养模式。E‑CDIO 也是一种主要的"做中学"培养模式，是基于项目学习的全面工程创业训练的集中体现。它以产品或系统从概念设计到技术设计与商业设计的同步进行，再到投放生产和制造，最后面向市场的经营管理等一系列活动为载体，让学生以主动、实践、课程之间相关联的方式学习工程创业，逐渐成长为符合产业需求的创业型工程人才。

工程创业教育是实践性极强的专业教育，学生在掌握理论知识的同时，要更加注重实践知识的习得，这些知识只有通过个体实践参与和经验

反思，在以 E‐CDIO 为背景的工程环境中通过全面的工程创业训练，才能转化为真正的实践知识。创业型工程人才的实践知识是工程师在职业情境中行动背后的知识结构，它横跨了知识、能力与职业意识等几个方面的学习领域，是一种"转识成智"之后的行动机智，确切地说是实践智慧。从创业型工程人才的特质和个人需求以及社会的需求、市场经济的需求、第二产业发展的需求综合来看，时代强烈呼唤创业型工程人才的实践知识以及各种职业能力。因此，创业型工程人才培养的核心是"强化实践知识"。

在"强化实践知识"培养理念的引导下，创业型工程人才的培养模式必须超越传统的工程人才培养模式，必须在新的 E‐CDIO 培养模式和实践知识形态中认真的思考：课程计划应将学生所需的知识、能力和职业意识与课程相对应，将理论知识与实践知识的学习有机统一；将应用工程项目作为关联课程的载体来组织全方位的工程训练；学生预期的学习效果应该围绕培养目标，通过多种方式来考评并及时改进。通过以上方式让学生获得一体化的学习经验，并有能力胜任岗位工作，达到教育与产业的无缝链接。

2. 基于项目学习的全面工程创业训练

基于项目学习的全面工程创业训练，是在"强化实践知识"培养理念的引导下，依托 E‐CDIO 真实的工程创业背景，以创业型工程人才培养的一级和二级目标为导向，借助真实、虚拟或二者结合的工程项目（包括问题或案例）对学生进行完整的工程创业训练。E‐CDIO 培养模式一方面把众多的相关知识联系起来并使之经验化；另一方面把理论学习与实践学习相结合，把思维训练和实践训练相结合。可以说，这是一种全方位、整体化的人才培养模式。

整个创业型工程人才培养过程，仍是由构思—设计—实施—运行四个环节构成的。下面以 H 大学光电学院为例，对创业型工程人才培养过程中四个环节予以介绍。

● **构思**

这实际上就是 E‐CDIO 人才培养方案的顶层设计。根据光电产业与学科发展的人才需求特色，E‐CDIO 强调将学生的实践知识与理论知识学习相结合，并强化实践知识。充分利用国家实验室、激光加工工程中心学科齐全、学习资源丰富的条件，以尽可能接近工程实际，涉及技术、经济、企业和社会的团队综合设计大项目为主要载体，结合专业核心课程和创业课程的教学，使学生在学习过程中在理论知识、实践知识（包括专业技术知识、创业知识、自主学习能力、设计创新能力、组织管理能力、语言交流能力、市场开拓能力等）方面得到全面训练和提高。

首先是对创业型工程人才培养目标的设计。培养目标设计是整个培养方案的"龙头"，决定了培养方案的设计方向。一级目标是创业型工程人才；二级目标在传统上被称为培养规格，即一级目标的知识、能力和职业意识框架。在此基础上，制定出三级目标，即二级目标在各个训练环节上的具体要求和教学任务目标。

- **设计**

将光电专业教育与创业教育相结合，围绕全面工程创业训练，找到课程与课程、课程与项目之间的联系，设计一个一体化的课程体系。该课程体系包含了项目训练、课程学习（含课程设计、专业实验）、企业实习，同时它也是由相互支持的技术领域和工程创业能力等高度交叉的能力所组成，系统整合这些内容可以有效利用学生本科四年有限的时间，对其进行知识传授、能力训练以及意识养成，以丰富学生一体化的学习经验，使学生获取综合的理论知识与实践知识。

在进行课程体系设计时，应注意两点：一是要将创业型工程人才培养目标中的知识、能力和职业意识尽可能地体现在课程体系中，通过课程目标来落实人才培养目标；二是要根据学生的学习进度对课程体系中的内容进行由易到难的层级式设计。如课程学习方面，工程专业课程和创业课程都应设计在通识教育课的基础上进行。工程专业课程可分为专业基础课、专业核心必修课、专业特色选修课，创业课程可分为创业基础入门课、创业拓展课、创业实践课，项目训练分为初级、中级、高级，企业实习分为认知实习、生产实习、综合实习。

- **实施**

首先，遴选优秀师生。基于项目学习的全面工程创业训练对教师的专业能力和教学能力提出了极高的要求，因此为培养出合格的创业型工程人才，要安排教学和科研经验丰富的双师型教师承担教学实践的任务。这些教师的队伍应该由学历层次高、教学经历丰富的教师，海外著名大学的教授，具有企业工作经历的双师型教师，光电企业的管理人才，创业投资公司的经理等光电、人文、管理、经济等学科的师资组成，由其为学生授课、开展项目训练及社会实践活动。光电学院对学生的遴选，则是从2009

级本科生中挑选小部分精英学生组成 2 个班作为培养对象，着力培养他们成为满足产业界需求的创业型工程人才。

其次，组建学习团队。工程创业是团队行为，因此在实施阶段，无论是课程学习还是项目设计，都要采用符合工程创业特征的团队教学的方式进行，让学生通过角色分工和交流协商共同完成学习任务。团队学习对提高创业型工程人才所需的交流能力、合作能力、领导能力等大有好处。学习过程中，师生关系平等。学生处于核心地位，教师则担任指导者，处于辅助地位。可通过教师讲授、学生讨论、案例分析、项目设计、制作实施等多种方式开展培养过程，但其突出特点仍是"以团队合作为主的知行并进"。

最后，创设职业情境。将对创业型工程人才的培养置于产业生命周期环境中，让学生置身于一个更加真实的实践环境，使他们可以亲历工程师的实际工作，更深刻地理解基础知识、发展职业技能，同时获得理论知识和实践知识的学习经验。企业拥有最好的运作学习的环境，学校充分利用和企业产学合作的技术、资源等，让学生接触、了解、参与、体验企业运作流程的各个环节，感受企业真实的工作氛围，对创业产生感性和理性认识，了解创业流程。光电学院可充分利用社会资源，与光电子企业展开全面产学合作。将这些企业作为学生创新创业的实训基地，增加学生在企业实习的学时和任务量，为学生学习创造一个良好的工程职业环境。

E-CDIO 创业型工程人才培养，特别重视项目训练以及在一体化课程体系中相应的实习实践环节。实施阶段，应以项目为牵引，加大实习实践的学时，将对创业型工程人才在知识、能力、职业意识等方面的培养贯穿于四年培养的始终。同时，应充分依托武汉光电国家实验室、下一代互联网接入系统国家工程实验室、激光加工国家工程中心、湖北省光电实验教学示范中心以及武汉东湖国家自主创新示范区的光电高新企业等有利条件，为人才培养提供先进和前沿的研究、实习、实训条件。

● 运行

运行阶段，教师根据培养计划创设工程创业的职业情境，采取以项目式教学为主的教学方法运行一体化的课程体系。学生通过"做中学"的主体参与建构自己的知识体系，实现理论知识与实践知识的相互融合与内化。理论知识主要通过通识基础教育、专业教育、创业教育等模块化课程来学习，实践知识则是在学习课程知识的同时通过项目训练、专业实验、课程设计、企业实习等实践训练来习得。理论课程与实践训练交错进行，使学生接受完整的思维训练和能力训练，由"知其然"达到"知其所以然"。学生在理论学习的同时，在项目学习中模拟企业工程师的角色不断实践与反思，将已经和正在学习的理论应用于解决工程创业的实际问题，并与源自实践的新经验结合起来形成能力和相关的职业意识，最终形成一体化的学习经验。

运行阶段的后期，还有很重要的一个部分——学生的学习效果评价。学生的学习考核主要是度量他们是否或在何种程度上达到预期学习效果、获得以实践知识为主的一体化学习经验，将评价结果反馈到 E – CDIO 培养模式的构思和设计中，及时改进创业型工程人才的培养计划。建构主义的评价重点在于知识获取的过程，强调建构知识过程的评价比对结果的评价更为重要。学习效果的评价方法呈多样化，如定性方法与定量方法、自评与他评、形成性评价与总结性评价等；同时，评价主体也应多元化，包括教师、学生以及产业界的利益相关者等。

三　E – CDIO 模型的特点

E – CDIO 作为创业型工程人才的培养模式，有着与 CDIO 基本模式不同的特点，也有着与传统工程人才培养模式不同的特别之处。

1. 专业教育基础上的创业教育

对于光电工程这样的高新技术专业来说，高新技术产品的开发和产业化是全面工程创业训练的重点。E – CDIO 基于项目学习的全面工程创业训练，在构思—设计—实施—运行的各个阶段，将创业教育与专业教育进行融合，将高新技术创业管理、知识产权保护、市场开拓等创业内容合理融入专业教育中。

E – CDIO 模型能够使学生在掌握专业知识与技能的基础上对创业的发展方向有一个较为专业的把握，使他们的起点就比生存型创业者要高很多，有利于高新科技创业的发展。创新精神和创新能力是工程专业教育和创业教育共同的核心，可以说，在构思—设计—实施—运行的每一环节都饱含了创新的结晶。专业教育需要学生具备技术创新能力以面对日新月异的技术革新，创业教育同样需要学生的创新意识以面对激烈的市场竞争。E – CDIO 培养学生对新产品、新技术具备研发能力的同时，也要具有市场开拓能力和管理模式的革新能力。

2. 主动学习与经验学习相结合

E-CDIO 创业型工程人才培养模式植根于建构主义理论，主要探讨创业型工程人才通过基于项目学习的全面工程创业训练建构实践知识，或者说获得一体化的学习经验。学生的学习效果取决于其已有经验、学习的背景环境以及参与学习活动的方式等多方面因素。

学生将主动学习和经验学习贯穿于基于项目学习的全面工程创业训练中。学生在教师的指导下，模拟工程师的职业角色，在 E-CDIO 真实的职业情境中自主确立目标、自主搜寻资料、自主选择方法、自主解决问题等，在主动实践的过程中积极建构自己的知识系统。理论知识衍生于实践知识，而又持续地修正实践知识。学习是在先前经验的基础上进行的知识建构，是经验变化的一个过程。对于工程创业训练而言，这些经验是以下内容的综合：面向高技术的操作技能、设计元素的聚焦、工程职业意识和社会意识等。低年级学生的工程导论课和创业意识课，还有在企业的认知实习等，都为学生提供了最初的职业经验，为将来的理论学习构建一个认知框架。高年级学生在以解决实际问题、完成实践任务的项目学习中，通过主动实践，反思和总结从这些经验中学到的东西，逐步获取涉及知识、能力与职业意识等多方面的实践知识，为理论知识的理解和学习打下很好的基础。

3. 与传统人才培养模式的区别

以强化实践知识为主的 E-CDIO 基于项目学习的全面工程创业训练与以理论知识为主的传统培养模式的区别在于：第一，传统培养模式注重对已有知识的传承，倾向于传授普适的技能和原理，而 E-CDIO 培养模式重视通过"做"与"学"探索未知的世界，强调在实际的工作情境中解决实际问题。第二，其改变了传统培养模式理论与实践脱节、忽视学生自主能动性的弊病，突出学习的实践性和主动参与。第三，其重视团队成员通过讨论、实践、反思、建构等多种交互行动共同解决问题，更能体现出"知行合一"的特点，这与传统培养模式中由教师的机械传授和片面知识灌输有很大区别。

E-CDIO 培养模式是围绕创业型工程人才培养目标中的三个维度——知识、能力、职业意识而设计的，强调对学生全面的工程创业训练，与传统培养模式相比，有三点不同。

　　第一，追求专业知识的系统性而不是学科知识的系统性。首先，全面工程创业训练对众多相关学科知识在广度上的要求大大高于对单一学科知识在深度上的要求；其次，全面工程创业训练更加强调多学科知识的交叉与融合，所侧重的并不是简单的知识量的增减，而是知识结构的优化与重组。当然，不同类型、不同层次的工程专业（或者是同一工程专业的不同一级目标）对基础、专业基础、专业和其他相关学科知识的要求是不同的，人才培养目标对知识学习的要求应有足够开阔的视野，对创业等相关知识应采取机动灵活的整合方式，学习策略与工程方法论应纳入知识学习的目标范畴。

　　第二，追求能力训练的深度综合而不是学科原理的简单验证。这一点包含两层意思：其一，这里的能力训练不是指单纯的实践操作训练，而是指实践能力与思维能力密切结合的整体训练；其二，真实的研发设计（包括技术设计和商业设计）是实现这一结合的最佳途径，应创造条件，以尽可能真实的综合性、设计性项目取代传统的验证性实验。把实践能力与思维能力的训练结合起来，意味着理论知识学习的经验化，意味着理论知识与实践知识通过工程创业的实践实现了自然对接，形成了开放、可持续更新、能自我优化、富有创新活力的经验结构。创业型工程人才培养目标对能力训练的要求应体现理论知识在实践训练中的综合应用，应关注多种工程能力与创业能力的有机结合，应特别强调系统思维能力、自主学习能力、工程设计能力在学生能力结构中的核心地位。

　　第三，追求职业意识的整体发展而不是专业理论的单向获得。工程创业不是单纯的技术行为或商业行为，而是一种社会行为。就是说，创业型工程人才对满足市场需求的理解，要考虑技术最优、成本最低、销路最好，更要考虑工程及其产品的宜人性、资源开发的可持续性、自然环境和人文环境的全面保护等。一言以蔽之，创业型工程人才的所有职业行为都应当得到其人文情怀的充分支撑。人才培养目标对学生职业意识的要求，应当体现其整体发展，应当体现职业行为中知识整合、能力综合的社会背景，应当从全球市场和可持续发展的眼光看问题。①

　　概括来讲，较之传统的人才培养模式，E－CDIO培养模式的优势在

① 华中科技大学教育科学研究院课题组：《创业型工程人才培养目标刍议》，《高等工程教育研究》2010年第5期。

于：能向学习者提供真实的工程创业经验背景；通过完整的工程创业训练，能将优化的知识结构、娴熟的操作技能、多层次多类型的工程创新创业能力和强烈的创新意识结合起来，突出学生实践知识的习得；能充分体现个体主动性与集体合作的动态平衡；能为继续学习提供很高的起点和科学有效的方法。

第二节　一体化课程体系的设计

一　一体化课程体系的设计思想

工程创业教育的教学内容要结合社会需求反映最新的职业技能和综合能力，这就使得教学内容要从传统的学科教育中彻底走出来，打破传统的按照知识本身逻辑组织课程，而根据项目任务的实际需要组织课程。该体系突出课程之间的关联性，围绕创业型工程人才的培养目标进行系统设计，使学生掌握各门课程知识之间的联系，并用于解决综合的问题。选择尽可能体现项目训练完整性、包含构思—设计—实施—运行四个环节有代表性的企业项目，学生通过完成项目的整个过程来学习相关知识，在有限的学时中根据不同的项目对相关能力反复训练，在"做中学"。实践知识大多是一种隐性知识，而项目开发设计的实践中蕴含大量隐性知识，这些知识对于学习者来说，通常是不可见或不可言传的，需要通过在真实情境中"做中学"的主动参与，结合学习者自身的经验与反思并和他人的讨论与交流，将这些隐性知识外显出来，通过这种隐性知识显性化的过程使学生逐渐习得在工程创业中所需的实践知识。

鉴于此，本研究设计出用于培养创业型工程人才的一体化课程体系，这是以项目训练为主要教学路径，集项目训练、课程学习①、企业实习于一体的综合性课程体系（见图 5-2）。它以项目为载体来关联课程和相关知识，其主要目的是通过基于项目学习的全面工程创业训练实现学生实践知识和实践能力的培养与强化。

当然，一体化课程体系的学习还应与第二课堂活动相结合。如拓展训

① 对于两个"课程"的辨析：一体化课程体系的"课程"是某领域相关科目的系统组合，修完该"课程"后能够得到相关专业的学位、证书或文凭。而课程学习的"课程"是不同课堂教学的组合。

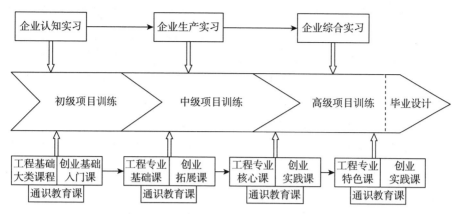

图 5-2　创业型工程人才一体化课程体系设计

练、创业计划大赛、创业俱乐部、创业训练营，还有独具光电专业特色的
光电论坛、企业家论坛等，这些形式多样的活动与一体化课程体系的学习
内容相互交织，形成健康的创业教育生态系统，丰富学生的学习经历和实
践经验，对创业型工程人才的培养起到积极的促进作用。表 5-1 展现了一
体化课程体系在本科四年的具体进程，在此基础上，课题组设计出 H 大学
光电学院"光电器件专业 E-CDIO 本科培养计划课程表"，详见附录1。
本节着重介绍一体化课程体系的主体部分：项目训练、课程学习、企业
实习。

表 5-1　创业型工程人才一体化课程体系进程

	一年级		二年级		三年级		四年级	
	上学期	下学期	上学期	下学期	上学期	下学期	上学期	下学期
项目训练	初级项目训练 虚拟系统设计		中级项目训练 真实项目Ⅰ（参与） 光学课程设计 光器件课程设计				高级项目训练 真实项目Ⅱ（主导） 光电器件综合设计	毕业设计
课程学习	工程基础大类课程 工程导论		工程专业基础课 课程设计Ⅰ 应用实验Ⅰ		工程专业核心课 课程设计Ⅱ 应用实验Ⅱ		工程专业特色选修课 综合实验 创新实验	
	创业基础入门课		创业拓展课		创业实践课			
	通识教育基础课（数理基础课、人文社科课）							
企业实习	认知实习		生产实习		综合实习			
其他	拓展训练		创业训练营		企业家论坛、光电论坛			
	创业计划大赛、创业俱乐部等							

　　一体化课程体系的设计，应遵循以下基本原则：①采用基于项目的教学方式，即"做中学"，强调工程创业项目实践全生命周期的教育是着眼于知识、能力、职业意识的教、学、做过程的关联。②将课程体系的设计与培养目标和产业对学生素质能力的要求逐项具体挂钩。③建立课程之间的关联，使多门课程共同支持培养目标。④课程设置要包括两个或更多的真实实践项目，包括基础层次和高级层次的项目。⑤通过集成化教学过程使学生获得专业知识与相关多学科知识，同时培养个人以"设计创新"为主线的综合能力。⑥建立多元化能力评价体系，对学生个体在 E – CDIO 培养模式中获得的学习效果做具体衡量。

　　一体化课程体系的设计很好地实现了两个一体化。一是知识、能力、职业意识的一体化。这是指将三者进行有机整合并融入课程体系中，通过项目训练、课程学习、企业实习等多种方式让学生获得一体化的学习经验，获得实践知识。这些预期学习效果的培养，依靠简单的课堂教学是无法完成的，而必须用项目牵引、任务驱动、情境教学、团队合作、"做中学"的主体参与等方式才能完成，并且知识、能力和职业意识一体化的培养必须实现时间和空间上的融合，使课程体系对已有的时间和资源发挥双重作用。二是理论与实践的一体化。这是指在教学活动中将理论教学、实践教学、项目学习、课程学习等完全融为一体，围绕项目实践来组织理论知识和实践知识的课程，重新分配可用的时间和资源，学生自己建构知识体系。或者将实践中的各种问题包括前沿问题带进理论学习中，用理论指导实践和解决问题，然后再在项目中进行实践。这样不断循环，实现了理论教学和实践教学在时间和空间上的统一。总之，一体化课程体系形成了一个总体效果大于各部分之和的教育系统。

二　项目训练：一体化课程体系的核心

1. 项目训练对于创业型工程人才培养的作用

　　第一，强化学生的实践知识。项目训练不是常规课程的附属品，它本身就是教学的中心，是学生获得实践知识的主要途径之一。项目训练能够将知识、能力、职业意识等高度融合，同时在学习过程中培养创业型工程人才的创业特质。学生在大学期间会经历多个项目的训练，它们大小不同、难易不等，覆盖面也不一样。在 E – CDIO 背景环境中，有的项目或许只着重训练构思—设计—实施—运行中的某一个或两个环节，有的项目则是可以覆盖所有环节的整体综合训练。总之，每一个项目都会让学生在参与实践的过程中学到不同的实践知识，学生的动作技能和思维认知都能得到同步训练，不仅知道怎样做，而且知道如何做会更合理。这样逐年积累训练，学生的实践知识无论是技术形态的还是认知形态的都会大有所获，并得到更有效的发展。

第二，反映真实职业情境。一体化课程体系中的项目均为真实、完整、典型、可运作的，是工程创业职业情境的真实反映。项目训练能够根据企业价值链为学生充分展现技术创业的职业情境。具体来讲，项目训练是从了解项目任务的背景开始，然后清楚运作项目所需要的人力和物力等多方面条件，接着就是在需求分析、资源分析和可行性分析基础上拟订项目计划、开发商业计划，在元件或系统经过整合与测试后确定市场投放策略，最后面向市场投入运营。整个过程中会出现许多问题，学生需要运用已有经验并综合所学的知识、技能逐一解决问题，直到拿出项目成果。经过项目训练，学生对工程创业的过程有一个整体的体验和感受，学生的行为规范也会受到真实企业项目的影响，其综合能力和职业意识都会大大增强。

第三，帮助学生实现知识建构。项目训练克服了知识学习与思维技能实践的割裂状况，不仅帮助学生"知"，而且帮助其体验如何"行"。让学生知行并进，将理论与实践合二为一。在项目训练过程中，学生是学习的主体，学生的学习随着项目任务的实施和完成而呈现认知结构动态和连续发展的过程。学生以自己已有经验为背景，对新知识进行分析、检验和批判，而且结合项目在具体情境中的具体问题不断深化知识。在项目任务的驱动下，学生作为项目的实践者，自主性和能动性被充分调动，通过"做中学"的主体参与实现了知识意义的建构。同时，项目是由团队合作来共同完成的，需要个体与团队其他成员一起讨论交流、协调配合，借助整个群体来完成知识意义的建构。

2. 项目学习的内涵与特征

一体化课程体系中的项目训练（或项目学习），是一种综合性学习方法，是以工程创业项目为中心来组织理论知识和实践知识的学习，它旨在让学生通过亲自参与项目的整个过程来学习相关知识、培养所需能力。在这样的方式下，学生要通过选定项目、提出和确定问题、分析问题、做出预测、制订计划、进行实验、收集和分析材料、制作产品、得出结论、交流成果、与人沟通和团队合作等过程,实现对问题的解决。项目训练的最终目的是让学生在理论知识学习的基础上获取复杂的实践知识。

皮连生等人认为,项目学习具有五个关键的特征:①被称作"项目"的教学单元,必须围绕一个有意义、可行、值得研究而又具有驱动作用的问题来组织;②项目必须以调查研究的形式开展,在这个过程中,学生要计划、设计、从事真实世界中的问题研究,包括提出问题、设计实验、搜集和分析资料、做出推论等;③学生需要得出研究结果,这一结果能反映他们的理解情况;④项目必须包含同伴、教师乃至校外专家之间的合作;⑤教师需要考虑各种技术性工具的使用,以便帮助学生探讨真实的问题,达到深度的理解。①

这里有必要阐明项目学习与项目训练的关系。项目学习是一种全方位的学习,当然其中有实践训练,但更强调的是训练。项目学习实际上是一种工程训练,实践是一种训练,理论学习也是训练,是工程思维训练,二者水乳交融、密不可分。所以对学生进行项目训练,不仅包括动手操作,还包括思维的训练。本研究没有严格区分二者,项目学习与项目训练可以通用。

项目训练的"项目"是真实、虚拟或二者结合的工程项目,但多数来源于企业真实的项目任务。项目既可以是一至两周的班级内单学科小项目,也可以是跨年度、跨学科的大项目。

3. 项目选择的原则

第一,要体现工程创业的全过程。以项目为主导的一体化课程体系,要考虑所选择的项目能否体现 E - CDIO 的工程和创业整个过程以及相应特征,是否覆盖工程创业整个职业领域,能否反映职场典型工作和任务,能否负载工作中所需的所有知识。要按照一定思路对项目进行选择和划分,使其项目结构与实际工作相符合。选择项目时,要考虑项目进展过程中学生要完成哪些工作,例如市场调研、需求分析、撰写项目计划书、组建团队、研发设计、筹措资金、财务管理、产品运营等。由于课程内容的载体是项目任务,在课程体系的设计中,要尽量展现项目在构思—设计—实施—运行整个工程创业链的每一个环节,由此来系统整合各类知识。

第二,要合理负载知识。由于每个项目都会负载多种知识,为了使学

---

① 皮连生、刘杰主编《现代教学设计》,首都师范大学出版社,2010,第 28 页。

生循序渐进地获取知识，尽量将项目的难易等级分开，具备适中的难度和复合性，适于学生学习、实践，并作为关联课程的载体，保证每个项目在计划的教学单位内完成。在选择项目时，要考虑项目所要解决的核心问题是什么？项目涉及的知识领域和关键概念是什么？通过这个项目，能够培养学生哪些思维习惯和实践技能（例如提出问题的能力、语言和思想的精确表达能力、团队合作能力、成本意识等）？这就要求：以项目为单位来分解传统的知识体系；强调"做中学"，让学生在完成逐个项目的过程中不断积累知识，而非"一口吃个胖子"。实际上，在很多时候学生可以根据已有经验和团队交流等，在知识储备不足的情况下完成项目，只是"知其然"而"不知其所以然"。

4. "三类型·三层级"的项目训练体系

项目学习和训练是一个复杂过程，根据项目的结构特征与难易程度，本书构建出"三类型·三层级"的项目训练体系，从横向和纵向将项目区分开来，方便学生有针对性地学习训练，帮助学生获得一体化的学习经验，促进创业型工程人才知识、能力、职业意识的全面发展。

所谓"三类型"，是指根据项目综合程度和规模范围，把一体化课程体系中的项目分为大综合类项目、子系统项目、单元性项目三种类型。大综合类项目是将工程与创业完全融合、涉及 E - CDIO 各个环节的综合性项目，它是本专业主要核心课程和能力所要求的项目；子系统项目是由大综合类项目分解出的子系统，是一组相关核心课程和能力要求的项目，每个子系统项目下都匹配相应的理论课程；单元性项目是子系统项目涉及的单元性功能模块，通常是单门课程内为增强课程能力与理解而设的项目。这一系列的项目学习，能够将对创业型工程人才的知识、能力、职业意识以及创业特质的培养深度地融入大学四年全程的教育教学过程中。

所谓"三层级"，是指根据项目复杂程度和不同年级学生的特点，把一体化课程体系中的项目分为初级、中级、高级三个层级。每一个层级的项目由多个子项目组成。下面展开介绍贯穿本科四年递进式分布的项目训练（或称项目学习）。

（1）初级项目训练：开发创业技能、培养设计意识的起始阶段

大一新生进校后便会安排初级项目学习，这是 E - CDIO 全过程的初步训练。面对大一学生的初级项目是典型的一级项目，能够系统地得到构

思、设计、实现、运作的整体训练。这些初步项目训练可以是真实的项目也可以是虚拟项目，但都要展现 E - CDIO 的工程和创业整个过程以及相应特征。初级项目训练的目的在于让学生通过对一个简单项目的构思与设计，展示其早期的思维与构想，建立一定的整体概念，初步了解整个行业的运作过程，获得工程和企业的背景知识，引导他们形成解决工程问题的思路，并让学生有机会运用所学到的基础工程学科知识。初级项目要合理设计项目任务，以虚拟系统设计为主，使所需的材料和设备尽可能少。学生通常以 3 ~ 5 人为一组，在沟通和团队协作能力训练方面进行实践。初级项目学习会对一年级学生产生重大的积极影响，为学生了解接下来的学科内容和创业知识打下很好的基础，并有助于他们产生工程创业的兴趣。

例如，H 大学光电学院的光电器件专业开设的信息光电子技术导论项目课程，这是一个面向大一新生的初级项目训练，持续时间为一学期。这学期的课程学习和企业认知实习都是围绕信息光电子技术导论项目来组织的。为了胜任设计任务，学生需要通过一系列的课程学习积累理论知识，为项目实践打好基础。如工程导论、光电导论等工程基础大类课程，管理与创业基础、企业管理学概论（选）、经济学原理（选）等创业基础入门课，以及涉及劳动法、税法、专利法、知识产权法等与企业成长与发展相关的法律的通识教育课程。除此之外，鼓励学生积极参加光电学院组织的高水平论坛讲座，如光电论坛和企业家论坛等。项目训练期间，允许学生有针对性地听高年级的相关课程，为项目实施补充知识。通过该项目的训练，学生可以掌握光电子学的基本概念和基本方法；开阔多学科视野，激发学习兴趣；在初步了解光电子技术中实际问题和应用的同时，了解光电子技术的最新进展。项目为学生提供的是虚拟或半虚拟系统设计任务。学生通过虚拟系统和一年级在企业的认知实习经历，可以了解整个产业链的工作流程，如市场调研、立项、产品研发、生产制造、市场销售、产品维护等各项工作。项目由导师带领 5 人左右组成的学生小组通过角色分工完成设计任务。每组有一个明确具体要求和范围的项目任务，该项目训练不追求复杂程度，只注重产业链各个环节的完整体现，注重对学生系统思维能力和团队协作能力的培养。学生通过已有经验和一些基本知识，还有讨论交流、资料查询等方式有能力完成项目任务。

（2）中级项目训练：创业意识和创业能力的拓展阶段

学生在二、三年级进入中级项目训练阶段，通过项目训练整合不同学科课程里学到的知识。中级项目以课程设计为主，是真实的项目设计，以了解企业和产品的生命周期为主要目的。例如，在一体化课程体系设计中通过课程模块实现多学科设计，或者将一门工科专业课程与一个侧重工程创业和新产品开发的课程配对。学生可根据客户需求和工程需要，运用工程、数学、基础科学、金融和商业等方面的知识设计和开发产品原型，以加强对任务的实际认识程度。学生可以根据第一年学到的技术知识和已有经验决定其设计内容。他们必须考虑所设计的模型是否可以实现，以便获得效益更好的解决方案。中级项目训练可以明确地培养学生的沟通能力，仍以小组的形式开展工作，此时学生在项目团队中扮演参与者的角色。学生要面向全班同学口头介绍自己的项目，并通过书面报告论述其进展和思路。

以光电学院二年级的光学设计项目为例，这是重在培养学生设计创新能力和技术转移能力的中级项目训练，持续一个学期。一共有 7 个不同的项目供学生选择，分别是光电信息技术、激光技术与应用、光信息传输技术、光信息采集技术、光通信技术、光信息显示技术、光信息存储技术。学生根据兴趣从中选择一个项目参与设计，通常 5~7 人组成一组。在技术开发之前，要先进行需求分析。要了解客户需要的是什么东西、其功能是什么、技术难度如何、产品的需求量是多少、资金需要多少等。然后根据需求定位，进行模型开发、元件设计与制造、系统测试和验证等，制造出可供使用的产品。与初级项目训练一样，学生本学期的课程学习和企业生产实习是围绕光学设计项目进行组织的。学生可以提前选修一些课程，在实际项目训练的过程中再有针对性地选一些课程。这样学生学习的主动性更强，书本知识能够通过项目实践转变为学生个体的实践知识。整个项目学习进程如下：从项目的要求开始，第一步是要制订一个时间和任务计划，用时一周。通常项目小组成员会事先约定小组规定和解决问题的办法。项目进行过程中，小组成员每两周开一次会，学生要按预先的要求向项目导师报告进展，并请导师答疑，着眼点在于了解光电技术的实际用途和市场价值。在最后的汇报阶段，专家会对学生口头和书面表达的表现进行点评和指导。在学期末项目完成后，老师组织各组学生用时一周互相交流，一是锻炼学生的表达能力，二是让学生自己总结对技术转化为生产力的认识和感受。

（3）高级项目训练：全面培养设计能力和创业能力的提高阶段

高级项目训练一般安排在三年级下学期和四年级一学年，学生会承担一些更为复杂的项目任务。不仅让学生从技术维度考虑产品或系统的生命周期，还要在此基础上，从商业维度体验产品或系统的经营管理流程。这些高级项目均为来源于企业界或实际工程问题的真实项目，主要是提供实际机会让学生对技术进行商业化运行。通常，高级项目由两部分组成，一部分是真实的工程项目，主要负责为某企业的工程项目提供咨询和解决方案；另一部分是创业计划，主要任务是拟订与专业相关的创业计划，并能够根据所做项目开展创业实践活动。高级项目训练比初级和中级项目训练的层次更高，要求学生能够运用多学科知识和系统思维对项目进行总体把握以解决实际问题，特别强调商业发展等领域的内容，比如需要学生进行客户调查和市场调查，并由此进一步完善和发展沟通能力和项目管理能力以及对市场机遇的决策判断力，学生需要设计并描绘出一种新型产品的蓝图，设计出来的产品必须具有商业潜力和社会价值，并要在专家面前做正式的展示。同时，项目团队的规模更大，学生往往在团队中起主导作用。一个高级工程创业项目，通常需要 12～15 个学生为一组，通过一个或多个学期完成。高级项目训练尤其鼓励跨学科项目。

以光电学院四年级的光电器件综合设计项目为例，这是一个旨在培养学生综合运用所学知识解决实际工程问题的高级项目训练，持续两个学期。可以由"光信息科学与技术"和"光电信息工程"两个不同专业的学生共同参与、混合分组，并根据每位组员的兴趣和专业分配子项目。每位组员既要对自己承担的技术子项目负责，又要对整个项目的进展和管理负责。每组由 15 个左右的学生组成，在项目进行过程中团队活动尤为重要，需要计划、记录、交流和团队建设等系列活动。在该项目训练中，让学生掌握技术商业化的综合技能，即面向市场把高新技术转化为产业或产业链是训练的重点；同时，针对这种综合项目训练，大四学生在团队中的组织领导能力也是训练的重点。该项目与 E-CDIO 模型实现软对应，学生在项目实践过程中大体需经历以下步骤：①组建团队，拟订项目计划；②市场调研，撰写商业计划书；③撰写立项申请书；④产品的研发设计；⑤产品的生产制造与测试改进；⑥市场销售，产品维护。经过系统训练，学生不仅掌握光电领域核心技术，而且更重要的是了解整个光电行业的市场环境、制度环境以及其他更多非技术的多学科知识，并具备技术转化等创业实践能力。项目训练的具体实施策略——情境创设、团队学习、"做中学"——将在本章第四节"主体化教学方式设计"中详细阐述。

毕业设计主要安排在最后一个学期，是专业程度最高的一级项目。毕业设计项目是真题真做，学生在导师的指导下根据企业的实际问题拟定毕业设计课题，这个设计要能真正解决企业的实际问题，对企业有帮助。学生经过大学近四年一系列的项目训练、课程学习和企业实习后，已获取大量的理论知识和实践知识，实践能力大大加强，已经具备解决实际问题的能力，能够系统、完整地展开并完成一个产品项目的构思—设计—实现—运行过程。毕业设计提交的应是一个能够反映实际性能、可操作的原型或一种高级模型，也可以是与本专业有关、可行性高的创业计划。需要指出的是，因为大多数企业的产品研发或推广工作都是以团队方式组织和进行的，所以毕业设计是在团队合作的情况下自行完成的，避免了传统的"一人一题"的工作模式。

一体化课程体系中这些项目训练，可以把课堂上学到的知识应用到实际的项目设计中，从而获得实践经验和亲身体验，将理论知识与实践知识融为一体。比如，一年级的初级项目训练是通过问题来引导学生，让学生了解需要什么样的学科理论和创业知识才能解决问题；在二年级的课程里就可以安排学生学习这些学科理论以及相应的创业技能；在三年级或四年级的高级项目训练中则要求学生把理论知识转化为实践知识应用到实践中。

三　课程学习：围绕项目训练构建三位一体的课程学习模式

在大工程观的背景下，现代工程具有很强的综合性、实践性和创造性，并有着明确的特定经济目的或社会服务目标，它在具有知识属性的同时，也具有显著的产业经济属性。工程创业（或称技术创业）本质上是多学科综合体，是由一种或几种核心专业技术与经济、法律、环境、人文、经营管理等相关知识组合而成的集成性知识体系。因此，工程创业就是要将科学、技术、商业、实践等融为一体，工程创业教育就是将工程教育、创业教育、自然科学教育、人文社会科学教育等融合的教育。

一体化课程体系中的课程要改变传统以学科知识逻辑为主的设置，打破与工程创业过程割裂的局面，要优化课程结构，构建以项目为牵引的三位一体课程学习模式。

1. 课程结构的优化

现代科技发展是高度专门化和跨学科层次上的高度综合。面对有限的学时，如何尽可能多地让学生获得更多有用信息是关键问题，这就需要对课程体系进行优化设计。要对传统课程内容有所选择、有所取舍，明确区分必备知识和拓展知识。优化的方法是：第一，增加选修课所占比重，满足学生个性发展的要求。必修课保证人才的基本规格和全面发展的共性要求，选修课主要体现不同专业方向、不同层次人才的分流培养，实现个性化教育，学生可根据自己的兴趣自主建构知识。这里可借鉴英国沃里克大学工程学院模块化的课程体系设置方式。第二，压缩现有的传统工程专业课程，取而代之的是增加一些关于沟通、领导力和创业精神等发展"软技能"的课程。努力把社会和全球背景、领导才能以及其他更广泛的技能作为主题，渗透在整个课程内容中。

2. 构建以项目为牵引的三位一体课程学习模式

项目学习是一体化课程体系的主要特色，然而这些项目往往需要多门课程的支持才能完成，项目是关联课程的纽带，它要求用项目式的训练系统组织课程体系，实现课程体系的整体重构。在课程设置过程中，应强调与项目训练过程保持有距离的对应，体现专业知识的系统性和开放性，体现工程创业能力的综合性和创新性，体现职业意识的敏锐性和社会性。

一体化课程体系中的课程提倡以项目为关联的跨学科学习，建立并发展课程之间的关联，使跨学科的多门课程共同支持项目训练，并与培养目标中对创业型工程人才的知识、能力、职业意识等要求逐项具体挂钩。

其设计的总体思想是：首先，要建立多学科整合系统，强调学习内容的内在关联性。使学生通过系统的课程学习，形成跨学科、综合化的知识结构。按照"课程交叉渗透"理念，以核心课程为重点，进行课程重组与整合，包括课程横向整合与纵向整合，加强课程间的相互衔接与统筹协调。其次，实行通识教育，培养的创业型工程人才要具备专业技术知识、经营管理等创业知识、沟通协调能力、团队合作能力、对社会大系统的感知能力以及基于职业道德的价值判断力。最后，主张工程教育与创业教育并重，将二者交叉融合进行。科技成为经济社会发展的推动力已成为共识，但是只有将科技运用于社会，技术创新成果转化为产品和服务，才能体现科技对经济社会发展的贡献。创业是实现这一转化的有效路径，掌握创业管理知识和技能与掌握专业技术知识和技能同样重要。

美国欧林工学院提出了独特的"欧林三角"课程理念，值得本研究学习借鉴。"欧林三角"是一个由卓越的工程学知识、企业管理学知识和人文社会科学知识组成的三角模型。第一个元素是坚实的科学和工程基础知识，目的是教给学生有关工程和科学的基本原理。第二个元素是商业（企业）类有关课程，着力于促进学生对企业精神、工程商业环境的理解。第三个元素是艺术、人文社会科学，让学生把工程和现实世界联系起来学习。①"欧林三角"的特色在于运用基于项目的学习并吸收教育哲学，在坚实的技术教育基础上强调创业和人文教育。

结合"欧林三角"的课程哲学以及上述一体化课程体系中的设计思想提出，创业型工程人才的课程学习以项目为牵引，由通识教育、专业教育和创业教育三种类别的课程组合而成，形成三位一体的课程学习模式，如图 5 - 3 所示。三者围绕项目训练互相渗透、相辅相成，不仅能够很好地实现课程结构的优化，而且能够紧密联系工程创业的背景和内容，实现跨学科学习。

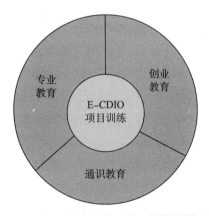

图 5 - 3　以项目为牵引的三位一体课程学习模式

下面分别介绍三种类别课程设置的具体情况。

（1）通识教育课程

通识教育的目的在于培养学生扎实的基本功，使学生在进入专业学习前打下比较宽广的学科基础，通过加强基础教育，夯实学生的基本理论和

---

① 李曼丽：《独辟蹊径的卓越工程师培养之道》，《大学教育科学》2010 年第 2 期。

基本技能，强化其数理基础，培养学生多学科交叉思考问题的能力，引导他们自主学习，培养学生创新创业意识。人文社会科学课程主要帮助学生在复杂的社会背景下面对工程问题时，能够充分意识到他们的社会责任和职业道德，从多个角度挖掘信息、考虑相关因素，最后选择合理的解决办法，以培养学生的批判性思维和综合创新能力。

一体化课程体系中的通识教育课程主要包括数理基础课、人文社会科学课，学生可以根据自己的兴趣选修。结合工程创业的职业特点，英语课程改变过去在一、二年级集中教学的方式，而是将其分解为文献检索与科技论文写作、英语交流、英语礼仪等内容，与专业课程的相关内容结合起来，形成四年连续的英文训练过程。同时，在人文社会科学课程中加入商学、法学的相关内容，以拓宽学生在管理和法律方面的知识面，有助于学生领导才能的培养。将"两课"的教学内容与创业教育相结合，突出科技创业的特色。例如，在思想道德与法律基础的授课内容中着重强调劳动法、税法、专利法、知识产权法等与企业成长和发展相关的法律；马克思原理课中加入辩证法与方法论的内容；毛邓概论课中为学生主要讲授逻辑学、领导学、组织行为学等知识；形势与政策课上增加国际金融方面的信息量；等等。通识教育课程会根据项目训练的等级、专业课程和创业课程的进度以及学生积累的经验等贯穿大学四年。

（2）创业教育课程

对创业型工程人才进行创业教育的主要任务不是要求每个学生毕业后都自主创业，而是让他们获得创业的基本原理与方法，培养学生的企业家精神，使学生具有创业意识和创业能力，能像企业家一样行为，具备将来从事职业所需的知识、技能和特质。

创业理论属于经验知识，来源于创业实践，是对创业实践活动的总结和提炼，实践学习对于学生的理论学习具有极为重要的促进作用。学生如果不通过实践学习创业知识，其知识结构和能力水平难以满足今后创业的要求。因此，创业型工程人才的培养必须与实践紧密结合，应将创业学习融入贯穿四年的项目训练中，让学生在"做中学"。当然，一系列创业课程则为以技术驱动的企业创建和发展提供教育先决条件，为创造经济价值的创业型工程人才提供创业的知识积累。结合项目训练的实际经验，创业课程能够让学生获得基本的商业意识或敏感性——了解企业如何运作并认识到客户的重要性。

一体化课程体系中的创业课程有两种形式，一是分层级的基本创业课程，二是与专业课程互嵌的工程创业课程。

① 分层级的基本创业课程。

分层级的基本创业课程是学生学习创业的"基本线"，是学生创新创业的启蒙课程，目的是培养学生创新创业意识，使其了解和掌握创新创业活动的基本规律和进行创新创业实践最基本的方法。

结合工程创业项目训练的内容，根据学生学习进度与学习经验，将创业教育课程分阶段开设为创业基础课、创业拓展课和创业实践课。三类课程作为必修课和选修课嵌入课程体系中，与工程专业教育有机结合，形成工程创业的课程特色。

一年级是创业知识认知阶段，主要开设创业基础入门课，让学生接受创业普及教育，让学生了解管理和创业的基础知识，具有创业意识、科学的创业观和一定的创业能力。

二年级是创业意识、创业能力的拓展和促进阶段，发掘学生的创业能力，通过课程学习和相关项目训练让学生了解创业中可能遇到的问题。

三、四年级是创业实践阶段，对学生进行创业实践训练，培养学生的首创和冒险精神，独立工作和团队协作能力以及技术、社交、管理能力，使学生毕业后能够在成长型企业进行岗位创业。

课程设置如下。

• 创业基础课：管理与创业基础、企业管理学概论（选）、经济学原理（选）等；

• 创业拓展课：创业计划发展、创业战略与商业机会（选）等；

• 创业实践课：风险投资企业概论（选）、企业经营及业绩分析方法（选）、国际营销基础（选）、创业融资（选）、交流与谈判（选）等。

② 与专业课程互嵌的工程创业课程。

工程创业课程是对学生如何进行某一领域或某一行业创新创业的针对性课程，目的是启发学生将创新创业与所学专业有机结合起来，在挖掘本专业应有的创新性教育内容的同时，融入有关创业教育的理念，培养和丰富学生在专业学习中的创新意识和创业知识。创业教育课程只有与工程专业课程相互融合，确切地说，是与工科课程合理互嵌，才能有效培养创业型工程人才。

以美国北卡罗来纳州立大学工程创业者计划（EEP）中为学生开设的

创业介绍与新产品开发、工程创业与新产品开发Ⅰ和Ⅱ课程学习为例，工程专业的学生修工程创业与新产品开发Ⅱ的前提是要修完如微电子学、电磁场等专业基础课和其他任意两门专业课程以及创业基础课程——创业介绍与新产品开发。这样学生在一定的专业技术知识基础上能够更深刻地理解科技创业与普通创业的区别。

本研究的工程创业课程设置可借鉴EEP的做法，如在高年级开设产品开发与创业课程，要求学生必须在修完规定的专业课程和创业必修课后才有资格学习。当然，工程创业课程必然要有多学科小组共同学习和工作的理念。以H大学光电学院为例，需要由光电学院、经济学院、管理学院共同教授产品开发与创业这门课。

（3）专业教育课程

工程类专业教育课程的设置，一方面要注重与通识教育课程的衔接、与创业教育课程的互嵌，另一方面要加大实践课程的力度，提高学生的实践能力，使工程专业教育成为创业型工程人才综合能力培养和提升的延续。

一年级主要为工程基础大类课程模块，以工程导论为主。二、三年级主要为专业核心课程模块。根据二级项目内容，设计相应的课程模块。二年级上专业基础课，三年级上专业核心课。四年级主要为专业特色课程模块，以项目为载体，以光电器件为专业方向设置课程。结合本专业核心课程的教学，让学生带着解决工程问题的追求进行课程学习。专业特色课程是专业方向分流、订单式培养，由专业指导老师和企业导师共同带队实施。

强化实践课程的教学力度。课程涉及理论课程和实践课程。工程专业实践课程包含了课程设计和专业实验内容，二者内容互有交叉，但价值取向不同。实验关注事物的本来面目，以分析性方法为主；而设计关注事物应当怎样，以综合性方法为主。

课程设计根据项目学习的进度和课程学习的内容，低年级多为三级项目，高年级则以二级项目为主。一年级是虚拟系统设计，二、三年级是光学课程设计、光器件课程设计，三年级下学期和四年级一学年主要进行综合项目设计，多与项目学习中的设计合二为一进行。

专业实验包括基本实验，综合性、设计性、创新性实验和科学与工程认知实验多个系列，实验课程可从基础到专业再到综合递进式设置。

工程类专业课程必须随着真实和不断变化的工业需求而发展，有必要把基于系统思想的多学科办法和具有很强产业联系的E-CDIO各个环节嵌入其中。产业界对工程毕业生技能要求的主要方面是实际应用能力、理论理解能力、创造和创新力。课程的技术内容不应超载，这一点非常重要，课程重点应放在理解能力和应用理论解决真实问题的能力上。

3. 培养目标与课程实现一体化

要通过一体化课程体系实现创业型工程人才的培养目标，使学生达到预期学习效果，就要通过顶层设计的方法，将二级培养目标中的知识、能力和职业意识融入课程体系，进一步细化为三级目标并入每门课程的教学目标中，明确每门课程对学生培养的具体目标和任务。经过转换可以得到一个映射矩阵，其中一个轴列出三级培养目标，另一个轴列出一体化课程体系中的每一门课程。按照此思路，借鉴美国学者戴尔蒙德提出的围绕能力进行课程体系设计的框架①，本研究设计出培养目标与课程的一体化规划表，如表 5 - 2 所示。

表 5 - 2　培养目标与课程的一体化规划

知识、能力、职业意识	课程 1	课程 2	课程 3	……
三级目标 1	A			
三级目标 2	A/B	C		
三级目标 3			B	
……				

注：表中 A 表示介绍或首次培养；B 表示使用；C 表示进一步拓展。

从表 5 - 2 可以看出课程与知识、能力、职业意识的对应关系。其中，对创业型工程人才某一项能力的培养需要通过多门课程和多个项目同时进行。比如，培养学生撰写报告的能力，需要学生在多个课程中反复锻炼，使用相似的书面报告的写作标准多次训练，才能使其具备此项能力。同样的，某一课程也会培养学生的设计创新能力、团队协作能力、交流表达能力等。

四　企业实习：项目训练的有力支撑

企业实习的目的在于发挥企业在工程实践条件中的先进性和真实性优势，与校内学习形成优势互补，企业与高校联合互动，共同培养创业型工

---

① R. M. Diamond, *Designing and Assessing Courses and Curricula: A Practical Guide Revised Edition 2nded.* San Francisco: Jossey-Bass Publishers, 1998, 53.

程人才。由于项目训练的大多数项目来自企业的真实项目,学生需要在企业进行实践,因此,企业实习与项目训练的关系尤为密切,是一体化课程体系中的重要部分。学生可以通过多种类型的企业实习,学习企业的先进技术、了解企业文化、熟悉企业的运作过程、促进企业家精神的养成。特别是创业型工程人才的职业意识和企业家精神的培养,企业发挥着高校无法替代的作用。在招聘毕业生时,产业界往往把培训期间的工业经验作为最重要的因素。笔者提倡学生到中小企业实习,这有两方面原因:一方面,大企业的产品或系统的生命周期比小企业长,而且大企业不太愿意接收本科生实习;另一方面,中小企业中产品或系统的生命周期是微型的,而且"麻雀虽小,五脏俱全",能够让学生较快地了解产业链各环节的工作,同时中小企业乐意接收本科生实习。

需要指出的是,企业实践一直被认为是最有效的训练工程能力的方法,以至许多学校认为只要给学生找到一个提供实习机会的企业就万事大吉了。但是,现代企业的生产过程绝大多数都是暗箱中进行的。如果不对企业实践进行教育学的改造,学生能学到的工程经验是极为有限的。因此,企业实习与实践必须体现教育性,一定要蕴含教育的设计性。

根据不同学习阶段学生特点,结合企业对人才的能力需求,将企业实习分为认知实习、生产实习、综合实习三个梯度,贯穿大学教育的全过程,前者是后者的基础,后者是前者的提高。三个梯度的实习为学生创造更多与企业接触的机会,以期更快促进能力提升,更早实现学生从学校到企业工作的无缝链接。具体如下。

认知实习。主要面向大一新生,可通过企业教师讲解、现场参观、观察体验等方式,培养学生对本专业的兴趣,让学生对专业涉及的行业领域有初步认识及了解,为学生的后续学习打下基础。可在专业基础课程开设的同时进行,以学期为时间单位。

生产实习。主要面向有一定专业知识储备和行业认知水平的大二、大三学生,旨在培养和锻炼学生的理论应用和实践能力。生产实习主要是让学生对一些重要内容进行专门的认识和学习,如产品的研发设计、生产工艺的改进、工程师的职业道德、企业家精神、企业文化等。生产实习的途径与方式较为多样,主要有以下三种形式:第一种是充分利用高校产学研合作平台,以项目式训练的形式展开,由专业导师带领并指导学生团队进行实际问题的操作;第二种是由学校推荐到固定合作单位或企业,进行具有时间连贯性和项目完整参与性的实习；第三种是自由匹配，学生根据自身知识和能力水平，针对中小企业技术困难问题进行项目实习。

综合实习。主要面向有知识储备、动手能力强、积累了项目训练的丰富经验且有一定解决实际问题的能力的大三、大四学生。综合实习打破传统仅为 2~3 个月的实习期限，延长实习时间，将综合实习的时间提前从大三下学期开始至学生毕业，让学生能够更深入地在企业学习实践，顺利完成学习者到实践者的过渡。综合实习有轮岗实习和顶岗实习两个阶段。轮岗学习是学生在企业生产部门和管理部门中的各主要岗位依次进行体验式学习，使学生熟悉企业内部的组织结构，了解企业各部门的职能和运行机制。顶岗学习是在轮岗学习的基础上，选择个别岗位进行专门深入的学习，这些岗位可以是生产加工、装备维护、生产组织、产品设计、技术开发、营销等。①

第三节　主体化教学方式的设计

为了有效实施一体化课程体系，使学生达到预期的学习效果，需要采取合适的教学活动落实创业型工程人才的培养方案。

建构主义作为一种认识论和学习理论，充分强调了学习的主动建构性、情境性以及互动性。本研究以基于项目学习的全面工程创业训练为创业型人才培养的模式，强调情境创设、团队学习以及在此基础上的"做中学"等教学方式，以此来让学生主动建构实践知识，获得一体化的学习经验，为毕业后去工业企业就业奠定坚实基础。

一　创设真实学习环境，支撑知识意义的建构

建构主义认为，学习是一种真实情境中的实践参与。学习是情境化的，是处理真实世界的问题和不良结构的。学习是意义的生产，意义存在于情境中，学习是在社会、文化和情境背景中共同建构知识的过程。教学是创设学习环境。学习者与周围环境的交互作用对于学习内容的理解起着关键性作用。

---

① 林健：《"卓越工程师教育培养计划"专业培养方案再研究》，《高等工程教育研究》2011年第 4 期。

所谓情境，学者莱夫认为："情境"意味着，在特殊性和普遍性的许多层面上，一个特定的社会实践活动与活动系统中社会过程的其他方面具有多重的交互联系。[①] 情境教学是将教学内容镶嵌在特定的情境中，以知识在真实或模拟的社会实践中的运用为主要内容和形式。杜威的"做中学"讨论的是如何让学生通过参与有真实意义的活动获得有价值的经验，其着眼点应为创建实际活动场景。

基于此，学校在培养创业型工程人才时，应首先明确他们需要学什么，然后教师在真实世界中找到相应的真实任务情境，挑选合适的任务情境引入教学活动，为学生创设真实的学习情境，让学生在企业、社会的背景下熟悉构思、设计、实施和运行的大系统，面对真实世界的各种复杂问题共同建构知识。将创业型工程人才的培养置于 E - CDIO 背景环境中，有利于激发学生的学习兴趣，使学生主动探索、独立思考和解决问题；让学生像专家一样亲历企业开展实际工作，并学会运用知识和技能满足客户需求和社会需求；能够更好地让学生理解理论知识，发展多方面技能。

情境教学是一个开放的系统，致力于拓展学生的学习和发展空间，从学校内部向工业企业和社会延伸。全方位的产学结合是工程创业教育的外部环境，在此大背景下进行的基于项目学习的全面工程创业训练是工程创业教育的内部运作过程。因此，创业型工程人才培养的学习环境以 E - CDIO 为背景环境，从学校内部和外部两方面进行创设。

1. 内部情境：实习场

从内部环境来讲，实习场是学生参与实践、建构知识意义的重要情境。实习场的一大特征是使学习活动寓居于真实的情境中，让学生能够处理工作中的任务并解决真实问题，建构知识的个人意义以达到对知识的理解。

首先，现实问题情境的创设是实习场创设的关键。现实问题往往是复杂、结构不良的问题，产生于特定的情境中，具有多种解决办法和诸多不确定条件，不仅不易操作还包括某些不确定因素。与结构良好的问题相比，结构不良问题的解决难度很大。学生解决这些问题时，需要对问题做出判断并说明理由，同时明确表达个人对问题的观点和想法。解决问题的

---

① 〔美〕戴维·H. 乔纳森：《学习环境的理论基础》，华东师范大学出版社，2002，第 55 页。

过程实际上是一个人与环境、人与人互动的过程。解决这些复杂的真实问题是学生获取实践知识和培养能力的最佳途径。

对创业型工程人才进行的项目训练，都是选用与工程创业实践密切联系的真实问题，即处于一定情境中的问题。利用结构不良的真实问题，鼓励并引导学生通过解决实际问题与周围环境积极互动，让学生尽量多地接触工程创业过程中可能会发生的问题，积累处理相似问题的经验。例如，撰写商业计划书不是一项简单的工作，需要前期大量的工作做铺垫，需要充分的市场调研，包括风险分析、资源分析以及可行性分析等。学生如果不多跑市场，不深入企业调研、了解行业状况，或许仍不清楚实际的问题究竟是什么。此时，如果教师只是为了保证企业经营与管理知识的系统性和完整性，就设计一个远离实际且没有针对性的问题，那么学生即使下很大功夫学习也不能写出符合市场需求和行业需求的商业计划书。

其次，实践场所的设计是实习场创设的保障。实践场所的设计试图通过创设基于工作的真实职业情境或仿真环境来提高学生学习活动的真实性和有效性，让学生体验工程创业的整个运作过程，保证知识向真实情境的迁移。

想让学生理解 E – CDIO 是创业型工程人才培养的背景环境，就需要创造一个空间，重新整合现有的实验室，建造现代的实践场地，围绕并支持基于创业的构思—设计—实施—运行活动，使学生在此背景环境中进行基于项目学习的全面工程创业训练。其设施条件应该是灵活多变和多功能的，以便于提供基于信息化和基于硬件的项目训练。由此，构思的场地设计应该能够鼓励人们相互交流，理解用户需求，并能刺激人们发展概念，这些大多是非技术区域。设计和实施的设施应该让学生采用数字化手段进行合作设计，具有现代制造手段并能将软硬件结合起来。运行场地，这一环节需要学生走出去面向市场营销、销售产品。企业是最好的运行学习的环境，鼓励学生花大量时间在企业实习。

2. 外部情境：企业

从外部环境来讲，产学合作能够有效培养学生的创业能力，企业是学生知识建构非常重要的资源和知识运用不可替代的现实情境。教育教学空间从校内拓展到校外，推倒了学校与社会之间的围墙，丰富了学生认知建构的源泉。学生通过参加技术开发、技术推广、技术转化等产业实践的真实经历，在其中感悟、观察、体验，以相互联系的多元角度建构自己的实践知识。

　　作为创业型大学的典范，沃里克大学与工商企业界的"亲密接触"一直为人津津乐道。沃里克大学的师生与企业界进行着从教学到科研的全方位合作，注重知识向企业生产力的转化，创业人才的培养就是在整个校园良好的创业氛围中进行的。可见，全面的产学合作是培养创业型工程人才的有效途径，工业企业界为人才培养创造了真实而广泛的学习环境。

　　学校工程创业项目训练的过程与 E – CDIO 模型的每个环节直接相关。运行阶段是产品商业化的重要阶段，需要学生面向市场推销产品，把产品变成商品。在理想状况下，学生应接触营销、运营、财务和管理等各个方面。但经验表明，这些实际操作在学校内部很难做到面面俱到，所以企业是实践运行阶段各项工作的最佳场所。

　　E – CDIO 一体化课程体系的设计需要企业的全程参与，从项目学习、课程设置到企业实习都要利用企业全程参与的方式为学生提供真实的职业情境，让学生有一种灵活运用所学知识的境域性体验和一种感受知识主观性、情境性、生成性的体验。以企业实习为例，学生以见习工程师的身份定点到企业实习，直接介入企业的生产和经营活动，这实际上是企业工作和学习整合式的岗位学习，学生的学习过程在时间和空间上与实际工作过程实现一体化。在这种真实产业环境中，学生能够熟悉企业与商业环境，了解企业的战略与目标以及企业的利益相关者。可将所学知识与接触的实际现象进行比对和验证，把抽象的理论知识转化为实际工作的动作技能、智慧技能、认知策略和经验等实践知识，拓宽了视野，提升了能力。

二　组建学习团队，促进知识的社会协商

　　建构主义认为，学习是知识的社会协商，知识意义的建构是社会协商的结果，相应地教学是组建学习共同体。实践不仅发生在真实情境中，而且发生在实践者构成的共同体中，这样的实践活动才有价值，获得的实践知识才有生命力。本书第二章已阐明，团队学习是实践知识的获取途径之一。创业型工程人才的成长和发展，依赖于他们对理论知识和实践知识的掌握和运用，其中实践知识尤为重要。本研究主张以团队学习为培养创业型工程人才的一种学习型教学组织形式，并以此取代班级授课制这种传统的教学组织形式。

　　基于项目学习的全面工程创业训练需要学生通过团队学习完成相应的

学习任务。学生在团队中设定共同的奋斗目标和与之对应的个人学习计划，与其他成员进行对话沟通或行为互动，将自己的知识、技能、性格特征和行为特征与团队成员相互补充整合，从而更有效地获得创业型工程人才所需的实践知识。

1. 团队学习的组织形式

学生在四年不同阶段的学习中接受不同级别的项目训练，不同的项目有不同的团队，学生每参与一个项目都会进入一个新的团队。

团队成员由指导老师和学生组成。借鉴第四章英国沃里克大学工程学院创业型工程人才的培养方法以及美国北卡罗来纳州立大学工程创业者计划（EEP）的成功案例，每一个工程创业项目团队配备两位导师：一位学业导师、一位企业导师。学业导师由光电学科的专业教师担任，负责项目的技术性指导；企业导师一般由创业经验丰富的企业人员担任，负责项目非技术领域的综合指导，同时还与学生分享他们多年的工作经验和人生感悟，使学生对开创企业、经营管理企业等形成感性的认识。两位导师都会经常与团队成员一起讨论问题的解决方案，并在项目进行到关键节点时给予方向性指导。学生四年的工程创业学习和实践都在导师的指导下完成。

作为团队的主体——学生，其组成方式需从两方面设计。一方面，根据项目的大小不同，团队规模大小不等。一级项目所需团队成员最多，为15人左右，根据不同任务分为若干个大组，大组里面又有小组；二级项目一般为5~10人；三级项目为3~5人。另一方面，不同级别的项目团队，学生组成不同。一级项目团队由大一至大四不同年级的学生组成。高年级学生在团队中一般担任领导者的角色，是团队的技术骨干和核心力量，他们的主要任务是明确团队目标并分配给各成员详细的工作任务；低年级学生在团队中的工作则以参与辅助为主，一方面通过参与实践对工程创业有一个基本的了解和认识，另一方面在技术上运用所学知识完成项目任务。三级项目团队通常由本年级本专业的学生组成，以完成单门课程要求的项目任务。二级项目团队的学生组成介于一级和三级之间，多数由同年级学生组成，也有个别高年级学生作为技术指导参与，但不是主要成员。学生从低年级的初级项目训练进入高年级的高级项目训练，随着项目实践次数的增多和经验的积累，逐渐从一位初学者变成一位专家，从团队的边缘进入中心，投入更多的精力和时间，承担更高级的任务。

团队学习组织形式的设计需保证以下两点：一是队内异质，队间同质。队内异质保证了团队内各成员之间存在各方面的差异和互补，为学生之间的互助合作、优势互补奠定基础，有利于大家从不同的角度建构自己的知识体系；队间同质保证了学生能够在特色不同但水平相当的团队中实践学习，可以保证较高的学习质量。二是任务分割，结果整合。在团队学习中，每个学生首先要对自己的学习负责，团队学习效果的优劣与个人是否尽职尽责密切相关。一个团队就是一个利益共同体，有着共同的目标和愿景。每个人在团队中扮演不同的角色，承担项目任务中的特定部分，倘若不能很好地完成自己负责的任务，会影响到整个项目的进度和效果。

2. 团队学习的运行方式

项目团队的运行分为以下三个阶段。

（1）阶段一：组建团队，选定项目主题

首先，学生根据自己的兴趣选定项目。教师为学生提供选题范围，以指导者的身份为学生提供建议，以确保学生能够胜任所选择的项目或者保证其选题具有实践价值。项目选定后，教师将有相同选择的学生组成一个学习团队，同时为了保证每个团队的人数均衡，也会对学生进行微调。项目团队确定后，各队学生要确定与主题一致的产品名称和标志，可作为本队的标识。其次，配备指导教师。最后，确定项目目标和学习目标。指导教师要保证每周与团队学生进行一次碰面，或讨论遇到的问题，或了解项目进度。由于项目大多是企业委托的真实项目，除了学业导师的指导外，要非常重视企业导师的指导意见，他更能让学生从企业的实际情况出发设计产品。

（2）阶段二：分解项目任务，成员角色分工

分解项目任务，对项目学习所涉及的活动进行规划，明确团队成员分工。比如，全班有 60 个人，学生根据兴趣已经选定 6 个项目，那么教师可以分配每个项目有 10 名左右的学生参与实践学习，当然每一组的人数不一定要完全相同。

工程创业项目不同于普通工程项目之处在于，在保证技术开发工作顺利进行的同时，产品的管理、运营等商业化运作同样重要。因此，项目团队不仅要具备工程技术能力，还要具备经营管理能力。考虑到企业真实项目可能涉及的方方面面，企业沙盘模拟教学中经营公司的六个角色分别为：负责企业战略决策的总裁（CEO）、负责企业资金运作的财务总监（CFO）、负责市场与销售的销售与市场总监（COO）、负责采购与生产的生产总监（CPO）、负

责产品技术开发的研发总监（CTO）、负责企业信息化的信息总监（CIO）。工程创业项目的团队成员根据项目目标以及个人的技术专长和爱好，具体分工如表 5 - 3 所示。

表 5 - 3　工程创业项目团队成员分工

团队项目名称	负责人	市场	研发（技术）	生产或实验	财务	合计
××××	1 人	3 人	2 人	2 人	2 人	10 人
……	……	……	……	……	……	……

各成员的职责如下。

负责人——主要任务是：第一，对项目进行技术和商业的战略分析。第二，对团队成员明确分工并在其中进行协调和管理，控制项目进度。第三，拟订项目计划，对项目进程和时间计划做具体安排。

市场——主要任务有二：一是对产品进行前期的市场调查和需求分析，识别和把握市场机遇。二是负责市场开拓，做好产品的营销策划，促使产品走向市场并产生经济效益。

研发（技术）——负责研发的学生要根据需求定位，进行产品的模型开发，其工作集中在创建设计，包括计划、图纸和描述产品、过程和系统实施的方法和算法。

生产或实验——负责生产或实验的学生的任务是完成设计到产品模型的转变，包括硬件制造、软件编程、测试和验证等。

财务——负责基于生产和经营活动的成本计算，关注项目实施的筹资融资问题。这部分对于本科生而言，单凭一两个项目是无法完成的，在团队中安排"财务"人员的主要目的是让学生在项目训练中积累初步的筹资、融资等财务管理经验。

当然，不同的项目有不同的需求和特点，需要完成的任务也不同，角色分工不一定完全如表 5 - 3 所示，可根据项目需求灵活增减部门。随着项目实施的不断深入，涉及的内容就越多越细，可能还会有信息管理等，这就要求团队负责人及时协调成员承担这些工作。

在不同的项目中，学生的角色可以轮流互换，让学生收获不一样的体验，既可保证学生在每个项目中对所负责的部分有专业、深入的理解和掌握，又能使他们对项目实施有一个全面的了解。经过多个项目的训练，学生可以更加明确自己的兴趣点，确定主攻方向，为毕业设计以及今后就业明确方向、奠定基础。实际上，学生在企业角色中自我认识的过程，就是知识意义自我建构的过程。

团队的小组讨论会必不可少，指导教师与学生之间、学生与学生之间的交流和讨论都非常重要。学生在团队中即使有明确分工，也要对项目其他部分的工作有一个全面的了解，便于和团队其他成员的密切配合。学生必须及时分享搜集到的信息，共同提出问题、分析问题，在多方边界条件下提出最优解决方案，共享每个人的思维成果和分工实践成果，共同将项目构想变成一个可以展示的成果。

（3）阶段三：项目汇报，阶段性总结

与美国北卡罗来纳州立大学的工程创业者计划（EEP）相似，从项目的确定、实施到结束，每个团队先后要在全班做三次汇报，一是便于团队之间的交流和学习，二是满足项目学习过程性评价与结果性评价的考核要求。第一次汇报是在确定选题、明确分工、拟订项目计划后，主要向大家介绍团队的目标、战略计划以及方案的可行性。第二次汇报是中期进展报告，是在第一次报告内容基础上汇报目标实现的状况、实施过程中发生的一些重大决策变化以及下一步的实施计划。第三次汇报有两项任务，一是项目成果展示，团队可通过产品模型、项目报告、学习笔记等多种形式向大家呈现项目训练的最终成果；二是总结反思，主要是产品的改进以及团队自身学习过程的反思，与大家共同分享经验与教训。三次汇报都要有指导教师和其他学生甚至企业界代表担任评委，对团队的表现给予反馈并提出进一步改进的建议。

三　强调主体实践参与，实现知识意义的建构

建构主义理论基础上的"做中学"，主张学生从经验中学习，通过解决问题来学习。学生首先要面临某种真实职业情境，通过反思和团队合作分析、思考问题，提出问题解决的方案。"学习的实质是个体参与实践，与他人、环境等相互作用的过程，是形成参与实践活动的能力、提高社会化水平的过程。"[1] 所以说，学习的过程就是学习主体实践参与的过程，知识意义的建构必须通过学习主体参与实践活动来完成。学生在实践活动中为完成一项任务或解决某个问题，需要主动的观察、模仿、思考、感悟，

---

[1] 姚梅林：《从认知到情境：学习范式的变革》，《教育研究》2003 年第 2 期。

并反复操作，才能将知识内化并形成能力，积累经验。

"做中学"的"做"，往往被片面地理解为动手操作，而忽视了动脑也是实实在在的"做"。学生的能力发展和知识建构离不开"做中学"，实践知识是要通过实践和反思才能获得的，实践训练和思维训练同等重要。对于创业型工程人才来说，其思维是一种系统思维，是在众多边界条件限制下寻找最佳折中点的思考过程。他们的实践是一种不局限于动手操作的综合实践，包括设计创新、团队合作、沟通交流、组织管理、市场开拓等一系列工作。

1. "做中学"：项目学习过程与 E–CDIO 模型的软对应

"做中学"可以从三个方面来理解：一是做什么，即"做"的内容；二是怎么做，即"做"的过程和方式；三是学什么，即通过"做"要达到怎样的学习效果。

E–CDIO 一体化课程体系中的项目训练、课程学习、企业实习都需要学生通过"做中学"的主体参与达到预期学习效果，其中项目学习是最有效的"做中学"，也是"做中学"最典型的体现。项目学习的"做中学"，突出关注学生的主观知识和实践活动中蕴含的情境知识的交互作用，由此来发展学生的实践知识和实践智慧。"做"和"学"是具有一致性的，都是以知识的意义建构为直接目的。工程创业项目学习是一个外显；具体的活动过程；一般能够生成外显的活动结果，比如产品模型、项目报告、蓝图等；在学习结果上更多的是能够解决实际问题的知识技能，更重视面向市场需求的实际应用。这里主要通过介绍工程创业项目学习的过程和方式来展示"做中学"。

在项目学习中，需要对学生进行产品开发以及商业化运作的系统训练，才能使他们真正走出技术创业的第一步。这里以高年级学生参与的高级项目训练为例，当学生面对一个综合的工程创业项目时，应将项目学习过程与 E–CDIO 模型软对应，通过"做中学"的实践参与完成产业链中各个环节的工作，实现知识的意义建构。

课题组成员与在企业实习的学生进行了深度访谈，了解他们在项目学习过程中所做的事情，并结合 E–CDIO 生命周期模型的内容，将工程创业项目学习中学生要做的工作以及要达到的学习效果结合，分步骤简单阐述。一般来说，高级项目训练学生需要经历如图 5–4 所示的六个步骤。

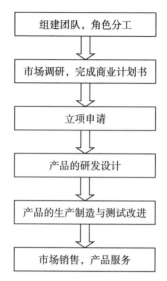

图 5 – 4　高级项目训练"做中学"的步骤

第一步：组建团队，角色分工。

高级项目训练的项目团队规模较大，通常需要 15 人左右共同完成项目任务。项目团队要根据项目实际需求来组成。指导老师需带领学生准确把握项目需求，根据项目发展需求配置团队成员。因此，这 15 人的团队又可根据项目实际需要分为若干小组，如市场组、策划组、技术组、财务组等。每个人结合自己大学三年来积累的项目实践经验和个人专长与兴趣，可选择不同的小组。当然，在保证技术开发工作顺利进行的前提下，若有负责技术的学生具备相应的管理才能或者市场分析、运营能力，也将考虑分配相应的管理或市场任务。学生可根据自己在团队中的角色分工，针对性地选修一些课程，即学即用。成员分工完成后，团队负责人需要根据项目要求拟订项目计划书，明确项目目标、任务和进程。团队学习能够培养学生的组织领导能力和团队合作能力，促进知识的社会协商。

第二步：市场调研，完成商业计划书。

在产品开发和生产制造之前，首先要进行市场调研，这是项目训练的关键环节，也是创业型工程人才将技术转化为产业/产业链的重要技能。技术只有定位于市场需求、满足于市场需求，同时开发出可制造的低成本、优工艺的新产品，才能最大限度地服务于产业链；只有整个产业链产生效益了，技术的有效性才能体现出来。为此，市场调研至关重要。

市场调研主要包括两个方面：一是市场方面，二是竞争方面。市场方面主要是对市场容量、发展趋势、市场需求进行调研。常用的方法是 PEST（Political，Economic，Sociology，Technological）。信息获取的手段包括：购买别人的报告（Global Data 等）、客户访谈、大型展会、客户行业会议、调查问卷、一线销售反馈等。竞争方面常用的分析方法是 SWOT（Strength，Weakness，Opportunity，Threat）。信息获取手段有：竞争对手产品方面的调研，如对手宣传资料、手册、购买竞争对手产品、竞争对手访谈等；竞争对手销售方面的调研，如海关数据、其他侧面信息等。这些工作都需要学生深入企业，在企业的真实环境下由企业导师指导完成。

项目团队在专业导师和企业导师的指导下，经过详细的市场调研后完成商业计划书的撰写。这个文档的主要目的就是要说明产品如何定义、如何保证产品的成功、如何赢利。如公司的商业机会、所需要的资源、风险和预期回报、行业趋势分析等。市场调研和风险分析等工作，可以培养学生对市场的敏感性，训练学生搜集和整理信息的能力、机会识别能力，让学生了解市场预测的基本方法。同时，商业计划的撰写还可以训练学生书面表达能力。

第三步：立项申请。

这个阶段的主要工作是完成立项申请书，其主要目的是从宏观上论述项目设立的必要性和可能性，把项目投资的设想变为概略的投资建议，主要是说明如何保证产品能够被顺利地研发和生产出来。

首先，做数据分析，包括可行性分析、风险分析及应对措施、资源分析，对发展空间、利润空间以及需要投入多少资金等进行详细分析。这些工作需要学生学习丰富的经济和管理学知识。其次，申请知识产权保护。这需要学生法律方面的知识做支撑。最后，做全方位的战略设计。如根据目前公司的规模和未来的发展目标来决定，此产品能够使公司第几年产生经济收益，技术要继续推进多远、要达到怎样的高度，公司人力物力应如何优化配置等。这部分内容需由企业导师指导，并结合学生在企业的综合实习经历，与企业的相关人员共同完成。

立项申请书的撰写，需要学生认识系统的社会、企业和技术的背景环境，能够从政治、经济、法律、生态、心理、伦理等方面综合考虑问题，找出并区分与系统整体相关的全部因素，并确定主次与重点，对项目进行全局把握。这些任务能够使学生学到多学科知识并培养多方面的能力。一系列数据分析则需要学生整合多学科知识来准确把握重点、提出问题，并做出专业性判断。战略设计则是对学生综合思维能力的最佳锻炼，也是培养学生"市场优先、资源拼凑、决策判断"等创业行为特质的有效途径。

第四步：产品的研发设计。

技术开发之前，要先进行需求分析。要了解客户需要的是什么东西、其功能是什么、技术难度如何、产品的需求量是多少、资金需要多少等。然后根据需求定位，进行模型开发、元件设计与制造、系统测试和验证等，制造出可供使用的产品。此时的产品是小范围并未完全推广的原型产品。

这部分工作能够有效培养学生的设计创新能力。它是创业型工程人才的核心能力，是技术创业的坚实基础。学生通过系统的工程思维和创新思维训练以及创意设计、技术设计建构个体实践知识。

第五步：产品的生产制造与测试改进。

建立一两个客户满足的模型往往比较简单，但如果要进行大批量的生产，而且是低成本、高效率的生产，就需要在产品开发阶段，尽可能发挥技术核心作用。首先，根据行业需求以及产品使用的反馈信息，对最初的原型产品进行技术改进，如系统调试、测试、整合等。小范围企业试用原型产品，一边使用、检测，一边改进以不断满足企业需求，这是一个循环的过程。其次，结合资金成本等多方面因素，确定投放策略，进行批量生产，使产品变成可供选购的商品或服务，以实现其商业价值。

这部分工作能够培养学生不断追求技术创新的精神，不断发现新技术、引入新工艺、创造新的生产方式等，以此来推动企业技术的不断升级和生产方式的不断进步，这是创业型工程人才的一项重要职责。

第六步：市场销售，产品服务。

将产品推向市场后，要积极培养顾客的产品意识和购买意识，提升销量，并做好产品的售后服务工作，努力与顾客建立长期亲密关系。同时，要为组建公司积极筹集资源，如说服管理者或风险投资资助新企业等，待时机成熟，组建科技产业公司。当然，组建公司不是培养创业型工程人才的最终目的，也不是主张学生毕业后就立即自己创业开办公司，只是希望通过整个学习过程让学生了解创业的整个过程。

这些工作能够锻炼学生的口头表达能力、沟通交流能力以及通过人际交往打开工作局面的市场开拓能力，还可以培养学生不断开拓和创新市场的精神。通常这部分工作对于项目学习来说，很难在校内完成，需要学生深入企业，在企业导师的指导和企业人员的配合下投入较长时间才能完成，比如通过实习等方式开展项目学习。

需要指出的是，在产品的技术开发以及商业化运作过程中，上述任务需要进行大量的迭代，并非严格按照上述步骤进行，但无论如何，学生在工程创业项目学习中都会经历这些过程，通过在真实情境中的实践参与实现知识意义的建构。

2. 学生是知识的主动建构者，确立学生的主体地位

建构主义认为，学习是个体主动建构的过程，强调以学生为中心。学生不再是知识的被动接受者，而是主动建构者，是自我发展的主体。学生面对新的事物时，会主动以个体先前经验为基础自我建构知识。学生在不同的情境中灵活运用所学知识，结合已有经验通过反思形成对客观事物的认识和解决实际问题的方法。学生学习的自主性逐渐增强，独立性逐渐提高。学生通过团队的互相合作建立自己的知识结构和学习环境，运用灵活的学习方法来适应多任务环境与转变中的复杂环境。学生开始对自己的学习经历和学习结果负责，他们将不再是死读书，而是主动实践，主动寻找机遇体验工程创业的实践刺激和挑战的机会。

与此相对应，教师的角色也发生转变，成为学生学习团队内"平等中的首席"，是学习活动的引导者和促进者、学习资源的提供者。教师的目的已超越简单的"教"，而是着眼于学生的"学"，为学生创造更好的学习环境和学习条件；其任务由"传授知识"变为"指导实践"，指导的内容由"具体"变为"概略"。尤其在项目学习中，教师的任务是与学生合作，帮助他们学习，给他们提供指导和咨询解答，激励和辅导学生自主学习。当然，在培养创业型工程人才的时候，教师能够自如应对学生提出的各种问题的前提条件是教师自身不仅要有丰富的知识储备，还要有工程创业实践经验和能力。教师要结合市场需求和自己的实践经验巧妙地将创业型工程人才所需的知识、能力和职业意识融入一体化课程体系的设计中。在辅导学生学习的过程中，能够为学生提供真实、前沿的案例，灵活多样地引导学生探索解决问题的方案，提高学生的学习效率，增强学习效果。

第四节　多元化评价体系的设计

本章第二、三节已讨论了创业型工程人才培养计划和实施方式，作为人才培养过程的最后一个环节，评价是学生学习过程不可分割的一部分，镶嵌在真实的学习任务中，也自然而然嵌入教学活动的过程中，学习过程和学习结果都非常重要。对于学习的评价，不应以学生记住知识的多寡来衡量，而应以学习中主动参与的程度、团队学习的能力与贡献、意义建构的水平等因素来综合衡量。[①] 本节主要讨论如何衡量学生是否取得预期的学习效果，是否获得以实践知识为主的一体化学习经验，或者说如何衡量基于项目学习的工程创业训练是否有效。由于其是以项目训练为主要学习内容，本节主要就如何评价项目学习效果展开讨论。

一　指导思想：评价过程是人才培养的过程

评价包括过程性评价和总结性评价，过程性评价是在学习进行过程中的阶段评价，总结性评价则是在学习结束时对学生表现做出的综合评价。与教学过程同步进行的过程性评价，在提高学生学习水平和帮助教师根据从各种渠道获得的反馈消息来改进教学方面有很大的意义。从这种评价中搜集到的信息，也可作为更正式、对重大决策产生影响的总结性评价的基础。

传统的评价方法重结果性评价而忽视过程性评价。通常结果性评价采用的评价方式是以量化为基础的定量评价，这比过程性评价的手段要简单、易操作。这种只注重结果性评价的评价方式忽视了知识的获取过程，导致学生不重视提出问题、分析问题、解决问题的能力，缺少创新激情，不利于学生创新创业能力的提高。

建构主义的评价重点在于知识获取的过程，强调建构知识过程的评价比结果的评价更重要。"立足过程、促进发展"成为这种评价思想的集中代表。[②] 过程性评价是一种动态、发展的评价，能够对学生学习中的各种表现和进步进行全面评价，有效发挥评价的改进和促进功能。以项目学习

[①] 高文、徐斌艳、吴刚主编《建构主义教育研究》，教育科学出版社，2008，第26页。
[②] 何云峰、李长萍、赵志红：《基于发展性评价理念的"五维一体"学生评价创新》，《中国大学教学》2011年第2期。

为例，评价非常重视学生的学习过程以及在过程中表现出来的学习态度和运用的学习方法，强调学生在主体参与项目实践活动中获得的体验和感悟，重视学生在解决实际问题过程中的知能综合、思维运用和见解创新。某种程度上来说，相比于"做得好不好"，项目学习评价更加关注学生"是否参与做了"。基于项目学习的工程创业训练强调学生的主动学习，注重培养学生的创新创业精神、实践能力，重视学生获得工程创业的职业体验，在此基础上的项目实施和课程开发都具有很大的开放性和灵活性。因此，对学生学习的评价就有了与传统评价不同的特点，它非常强调评价的过程性。在评价内容方面，应注重学生的知识、能力、职业意识等全方位的评价，通过挖掘学生的创新意识与创业精神，促进人才的培养。可以说，对学生学习的评价过程实际上就是人才培养的过程。

二　明确评价内容和评价标准

首先要明确项目学习评价的内容，为后面的评价过程奠定基础，同时也可以让学生清楚他们到底应该学什么。这样可以为学生设立一个明确有效的目标和考评参考点，学生可以目标明确地完成项目任务并形成最佳表现的全景图。通常在具体培养过程中，需要对人才培养目标的二级目标进行分解和细化，分解成一组学习目标的明确表述，即三级培养目标。

传统评价强调的是学科知识、思辨能力、记忆力等学术性学习结果，而本研究在创业型工程人才培养过程中，主要评价学生通过基于项目学习的全面工程创业训练是否达到预期学习效果，即培养目标，学生的实践知识和理论知识的获取程度如何。换句话说，学生获取的实践知识和理论知识是评价的主要内容，但重点是学生学习过程中实践知识的获得情况。根据第三章所述创业型工程人才实践知识的构成，结合规范人才培养标准的二级培养目标，可得出评价的主要内容如表 5-4 所示。

表 5-4　项目评价的内容

理论知识	知识	数理基础知识	
		专业基础知识	
		专业技术知识	
		相关领域知识	方法论与逻辑知识、市场知识、法律知识、企业管理知识、环保节能知识、经济知识、工程伦理知识

实践知识	能力	自主学习能力	能搜集和整理信息，能理解原理、把握重点、提出问题，掌握基于系统思维的学习策略并形成个性化的自我认知
		设计创新能力	较强的创新意识和一定的设计创新能力
		组织管理能力	组织领导能力、团队合作能力
		语言交流能力	口头表达能力、书面撰写能力
		市场开拓能力	市场预测、资金筹措、通过人际交往打开工作局面
	职业意识	国际视野	
		职业责任感	
		合作意识	
		意志力	
		人文情怀	

这些评价内容由知识、能力、职业意识组成，必须对其进行有效测量才能获知学生对实践知识的实际掌握程度。因此，有必要制定一系列评价表来衡量学生的学习效果。

评价表相当于打分的评价指南，不仅能够区分学生不同程度的表现，而且能帮助学生努力达到甚至超过评价标准。评价表的制定应该是教师和学生共同讨论完成的。评价表可以设计成评价某项具体知识或能力的独立评价表，也可以是知识、能力、职业意识的综合评价表。例如，表5-5是专门测量学生团队协作能力的独立评价表。

表 5-5　同伴协作和团队合作

指标	权重	不满意	合格	非常好
领导力和主动性	25%	团队成员被动消极，很少产生新想法，只做到别人告诉他们的工作，在需要的时候也不寻求帮助	团队成员积极主动，共同激发新的想法，使工作分工有条理，推动任务完成，在需要的时候寻求帮助	除了"合格"栏内容之外，还有以下标准：在任务组织、分工、进度检查、确定项目方向和核心方面，团队成员显示出领导才干
促进和支持	25%	团队成员不能或不愿帮助他人。成员之间存在非建设性指责，针对项目或其他成员，与其他成员的关系不合	如果团队其他人提出要求，团队成员愿意提供帮助。成员之间能够积极倾听对方想法。团队成员能够促进形成积极的工作氛围	除了"合格"栏内容之外，还有以下标准：团队成员能够积极地与其他人一同核对工作进展，询问是否需要帮助

指标	权重	不满意	合格	非常好
贡献与敬业精神	50%	团队成员常常拖延工作，不能按时完成项目中负责的任务。团队成员缺席严重影响项目进度。工作也许很努力，但没有抓住重点	团队成员能做好每天工作的准备，按时完成项目中负责的任务。在项目工作的大部分时间都很努力。如果有人缺席，其他成员知道原因，项目进度不会因此受影响	除了"合格"栏内容之外，还有以下标准：如果有人没有做完工作，其他队员会去补台。团队愿意为了完成项目，多花课外时间

资料来源：〔美〕巴克教育研究所：《项目学习教师指南——21世纪的中学教学法》，任伟译，教育科学出版社，2008，第87页。

评价表主要由三个部分组成：要素、等级、评价标准。[①] 要素描述了项目学习的不同方面，构成评价表的框架结构。如表5-5所示，"领导力和主动性"、"促进和支持"以及"贡献与敬业精神"三个评价指标就是要素。等级是对学生表现的分级，可以看到，表5-5将学生表现的等级分为"不满意"、"合格"和"非常好"，这是较为简单的分级，大多数评价表采用三级、四级、五级，复杂的项目训练要求多等级以区分学生的表现。评分标准是具体明确的表述，用于确定成功实现目标或学习目标的程度。

对一个完整的项目学习进行评级，首先要对项目进行分类评价，以表5-4的内容为纲，细化为三级培养目标，即该项目所需达到的具体学习效果，对每一项目标进行评价，给学生提供针对项目每个方面的明确反馈。在得到总体评级时，需要确定每一项目标的权重，最后进行综合评价。

一旦确定了评价内容和评价标准，便可有针对性地进行基于项目学习的工程创业训练，形成相应的学习成果，进行有效的项目评价。比如项目训练，其学习成果形式多种多样，可以是一篇研究论文、一份调查报告、一件模型、一块展板、一场主题演讲、一次口头报告、一本学习笔记，也可以是一份活动策划方案。通过对评价内容的考核，学生可以借着评价的机会充分展示学习成果，并由此反映自己掌握理论知识和实践知识的程度。

---

① 〔美〕巴克教育研究所：《项目学习教师指南——21世纪的中学教学法》，任伟译，教育科学出版社，2008，第64页。

三　使用多样化评价手段

1. 评价手段的多样化

评价不仅仅是打分。评价是一种工具，它向教师提供改进教学方法的资料，指导和鼓励学生更积极的学习，改进学习的质量，其不仅涉及在课程结束时了解学生掌握课程内容的程度，也包含在整个教学过程中了解学生对知识的掌握程度。

评价学生在项目训练中的表现，要比传统的评价方式更具多样性，因为项目学习的绩效评价旨在评价真实的实践活动，例如问题解决、团队协作、人际沟通等。这些实践活动是动态、体验性、非标准化的，因此要求评价手段不仅关注学习结果，还要把握学习过程。

传统的评价手段通常采取笔试，这适用于对理论知识理解和掌握程度的考核。但笔试应突出大学研究性学习的特点，要缩小客观题和有明确答案的题目比例，增加开放性题目的比例，由此来反映学生对理论知识灵活掌握和运用的程度。以项目训练为例，应采取除笔试以外更加多样化的评价方法，关注学生在项目训练中的表现，并做出合理解释与判断。具体评价手段可以有口试、表现展示、产品审查、项目学习日志、学生自评与他评等。下面逐一进行介绍。

（1）口试

口试是考查学生独立思考并合理准确地表达思想的一种方式。口试可以让教师进一步发现学生对概念的理解程度和项目实践中的困惑，可以有针对性地调整后续学习计划。口试有主题演讲、成果汇报、答辩陈述等形式。它同时适用于总结性评价和过程性评价。

（2）表现展示

表现展示是一种学生知识、能力和职业意识的综合展示，学生可以借此机会向大家展示其接受的系统项目训练以及养成的技能和习惯。表现展示可以是个人单独表现情况展示，也可以是团队展示以及团队工作中个人表现的展示。表现展示可以对学生的许多预期学习效果进行评价。通常使用评分表来评估学生的整体表现，评分表能够区分学生不同程度的表现。它采用多个评价指标，最后综合各项标准，形成一个总分。例如，表现展示的评分表中可包含组织管理能力的两项评价指标——组织领导能力、团队合作能力，语言交流能力的两项评价指标——口头表达能力、书面撰写能力等。

表现展示既适用于结果性评价，也是过程性评价的手段，是调动学生学习积极性、推动项目学习可持续发展的一种有效手段。项目过程中根据学生的表现进行跟踪和评分，使学生从评价中找出自己的不足并积极改进，或从评价中获得成就与自信。总之，通过表现展示来认同、肯定的方式使学生的知识和能力从低水平向高水平不断提高。

（3）产品审查

产品审查与表现展示是互为补充的评价手段。产品主要指实物，可以是一个产品模型，也可以是一份报告书或计划书。通过产品的状态可以看出学生在构思、设计、实施、运行各个环节的工程能力和创业能力。通常使用评分表来评估学生完成的项目产品。

产品审查不仅是一种总结性评价，同时也是一种过程性评价。产品审查十分重视项目的阶段性产品，在项目中出现的阶段性产品初始阶段、中间阶段和最后阶段都伴随有产品审查。首先，阶段性产品与项目过程中的关键阶段点结合，及时对其审查，可以为学生创造不断修正改进的机会，帮助他们完善项目工作，以确保项目产品最终完成。项目过程中的产品审查也为教师对项目过程进行控制提供机会，使教师能够尽早发现学生遇到的未预料到的问题，为学生提供指导性建议，使学生能够完成项目任务、达到项目目标。

（4）项目学习日志

项目学习日志记录了学生在项目训练中经历的各个阶段，也记录了学生在设计创新、团队合作、市场开拓等方面付出的种种努力。日志虽然不是最后实实在在的产品，但能够反映学生的规划能力、思维能力、推理能力以及解决问题的能力，也有助于明确个人对团队项目和活动的贡献。记录项目学习日志是对学生书面撰写能力的有效训练；同时，从教师那里得到定期的日志反馈是项目学习的"修复站"和"加油站"。项目学习日志可以是笔记、日志、电子邮件、决策和修订记录、项目进展小结等，是典型的过程性评价的手段。

（5）学生自评与他评

传统的评价只重视教师对学生的单项评价，而项目学习的评价则开发和突出了评价的双向性。学生通过自我评价以及小组内的相互评价反思自己的优势和需要改进之处。学生自评与他评是连续性活动，所以同时适用于总结性评价和过程性评价。

2. 将评价方法与学习效果匹配

不同的评价内容需要不同的评价方法与之匹配。基于项目学习的工程创业训练的评价重视学生的学习过程，这就要求过程性评价贯穿人才培养的全过程。只有这样，才能充分收集过程信息并对过程做出价值判断，充分发挥评价对学习的导向和激励作用。表 5 - 4 中的每项内容都必须被评价，并且能够在一个或多个项目学习成果中体现出来。

对数理基础知识、专业知识以及相关领域知识的学习效果测试，以笔试和口试为主。实际上，学生所学知识的内化程度可以在学习成果中充分展现出来，在其能力和职业意识中都有体现。因此，对这些知识的掌握程度的评价与对能力、职业意识的评价密不可分。

对于创业型工程人才的能力的学习效果评价，上述五种评价手段均适用，但各有侧重。如自主学习能力，可用在学习过程中的表现展示、项目学习日志、学生自评与他评等手段来评价；设计创新能力主要通过产品审查来评价；组织管理能力主要通过学生的表现展示以及学生自评与他评来评价；语言交流能力分为口头表达和书面撰写能力，口头表达能力主要通过口试和表现展示来评价，书面撰写能力通过产品审查、项目学习日志来评价；市场开拓能力则以表现展示和产品审查的评价手段为主。

对于创业型工程人才的职业意识的学习效果评价，可以通过表现展示、项目学习日志、学生自评与他评等方式来进行，通过收集学生在学习过程中的表现、日志记录中的思维过程和心路历程以及学生之间的互相评价来判断。如是否从工程师的职业道德角度思考问题，是否与同伴友好合作并采纳他人意见，遇到困难是否有百折不挠的意志力，是否始终意识到人文环境和自然环境的约束以及节约能源和其他资源的需要等。

需要说明的是，将评价方法与学习效果匹配，只是一个指导性方案，并不是追求其精确或一一对应的匹配。评价方法通常取决于教师的经验以及收集到的信息数据，因此，对学生学习效果的评价需要在匹配的基础上灵活运用。

四 评价主体与评价对象的多元化

1. 评价主体：利益相关者

创业型工程人才经过基于项目学习的全面工程创业训练，其学习效果应该反映学生、工商企业界、大学教师和社会这四个利益相关者的意见和观点。因此，学生学习效果应由利益相关者来评价，评价主体一改以往仅是教师评价的单一局面，增加了学生和工商企业界。

学生不再处于被动的被考核状态，而是处于一种主动的积极参与状态。学生也可以和其他利益相关者共同参与评价表和评价标准的制定，对学生参与实践的表现进行评价并给予反馈，学生可以不断对自己的学习活动进行反思，在此基础上进行修正和完善。

工商企业界是创业型工程人才的最终客户，也是最主要的利益相关者，引入工商企业界人士对学生的评价是至关重要的。由于学生的实践项目多来自工商企业界，对学生工程实践能力和产业经验的评价，企业工程师拥有最大发言权。

2. 评价对象：学生个人、学生团队

人才培养的核心目的是学生个体的成长和发展，评价是促进学生全面发展的手段，传统的评价对象就是学生本人。但由于基于项目学习的全面工程创业训练多是在团队合作的状况下进行的，团队成员的整体表现和相互配合尤为重要，评价对象除了学生个体外也不能忽略学生团队。因为学生个体的表现大多是在团队中体现出来的，学生以实践知识为主的一体化学习经验，如组织管理能力、语言交流能力、市场开拓能力等都需要在团队中学习和训练才能获得。因此，个人的评价结果应首先以团队成绩为基础，然后兼顾个人表现，通过自评与他评，由教师和其他利益相关者一起评出个人成绩。

五 对一体化课程体系学习效果的分阶段评价

学生在本科四年的基于项目学习的工程创业训练，在不同阶段有不同的侧重。因此，在不同的学习阶段，其评价内容、评价手段、评价主体和评价对象有所不同。

1. 基础阶段的学习效果评价

一年级学生的学习处于基础阶段，对新生进行一体化培养的主要目的在于让学生尽早进入工程创业领域，并对 E‑CDIO 生命周期有一个全局的初步认识，为后续深入学习奠定基础。对一年级学生的学习效果评价，需先明确评价内容。细化创业型工程人才的二级培养目标，对一年级学生基于项目学习的工程创业训练提出具体学习目标，即三级培养目标：了解工

程师角色以及工程问题的求解过程与策略；了解企业家精神，初步了解企业及其经营组织的实践；了解创办企业或公司的相关法律事务以及财税金融知识。

一年级课程由通识教育课、工程基础大类课、创业基础入门课组成。这些大多是基础课程，其学习成果较为单一，主要由任课教师以笔试的形式考查学生对理论知识的理解广度和深度。注重对学生个人的考核评价。

实习主要是企业的认知实习，由学校教师和企业指导老师结合学生项目学习日志的记录内容对学生的表现进行评价。仍针对学生个人进行评价。

一年级初级项目训练，学生以团队参与学习为主，处于团队的边缘，并完成一定的任务。为了考查学生是否达到三级目标的学习效果，可采用表现展示、项目学习日志以及学生自评与他评等方式进行评价。评价主体是教师和学生，学生个人和学生团队都是评价的对象。

2. 拓展阶段的学习效果评价

二、三年级的学习进入能力养成和拓展阶段，对学生的评价内容则更为具体，其三级培养目标为：学会如何识别市场机会，了解如何进行资金筹措；了解真实市场环境以及开办企业所需的流程；了解商务经营的组织与行政原理，特别是经费控制、成本与市场的作用；具备一定的设计能力和创新意识；获得产品生产的过程与管理经验以及设计、评价、生产控制、质量控制和工作研究等经验。

二、三年级的课程学习在项目的牵引下，包括专业核心课程、创业拓展课（包括工程创业课程）、部分通识教育课三者相互融合。这些课程中有理论课程和配合项目训练的相关课程设计、专业实验等实践课程，而且这些课程都与大小不一的项目相关联，有些课程相互组合为二级项目服务，有些课程直接就是二级项目分解出来的三级项目。二、三年级进入中级项目训练阶段。因此，应将学生课程学习的评价与项目训练的评价相结合，评价手段应比一年级更加多样。针对三级培养目标对学生的要求，课程学习效果和项目训练学习效果的评价手段以口试、表现展示、产品审查为主，项目学习日志、学生自评与他评为辅。中级项目训练的项目大多是企业界的真实项目，因而不能忽略企业界对项目完成情况的评价，评价主体是教师和学生为主、企业界为辅。评价对象仍然是学生个人和学生团队。

实习部分是学生到企业的生产实习，生产实习与认知实习相比，更体现出学生的主体参与、主动实践，因此学生的表现展示是主要评价手段，其他评价情况与认知实习评价基本相似。

该阶段应多以过程性评价为主，突出评价的正激励作用。通过各种评价手段努力发现学生身上的闪光点和发展潜力，不以最终成果论英雄，通过认同、肯定的方式使学生的知识和能力从低水平向高水平不断提高，顺利完成学生从低年级向高年级的过渡。

3. 实践创造阶段的学习效果评价

这一阶段主要指三年级下学期和四年级一学年。此时，学生的学习能力会随着课程学习以及一系列项目训练的投入程度、积累的经验等因素而渐入佳境，往往代表了他们比较好的水平。对学生学习效果的评价内容也最为综合，其三级培养目标为：如何在商业活动中扮演领导角色，在团队中和其他人协力合作；认识各种影响企业管理的技巧；理解成功创业者管理所需的关键能力与决定性因素；提供产生企业想法以及识别和评估商业机会的方法；完成商业计划书，在真实的市场环境中能够评估有关企业想法；通过口头和书面的方式准确表达产品的特性和使用方法，与业内人士可以深度交流。

实践阶段是高级项目训练，会占用大部分学时，课程学习的学时则相对缩短，所开设的专业特色选修课、创业实践课以及少量通识教育课，还有综合实验、创新实验等实践课程，都是围绕高级项目训练和最后的毕业设计而进行的。对学生的评价主要集中在项目学习中。评价手段是口试、表现展示、产品审查、项目学习日志、学生自评与他评五种方法并用。高级项目训练的项目都是企业的真实项目，学生最后要向企业交付能生产、具有市场价值的产品。在此过程中，企业指导教师对学生完成项目提供很大帮助，所以对于项目训练后各种类型的学习成果以及项目团队的整体水平，企业指导教师有很大的话语权。评价的主体是学习教师、企业指导老师、学生三者并重。该阶段学生进行的都是综合项目，需要规模较大的团队共同合作完成，此时的团队成果比个人成果更加重要，学生往往是在团队中逐渐成长，所以评价对象是学生团队和基于团队的学生个人。

该阶段学生在企业综合实习，与学生进行的综合项目步调一致，与毕业设计挂钩。其评价手段和评价主体也与项目学习基本相同，在此不展开阐述。

实践创造阶段的学生处于项目团队中骨干主导地位，评价仍看重学生参与实践的全过程而不仅仅是结果。学生在这个过程中学到了什么、与低年级的学习相比取得了哪些进步、收获了哪些经验教训等尤为重要。当然，其项目训练的成果是学生四年学习成果的综合反映，结果性评价也很重要。所以，提倡以过程为导向的过程性评价和结果性评价相融合的评价方法。

第六章　结语

本研究围绕"创业型工程人才应该学什么"和"如何培养创业型工程人才"的问题，从实践知识的视角，运用比较研究法和调查访谈法等展开研究。明确提出要分析的问题是：创业型工程人才是一类怎样的人，他们区别于其他工程人才的特殊性在哪里？创业型工程人才的培养目标和具体规格是什么，他们的实践知识是什么？当前的培养模式为什么不能培养出创业型工程人才？应当用怎样的模式来培养他们？如何构建以实践为导向、与专业教育相融合、强化实践知识的人才培养模式，以使学生更好地获取实践知识、形成实践能力，达到市场和产业界对创业型工程人才的素质要求？研究至此，可以对上述问题做出回答。

第一节　研究结论

针对上述问题，通过理论与实证研究，本研究主要得出如下三个结论。

1. 创业型工程人才属于应用型人才，区别于其他工程人才之处在于"创业"，即更关注和致力于创立面向市场的高科技企业

创业型工程人才，主要是指面向市场的高科技企业的创业者，他们所创的"业"，主要指产业。他们具备丰富的专业知识和相关创业知识以及一定的创业潜质，熟悉企业和商业环境，具有市场能力和组织管理能力以及突出的知识转化能力和技术转移能力，能够从事研发、设计、管理、市场等方面工作。

可以从四方面来认识这类人才。第一，创业型工程人才属于应用型人才。他们区别于一般工程人才之处在于"技术商业化"，即面向市场，把技术转化为产业或产业链。创业的过程主要是将专业知识转化为实际生产力，这种转换是一种基于应用、基于问题解决的商业化模式，是一种以市场为导向的实践活动。第二，对于他们来说，专业技术是基础，经营活动是重点，能够逐渐完成由技术向经营管理的转型。第三，创业是团队行为，创业型工程人才主要由三类角色组成：一是负责产品研发的技术工程师，二是负责企业经营并且有工程背景的工程师，三是既提供技术又是主要管理人员的工程师。他们需要合作完成产业链中各个环节的工作，如市场调研、研发设计、生产制造、物流销售、财务管理等。整个过程离不开这三方人员的共同努力。第四，创业型工程人才区别于其他工程人才的个性品质也体现在"创业"上。其性格特征突出表现为创新精神、理性的冒险精神、机会敏感性，其行为特征突出表现为市场优先、资源整合、决策判断。

2. 实践知识是创业型工程人才综合素质的重要基础，而如何将其融入人才培养体系，是当前教学改革的重点

实践知识是建立在对理论知识的理解和领悟基础上的，是通过个体的参与实践和经验反思，在特定情境中知道"该做什么"和"如何做"的知识形态。实践知识有两种表现形态：一是用于处理外部事物的技术形态，二是用于调控自身心智情感的认知形态。实践知识是行动主体在职业情境中参与学习实践背后的知识结构，它横跨了知识、能力与职业意识等方面的学习领域，由动作技能、智慧技能、经验、认知策略、自我认知知识综合而成，是一种"转识成智"之后的行动机智，它本质上是一种实践力和实践智慧。

创业型工程人才的知识、能力和职业意识三者在需求导向下，形成一个有机联系的完整的素质结构。他们所需掌握的知识包括数理基础知识、专业基础知识和专业技术知识以及相关领域知识，如与本专业相邻的其他理工科知识、工具性和社会性文科知识、经济和管理学科知识等。对其综合能力要求涉及以下几个方面：自主学习能力（能搜集和整理信息，能理解原理、把握重点、提出问题，掌握基于系统思维的学习策略并形成个性化的自我认知）、设计创新能力（既能创意设计又会技术设计）、组织管理能力（组织领导能力、团队合作能力）、语言交流能力（口头表达能力、书面撰写能力）、市场开拓能力（市场预测、资金筹措、通过人际交往打开工作局面）。整体工程能力是各种能力的综合，而且其中每种能力也都是不同能力要素的综合。他们还需具备全方位的职业意识，包括国际视野、职业责任感、合作意识、意志力以及人文情怀。实践知识是创业型工程人才知识、能力和职业意识等综合素质的重要基础。

我国高校目前缺乏创业型工程人才的培养模式。对于时代所需的创业型工程人才，当前高校的人才培养模式还存在诸多缺陷，其主要有三方面问题：一是课程设置落后，片面强调理论知识的系统性；二是教学方法僵化，实践训练尤为薄弱；三是评价方式单一，忽视学生发展与知识获取过程的评价。工程创业教育是实践性很强的教育，基于创业型工程人才的素质要求，其需要学生在掌握理论知识的同时，更加注重实践知识的习得，更加强调学生在职业情境中解决复杂问题的能力。上述问题忽视了实践知识的重要性，未将实践知识的习得很好地融合在培养模式中，制约了创业型工程人才的成长发展。应当将实践知识融入创业型工程人才培养体系，融入每门课程或每个项目的教学目标中，由此按类分解、逐层细化人才培养目标，控制教育教学的每个环节，最后与评价标准接轨。

3. 基于项目学习的全面工程创业训练是强化实践知识、培养创业型工程人才的合理方式

在大众创业、万众创新的时代，创业教育必须与专业教育相融合，创业教育应该成为高等教育的有机组成部分。为了培养出时代所需的创业型工程人才，需要对现有人才培养模式进行改革，设计出一套切实可行的高校创业型工程人才培养方案。一般而言，一个完整的本科人才培养方案设计包括五个部分：选择适切的教育理念，确定人才培养的目标体系，筹划一体化的课程体系，寻找合适的教学方法，坚持学习效果导向的评价体系。

本研究在以强化实践知识为主的建构主义知识观的理念指引下，结合工程创业的过程和企业价值链的内容，构建出基于创业（Entrepreneur）的CDIO 模型——E－CDIO，这既是背景环境，也是培养模式。它是在创业的基础上，由构思—设计—实施—运行四个环节构成的一种强化实践知识、整体化的创业型工程人才培养模式——基于项目学习的全面工程创业训练。在此基础上设计出用于培养创业型工程人才的一体化课程体系，这是以项目训练为主要教学路径，集项目训练、课程学习、企业实习于一体的综合性课程体系。它以项目为载体来关联课程和相关知识，主要目的是通过基于项目学习的全面工程创业训练实现学生实践知识和实践能力的培养与强化。为了有效实施一体化课程体系，使学生达到预期的学习效果，基于建构主义知识观的理论分析框架，提出了实施策略：创设真实学习环境，支撑知识意义的建构；组建学习团队，促进知识的社会协商；强调主体实践参与，实现知识意义的建构。即通过情境创设、团队学习以及"做中学"的主体参与等方式让学生主动建构实践知识，获得一体化的学习经验。在此过程中，学生是主体，教师起辅助和引导作用。最后，以过程性评价和结果性评价相结合为评价原则，以学生的学习效果与成长发展为考查重点，运用口试、表现展示、产品审查、项目学习日志、学生自评与他评等多样化评价手段，由企业界、大学教师、学生等利益相关者对学生学习效果进行分阶段评价，使学生在学习过程中及时改进、不断提高，从而促进创业型工程人才的成长和发展。

第二节　研究的创新与不足

1. 研究的创新

第一，研究视角的创新。从实践知识的视角研究创业型工程人才培养模式。当前，在国内同类研究中，论及工程人才培养，有从学习论、教学论、课程论等角度进行的诸多研究，这些都不能从根本上发掘工程人才培养存在问题的原因所在。本研究从实践知识的视角出发，指出忽视实践知识且未将实践知识融入人才培养体系中是现行工程人才培养存在缺陷的根本原因。创业型工程人才的培养，应强化其实践知识的习得，由此将研究的问题转换成创业型工程人才的实践知识是什么，学校应如何培养使学生形成这些实践知识，即如何构建强化实践知识的人才培养模式。希望从这个视角增进对人才培养的理解。

第二，提出了一种新的分析范式和理论框架。运用建构主义知识观的分析框架考察国外两所高校创业型工程人才的培养模式，并设计出高校创业型工程人才的培养方案。该分析框架的主要内容是：已有经验是知识建构的基础；情境创设是知识建构的条件；团队学习是知识建构的保障；核心是通过主体参与的"做中学"来建构知识；学习结果是经验系统的变化。运用这一框架总结分析出国外案例学校关于创业型工程人才培养模式的特点，从中发掘学生形成实践知识的途径和方法，为我国创业型工程人才如何习得实践知识指明方向。

第三，构建出基于创业的 E－CDIO 模型，作为创业型工程人才培养模式。本研究在运用新的研究视角和分析范式的基础上，初步构建了以 E－CDIO 模型为中心，由构思—设计—实施—运行四个环节构成的一种强化实践知识、整体化的创业型工程人才培养模式——基于项目学习的全面工程创业训练。并对教学内容、教学方式以及学生的学习评价逐一进行设计。

2. 研究的不足

第一，对如何使创业型工程人才国际化的研究深度不够。创业型工程人才培养模式需要在产学合作的基础上进行国际化集成，应按照国际化的工程教育标准，在校园创造国际化环境，使学生成为国际化优秀人才，可在全球范围就业。本研究对如何使创业型工程人才具有国际化视野和水平、如何引进国际师资、如何开展国际合作办学以培养国际化的创业型工程人才等问题涉及较少，这是后续研究需要进一步讨论的重要问题。

第二，对人才培养外部影响力量的研究涉及较少。创业型工程人才培养是一项系统工程，涉及政府、产业、高校、学生等众多利益相关者。这既不是高校能够独自完成的，也不是通过给大学生开设几门创业课程就能实现的，它必须通过政府、企业与高校的密切配合。本研究主要集中在高校教学活动的范畴内谈如何培养创业型工程人才，对人才培养外部影响力量的涉及相对较少，特别是对政府、产业、高校之间产学研合作关系的探讨还需要更进一步深入。

第三，本研究设计的是理想状态下的创业型工程人才培养方案，还有待实践的检验和修正。在实际落实过程中，需要人力、物力的全面配合才能顺利进行。如学校的政策支持、硬件资源配合、财力配合以及师生配合等问题，都有待深入研究，以不断修正培养方案，最终出台一套实用性强、可行性高、能被推广使用的创业型工程人才培养方案。

参考文献

学术著作类：

［1］〔古希腊〕亚里士多德：《形而上学》，吴寿彭译，商务印书馆，1959。

［2］〔古希腊〕亚里士多德：《尼各马可伦理学》，廖申白译，商务印书馆，2003。

［3］〔德〕伽达默尔：《伽达默尔选集》，夏镇平译，生活·读书·新知三联书店，1988。

［4］〔美〕杜威：《民主主义与教育》，王承绪译，人民教育出版社，1990。

［5］〔捷〕夸美纽斯：《大教学论》，傅任敢译，教育科学出版社，1999。

［6］〔英〕波兰尼：《个人知识——迈向后批判哲学》，许泽民译，贵州人民出版社，2000。

［7］〔英〕波兰尼：《科学、信仰与社会》，王靖华译，南京大学出版社，2004。

［8］〔英〕波普尔：《走向进化的知识论》，李本正、范景中译，中国美术学院出版社，2001。

［9］〔美〕伯顿·克拉克：《建立创业型大学：组织上转型的途径》，王承绪译，人民教育出版社，2003。

［10］〔美〕斯滕伯格：《成功智力》，吴国宏、钱文译，华东师范大学出版社，1999。

［11］〔美〕罗伯特·赫里斯、迈克尔·彼得斯：《创业学》，王玉等译，清华大学出版社，2004。

［12］〔美〕罗博特·D.希斯瑞克编《创业学》，郁义鸿、李志能译，复旦大学出版社，2000。

［13］〔美〕杰弗里·蒂蒙斯、小斯蒂芬·斯皮内利：《创业学》，吕长春、周伟民译，人民邮电出版社，2005。

［14］〔英〕杰拉德·乔治、亚当 J. 博克：《技术创业——技术创新者的创业之路》，陈立新译，机械工业出版社，2009。

［15］〔美〕凯瑟琳·艾伦：《技术创业：科学家和工程师的创业指南》，李政、潘玉译，机械工业出版社，2009。

［16］〔美〕德鲁克：《知识管理》，杨开峰译，中国人民大学出版社，1999。

［17］〔美〕彼得·F. 德鲁克：《创新与创业精神》，张炜译，上海人民出版社，2002。

［18］〔美〕彼得·F. 德鲁克：《动荡年代的管理》，屠端华等译，工人出版社，1989

［19］〔美〕乔纳森·兰德：《学习环境的理论基础》，郑太年、任友群译，华东师范大学出版社，2002。

［20］〔美〕Edward F. Crawley, Johan Malmqvist, Sören Östlund, Doris R. Brodeur：《重新认识工程教育：国际 CDIO 培养模式与方法》，顾佩华等译，高等教育出版社，2009。

［21］〔美〕伊查克·爱迪思：《企业的生命周期》，赵睿译，中国社会科学出版社，1997。

［22］〔美〕巴克教育研究所：《项目学习教师指南——21 世纪的中学教学法》，任伟译，教育科学出版社，2008。

［23］苗力田：《亚里士多德全集：第七卷》，中国人民大学出版社，1993。

［24］杨清：《现代西方心理学主要派别》，辽宁人民出版社，1986。

［25］王沛民、顾建民、刘伟民：《工程教育基础——工程教育理念和实践的研究》，浙江大学出版社，1994。

［26］薛继良主审，王沛民编校，顾建民等译《工程师的形成：挑战与对策》，浙江大学出版社，1989。

［27］倪明江：《创造未来——工程教育改革研究》，浙江大学出版社，1999。

［28］陈劲、胡建雄：《面向创新型国家的工程教育改革研究》，中国人民大学出版社，2006。

［29］邹晓东：《科学与工程教育创新——战略、模式与对策》，科学出版社，2010。

［30］石中英：《知识转型与教育改革》，教育科学出版社，2001。

［31］欧阳莹：《工程学：无尽的前沿》，李啸虎、吴新忠、闫宏秀译，上海科技教育出版社，2008。

［32］袁振国：《教育新理念》，教育科学出版社，2002。

［33］皮连生、刘杰主编《现代教学设计》，首都师范大学出版社，2010。

［34］钟志贤：《大学教学模式革新：教学设计视域》，教育科学出版社，2008。

［35］钟志贤：《面向知识时代的教学设计框架——促进学习者发展》，中国社会科学出版社，2006。

［36］甘永成：《虚拟学习社区中的知识建构和集体智慧发展》，教育科学出版社，2005。

［37］盛群力：《教学设计》，高等教育出版社，2005。

［38］张玉利：《创业研究经典文献述评》，南开大学出版社，2010。

［39］韩国文：《创业学》，武汉大学出版社，2007。

［40］杨德林：《中国科技型创业家行为与成长》，清华大学出版社，2005。

［41］高文、徐斌艳、吴刚主编《建构主义教育研究》，教育科学出版社，2008。

［42］王升：《研究性学习的理论与实践》，教育科学出版社，2002。

［43］徐辉：《现代西方教育理论》，重庆出版社，2006。

［44］张伟胜：《实践理性论》，浙江大学出版社，2005。

［45］李时椿、常建坤、杨怡：《大学生创业与高等院校创业教育》，国防工业出版社，2004。

［46］李时椿：《创业管理》，清华大学出版社，2008。

［47］姜彦福、张帏：《创业管理学》，清华大学出版社，2005。

［48］彭钢：《创业教育学》，江苏教育出版社，1995。

［49］李良智、查伟晨、钟运动主编《创业管理学》，中国社会科学出版社，2007。

［50］张汝伦：《历史与实践》，上海人民出版社，1995。

［51］于倩：《比较、借鉴与创新》，北京理工大学出版社，2003。

［52］中国工程院教育委员会：《国际工程教育前沿与进展》，浙江大学科教发展战略研究中心编印，2007、2008、2009。

中文期刊论文：

［1］朱高峰：《论高等工程教育发展的方向》，《高等工程教育研究》2003 年第 3 期。

［2］朱高峰：《创新与工程教育》，《高等工程教育研究》2007 年第 1 期。

［3］朱高峰：《创新人才与工程教育改革》，《高等工程教育研究》2007 年第 6 期。

［4］朱高峰：《论科学与技术的区别》，《高等工程教育研究》2010 年第 2 期。

［5］张维、王孙禺：《美国工程教育改革走向及几点想法》，《高等工程教育研究》1998 年第 4 期。

［6］张光斗：《高等工程教育：现代工程师的摇篮——企业要成为技术创新主体，工科院校要培养工程师》，《高等工程教育研究》2005 年第 1 期。

［7］陈乐、王沛民：《课程重建：欧洲工程教育改革的启示》，《高等工程教育研究》2006 年第 5 期。

［8］李晓强、孔寒冰、王沛民：《建立新世纪的工程教育愿景》，《高等工程教育研究》2006 年第 2 期。

［9］Edward F. Crawley、查建中、Johan Malmqvist、Doris R. Brodeur：《工程教育的环境》，《高等工程教育研究》2008 年第 4 期。

［10］查建中：《面向经济全球化的工程教育改革战略》，《高等工程教育研究》2008 年第 1 期。

［11］查建中：《论“做中学”战略下的 CDIO 模式》，《高等工程教育研究》2008 年第 3 期。

［12］查建中：《工程教育宏观控制模型与培养目标和教育评估》，《高等工程教育研究》2009 年第 3 期。

［13］查建中：《研究型大学必须改革本科教育以培养大批创新人才》，《高等工程教育研究》2010 年第 3 期。

［14］杜翔云、Anette Kolmos、Jette Egelund Holgaard：《PBL：大学课程的改革与创新》，《高等工程教育研究》2009 年第 3 期。

［15］迈克尔·J. 普林斯、理查德·M. 菲尔德：《归纳式教学法的定义、比较与研究基础》，王立人译，《高等工程教育研究》2009 年第 3 期、第 4 期。

［16］孙旭东、李成刚：《工程本科创新人才培养模式的探索——美国 Rose-Hulman 理工学院的案例》，《高等工程教育研究》2007 年第 3 期。

［17］高浩其、徐挺、李维维：《"知行合一、双核协同"，现代工程师培养模式的探索》，《高等工程教育研究》2007 年第 4 期。

［18］侯锡林：《企业家精神：高校创业教育的核心》，《高等工程教育研究》2007 年第 2 期。

［19］徐理勤等：《借鉴德国经验：培养应用型本科人才》，《高等工程教育研究》2008 年第 2 期。

［20］李正、林凤：《美国高等工程教育改革探析》，《高等工程教育研究》2008 年第 2 期。

［21］吴晓波、赵梦恋、严晓浪：《培养具有创新精神与国际竞争力的集成电路人才》，《高等工程教育研究》2008 年第 4 期。

［22］顾佩华等：《从 CDIO 到 EIP－CDIO——汕头大学工程教育与人才培养模式探索》，《高等工程教育研究》2008 年第 1 期。

［23］雷环、汤威颐、Edward F. Crawley：《培养创新型、多层次、专业化的工程科技人才》，《高等工程教育研究》2009 年第 5 期。

［24］熊和平、岳爱臣：《CDIO 工程教育模式：误解的澄明与风险的规避》，《高等工程教育研究》2009 年第 5 期。

［25］李曼丽、王争鸣、李长海：《现代工程师的胜任力及其高等教育准备》，《高等工程教育研究》2009 年第 6 期。

［26］李曼丽：《独辟蹊径的卓越工程师培养之道》，《大学教育科学》2010 年第 2 期。

［27］林健：《高校工程人才培养的定位研究》，《高等工程教育研究》2009 年第 5 期。

［28］林健：《"卓越工程师教育培养计划"专业培养方案再研究》，《高等工程教育研究》2011 年第 4 期。

［29］李正：《"大工程"背景下的研究型大学工程人才培养》，《中国高等教育》2006 年第 10 期。

［30］李正、林凤：《欧洲高等工程教育发展现状及改革趋势》，《高等工程教育研究》2009 年第 4 期。

［31］贾少华：《创业大学生成长模式探寻》，《高等工程教育研究》2009 年第 2 期。

［32］孔寒冰：《工程链：工程教育的新挑战》，《高等工程教育研究》2009年第2期。

［33］孔寒冰：《欧美工程教育改革的几个动向》，《清华大学教育研究》2009年第4期。

［34］谢笑珍：《"大工程观"的涵义、本质特征探析》，《高等工程教育研究》2009年第5期。

［35］华中科技大学教育科学研究院课题组：《工科专业教学中的人文教育》，《高等工程教育研究》2008年第3期。

［36］华中科技大学教育科学研究院课题组：《创业型工程人才培养目标刍议》，《高等工程教育研究》2010年第5期。

［37］王天宝、程卫东：《基于CDIO的创新型工程人才培养模式研究与实践》，《高等工程教育研究》2010年第1期。

［38］徐兵、孙海泉：《CDIO在高职制造类专业中的实践与探索》，《高等工程教育研究》2010年第1期。

［39］叶飞帆：《本科工程教育的能力与课程关系模型及其应用》，《高等工程教育研究》2009年第1期。

［40］徐兵、孙海泉：《T–CDIO课程体系的构建与实践》，《高等工程教育研究》2009年第2期。

［41］王旆：《基于约束条件的CDIO渐进部署模式研究》，《高等工程教育研究》2009年第5期。

［42］卢洁、冯家勋：《理工科课程教学整体改革探索》，《高等工程教育研究》2009年第2期。

［43］柴旭东：《隐性知识视野下的大学创业教育》，《高等工程教育研究》2010年第1期。

［44］张申生：《引进创新 走向一流——上海交大密西根学院的工程教育改革探索》，《高等工程教育研究》2011年第2期。

［45］巩建闽、萧蓓蕾：《基于能力培养的课程体系设计框架案例分析》，《高等工程教育研究》2011年第1期。

［46］赵蒙成：《建构主义教学的条件》，《高等教育研究》2002年第3期。

［47］〔美〕Gretar Tryggvason Diran Apelian：《21世纪的工程教育重构》，《中国大学教学》2008年第12期。

［48］徐长福：《论亚里士多德的实践概念》，《吉林大学社会科学学

报》2004 年第 1 期。

[49] 陈向明：《实践性知识：教师专业发展的知识基础》，《北京大学教育评论》2003 年第 1 期。

[50] 邹斌、陈向明：《教师知识概念的溯源》，《课程·教材·教法》2005 年第 6 期。

[51] 郑太年：《知识观·学习观·教学观——建构主义教育思想的三个层面》，《全球教育展望》2006 年第 5 期。

[52] 刘儒德：《建构主义：知识观、学习观、教学观》，《人民教育》2005 年第 17 期。

[53] 范希运、陈利平：《实践知识、内隐知识：教师专业化知识基础的新视角》，《美中教育评论》2005 年第 5 期。

[54] 夏国军：《对"实践"定义的逻辑质疑》，《燕山大学学报》（哲学社会科学版）2003 年第 1 期。

[55] 钟启泉：《"实践性知识"问答录》，《全球教育展望》2004 年第 4 期。

[56] 钟启泉：《为了"实践性知识"的创造》，《全球教育展望》2005 年第 9 期。

[57] 盛群力、褚献华：《布鲁姆认知目标分类修订的二维框架》，《课程·教材·教法》2004 年第 9 期。

[58] 宁虹、胡萨：《教育理论与实践的本然统一》，《教育研究》2006 年第 5 期。

[59] 彭建标、樊凯：《试论杜威实用主义教育思想与我国教育变革的导向》，《甘肃教育学院学报》（社会科学版）2002 年第 1 期。

[60] 徐国庆：《基于知识论的职业教育实践课程观》，《全球教育展望》2002 年第 12 期。

[61] 徐国庆：《杜威职业教育思想论介》，《河南职业技术师范学院学报》（职业教育版）2003 年第 2 期。

[62] 朱科蓉：《从学术型向应用型转变的专业改革策略》，《现代教育管理》2010 年第 9 期。

[63] 赵婧：《对法约尔管理理论中企业的六种基本职能的解读》，《现代企业教育》2007 年第 1 期。

[64] 姚梅林：《从认知到情境：学习范式的变革》，《教育研究》2003

年第 2 期。

[65] 何云峰、李长萍、赵志红：《基于发展性评价理念的"五维一体"学生评价创新》，《中国大学教学》2011 年第 2 期。

[66] 彭学兵、张钢：《技术创业与技术创新研究》，《科技进步与对策》2010 年第 2 期。

[67] 袁闽川：《科技型创业者的创业行为及其影响因素的理论探讨》，《科技管理研究》2009 年第 8 期。

[68] 刘春林、李伟明、薛勇：《以"大工程观"为指导构建高校实践教学新体系》，《江苏高教》2010 年第 3 期。

[69] 刘帆、徐林、刘川：《中国创业教育的兴起发展和挑战》，《中国青年研究》2007 年第 9 期。

[70] 高晓杰、曹胜利：《创新创业教育——中国高等教育学会创新创业教育研讨会综述》，《中国高教研究》2007 年第 7 期。

[71] 房欲飞：《大学生创业教育的内涵及实施的意义》，《理工高教研究》2004 年第 4 期。

[72] 严毛新：《我国高校创业教育发展目标及实现路径研究》，《中国高教研究》2009 年第 3 期。

[73] 吴金秋：《创业教育的目标与功能》，《黑龙江高教研究》2004 年第 11 期。

[74] 施冠群、刘林青、陈晓霞：《创新创业教育与创业型大学的创业网络构建——以斯坦福大学为例》，《外国教育研究》2009 年第 6 期。

[75] 刘帆、王立军、魏军：《美国高校创业教育的目标、模式及其趋势》，《中国青年政治学院学报》2008 年第 4 期。

[76] 魏丽红、陈忠卫：《创业教育模式比较及创业型人才培养》，《教学研究》2009 年第 3 期。

[77] 毛家瑞：《关于创业教育的若干问题》，《教育研究》1992 年第 1 期。

[78] 王永友：《创业教育实践体系的基本框架构建》，《黑龙江高教研究》2004 年第 11 期。

[79] 段远鹏：《创业人才培养模式构建与运行研究》，《科技管理研究》2009 年第 10 期。

[80] 梁保国：《论创业教育》，《高等教育研究》1999 年第 6 期。

[81] 刘丽君、李斌、郑焱、霍灵瑜：《美国一流大学理工创业教育与

我国创新创业人才的培养》，《中国高教研究》2009 年第 5 期。

[82] 郭南初、陶亦亦、张义平：《基于克里斯蒂安创业模型的创业教育研究与实践》，《职业教育研究》2009 年第 7 期。

[83] 赵志军：《关于推进创业教育的若干思考》，《教育研究》2006 年第 4 期。

[84] 张项民：《基于专业教学的创业教育范式研究》，《中国高教研究》2008 年第 11 期。

[85] 徐辉：《高校创新创业人才培养的评价标准》，《江苏高教》2006 年第 6 期。

[86] 木志荣：《我国大学生创业教育模式探讨》，《高等教育研究》2006 年第 11 期。

[87] 张竹筠：《美国大学的创业教育对中国的启示》，《科研管理》2005 年第 10 期。

[88] 赵观石：《美国、瑞典、印度三国大学生创业教育比较及启示》，《教育学术月刊》2009 年第 5 期。

[89] 李志永：《日本大学创业教育的发展与特点》，《比较教育研究》2009 年第 3 期。

[90] 张有声：《关于我国工程教育培养目标的思考》，《清华大学教育研究》2003 年第 8 期。

[91] 马廷奇：《我国研究型大学人才培养模式改革新进展》，《高等教育研究》2009 年第 4 期。

[92] 张炳生：《工程人才培养目标、规格和模式的关系研究》，《中国高等教育》2006 年第 6 期。

[93] 贺修炎：《高职院校高技能人才培养模式的构建》，《高等教育研究》2009 年第 3 期。

[94] 吴志功：《论现代高等工程教育人才培养方向》，《中国高教研究》2007 年第 7 期。

[95] 李庆丰：《高校人才培养定位与产学研合作教育的模式选择》，《中国高教研究》2007 年第 2 期。

[96] 吴平：《我国高校产学研合作教育模式探析》，《高校教育管理》2008 年第 3 期。

[97] 高雪梅、孙子文、纪志成：《CDIO 方法与我国高等工程教育改

革》，《江苏高教》2008 年第 5 期。

［98］王刚：《CDIO 工程教育模式的解读与思考》，《中国高教研究》2009 年第 5 期。

［99］杨叔子：《谈谈我对"CDIO——工程文化教育"的认识》，《中国大学教学》2008 年第 9 期。

［100］李曼丽：《用历史解读 CDIO 及应用前景》，《清华大学教育研究》2008 年第 5 期。

［101］顾佩华等：《以设计为导向的 EIP - CDIO 创新型工程人才培养模式》，《中国高等教育》2009 年第 3 期、第 4 期。

［102］康全礼等：《CDIO 大纲与工程创新型人才培养》，《高等教育研究学报》2008 年第 4 期。

［103］顾学雍：《联结理论与实践的 CDIO——清华大学创新性工程教育的探索》，《高等工程教育研究》2009 年第 2 期。

［104］张奇、唐奇良：《高等工程教育 CIO - CDIO 培养模式研究》，《教育与职业》2009 年第 3 期。

硕博士学位论文：

［1］王雁：《创业型大学：美国研究型大学变革模式的研究》，浙江大学博士学位论文，2005。

［2］姜美玲：《教师实践性知识的研究》，华东师范大学博士学位论文，2006。

［3］陈闻冠：《创业人才的素质和识别方法研究》，同济大学博士学位论文，2007。

［4］壮国祯：《高职教育"行动导向"教学体系研究》，华东师范大学博士学位论文，2007。

［5］席升阳：《我国大学创业教育的理论与实践研究》，华中科技大学博士学位论文，2007。

［6］李晓强：《工程教育再造的机理与路径研究》，浙江大学博士学位论文，2008。

［7］陈静静：《教师实践性知识及其形成机制研究》，华东师范大学博士学位论文，2009。

［8］柴旭东：《基于隐性知识的大学创业教育研究》，华东师范大学博

士学位论文, 2010。

　　[9] 梅伟惠:《美国高校创业教育》, 浙江大学博士学位论文, 2010。

　　[10] 王海龙:《我国高校创业教育研究》, 天津大学硕士学位论文, 2004。

　　[11] 宫敏:《大学生创业教育的理论与实践》, 华中科技大学硕士学位论文, 2005。

　　[12] 朱兴国:《大学生创业教育模式探索》, 东北师范大学硕士学位论文, 2005。

　　[13] 张霞:《高校创业教育实施的必要性及其实施方案》, 陕西师范大学硕士学位论文, 2006。

　　[14] 白逸仙:《社会需求导向的工程人才培养目标研究》, 华中科技大学硕士学位论文, 2007。

　　[15] 曾成:《高校创业教育目标及其实现》, 中南大学硕士学位论文, 2007。

　　[16] 张闯:《我国应用型本科教育实践教学研究》, 南昌大学硕士学位论文, 2007。

　　[17] 曲殿彬:《高等学校创业教育体系的构建与实施策略》, 东北师范大学硕士学位论文, 2007。

　　[18] 谢爱军:《高等农业院校创业型人才培养的制约因素及对策研究》, 湖南农业大学硕士学位论文, 2007。

　　[19] 占怡:《个人创业特征、创业效能感与创业行为策略的关系研究》, 浙江大学硕士学位论文, 2008。

　　[20] 李波:《美国大学创业教育研究——以百森商学院和斯坦福大学为例》, 东北师范大学硕士学位论文, 2008。

　　[21] 应一也:《美国高校创业教育研究》, 华东师范大学硕士学位论文, 2008。

　　[22] 房保俊:《本科教学质量学生满意度调查研究》, 华中科技大学硕士学位论文, 2008。

　　[23] 李瑾:《创业型工程人才培养的课程设置研究》, 华中科技大学硕士学位论文, 2011。

外文文献:

　　[1] Billet Stephen, Constructing Vocational Knowledge: History Communi-

ties and Ontogeny, *Vocational Education and Training*, 1996, Vol. 48.

［2］ John D. Mcneil *Curriculum: the Teacher's Initiative*, Prentice-Hall, 1994, Inc. 14.

［3］ Freema Elbaz, The Teacher's Practical Knowledge Report of a Case Study. *Curriculum Inquiry*, 1981, 11.

［4］ Schon D. A. *The Reflective Practitioners: How Professionals Think in Action*, New York: Basic Books, 1983.

［5］ Nyiri J. C. , Smith B. , *Practical Knowledge: Outlines of a Theory of Traditions and Skills*, London, New York, Sydney: Croom Helm.

［6］ Nonaka Ikujiro, Toyama, Ryoko, Konno, Noboru. SECI, Ba and Leadership: a Unified Model of Dynamic Knowledge Creation, *Long Range Planning*, 2000, 33 (1).

［7］ Tan, L. L. , Can a University Turn an Engineer into an Entrepreneur?, *Innovation*, 2008, 5 (3), www. innovationmagazine. com.

［8］ Arnold, M. J. , Engineer to Entrepreneur: Making the Career Enhancing Transition, Today's Engineer Online, 2002, www. todaysengineer. org.

［9］ Bird B, *Entrepreneurial Behavior*, Glenview, IL: Scott Foresman, 1989

［10］ Matthew W. Ohland, Guili Zhang, Catherine E. Brawner, Thomas K. Miller III. , A Longitudinal Study of Retention and Grade Performance of Participants in an Engineering Entrepreneurs Program, *American Society for Engineering Education*, Session 11, 2003.

［11］ R. M. Diamond, *Designing and Assessing Courses and Curricula: A Practical Guide Revised Edition 2nded*, San Francisco: Jossey-Bass Publishers, 1998.

［12］ Freire, F. , *Pedagogy of the Oppressed*, London: Penguin Books Ltd. C1970.

［13］ David E. Goldberg, *The Entrepreneurial Engineer: Personal, Interpersonal and Organizational Skills for Engineers in a World of Opportunity*, John wiley and Sons, Inc. , Hoboken, New Jersey. Published simultaneously in Canada. 2006.

［14］ Hak Wang Tam, *How and to What Extent Does Entrepreneurship Education Make Students More Entrepreneurial? A California Case of the Technology Management Program*. University of California. June 2009.

[15] Gerald, E. H., Variations in University Entrepreneurship Education: An Empirical Study of an Evolving Field. *Journal of Business Venturing*, 1988, 3 (2).

[16] Miller D., The correlates of entrepreneurship in three types of firms. *Management Science*, 1983, 29 (7).

[17] Sharma, p. and J. J. Chrisman, Toward a reconciliation of definitional issue in the field of Corporate Entrepreneurship, *Entrepreneurship Theory and Practice*, spring, 1999.

[18] Shame, W. H., *Venture Management-The Business of Inventor, Entrepreneur, Venture Capitalist and Established Company*. NY: The Free Press, 1974, 1.

[19] Siropolis, *N. C.*, *Small Business Management: A Guide to Entrepreneurship* (*7th ed.*), Boston: Houghton Miffin, 1989, 27.

[20] Kauffman Panel on Entrepreneurship Curriculum in Higher Education. *Entrepreneurship in American Higher Education*, Kauffman The Foundation of Entrepreneurship. 2009

[21] Edward B. Roberts and Charles Eesley., *Entrepreneurial Impact: The Role of MIT*, Kauffman The Foundation of Entrepreneurship. Feb. 2009.

[22] H. H. Stevenson, M. J. Roberts and H. I. Grousbeck, *New Business Ventures and the Entrepreneur*, Irwin, 1989.

[23] Carl J. Schramm. *Entrepreneurship in American Higher Education*. The Kauffman Foundation of Entrepreneurship.

[24] *"Once Upon a College" or The Olin College Curriculum*, The Curricular Decision Making Board, Olin College website, October 25, 2009.

[25] Robert Buderi, *A Visit to Olin College: A Design-Oriented Future of American Engineering*, Economy Boston, November 8, 2009.

[26] Erkkila, Kristiina, Kristiina Erkkila, *Entrepreneurial Education: Mapping the Debates in the United States, the United Kingdom and Finland*. New York, 2000.

[27] Mary Coulter, *Entrepreneurship in Action*. Prentice Hall, November 29, 2002.

[28] Manohar U. Deshpande, *Entrepreneurship of Small Scale Industries:*

Concept, *Growth*, *Management*. Deep & Deep, 1982.

［29］ Thomas Paul Kenworthy, *Scientific Knowledge in Entrepreneurship Education*. Haskayne School of Business Calgary, Alberta July, 2008.

［30］ Karen Boiling James, *Participation in a National Foundation for Teaching Entrepreneurship Program: The Impact on High School Students' Knowledge of Entrepreneurship and Evaluation of the Learning Experience*. Wilmington University May, 2008.

［31］ Elizabeth Reardon Hagan, *Entrepreneurship Education: A New Frontier for American Community Colleges*. March 19, 2004. p55 – 57.

［32］ National Agency of Enterprise and Construction, *Entrepreneurship Education at Universities—a Benchmark Study*. Background Report for the Entrepreneurship index 2004. December 2004.

［33］ Bridges, Carla Marie, M. C. R. P. *Entrepreneurship Education and Economic Development: Preparing the Workforce for the Twenty-first Century Economy*. Clemson University, 2008.

［34］ Barry H Sugarman, *Engineering Entrepreneurship : the Organizational Dimensions of Technology Transfer*. Thesis (Ph. D.), Columbia University, 1995.

［35］ Colin Jones and Jack English, A contemporary approach to entrepreneurship education. *Education, Training Volume* 46, 2004.

［36］ Vangelis Souitaris, Stefania Zerbinati, Andreas Al-Laham, Do entrepreneurship programmes raise entrepreneurial intention of science and engineering students? The effect of learning, inspiration and resources. *Journal of Business Venturing*. 2007, 22.

［37］ Rory P. O'Shea, Thomas J. Allen, Arnaud Chevalier, Frank Roche, Entrepreneurial orientation, technology transfer and spinoff performance of U. S. universities. *Research Policy*, 2005, 34.

［38］ Marilyn L. Kourilsky, *Entrepreneurship Education: Opportunity in Search of Curriculum*. Published in Business Education Forum, October 1995.

［39］ Serge Luryi, Wendy Tang, Nadia Lifshitz, et al, Entrepreneurship in Engineering Education. *ASEE/IEEE Frontiers in Education Conference*, October 10 – 13, 2007, Milwaukee, WI.

［40］ A. A. Refaat, *Introducing Entrepreneurship as a Paradigm Shift in En-*

gineering Education in Egypt. 4th WSEAS/IASME International Conference on Edcational Technologies (EDUTE'08) Corfu, Greece, October 26 – 28, 2008.

[41] L. mcalping, T. gandell, L. Winer, J. Gruzleski, L. Mydlarski, A collective approach towards enhancing undergraduate Engineering Edcation *Journal of Engineering Education* Vol. 00, No. 00, Month 2005.

[42] Stojcevski, Alex, Veljanovski, Ronny, Electrical engineering and PBL: from teacher-centered to student centered. *International Network of Engineering Education and Research*, 2007.

[43] Robert Beattie, The entrepreneurial engineer. *Engineering Management Journal*, October, 2000.

[44] James J. Duderstadt, *Engineering for a Changing World*. The Millennium Project, The University of Michigan, 2008

[45] Carla Marie Bridges, *Entrepreneurship Education and Economic Development*. the Graduate School of Clemson University, 2008.

互联网

[1] http://www2. warwick. ac. uk/fac/sci/eng/ug/degrees/ete/degstruct/.

[2] http://www2. warwick. ac. uk/fac/sci/wmg/education/wmgmasters/courses/.

[3] http://www2. warwick. ac. uk/newsandevents/capital/wmg.

[4] http://www2. warwick. ac. uk/study/postgraduate/courses/depts/engineering/taught/wmg.

[5] http://www2. warwick. ac. uk/fac/sci/wmg.

[6] http://www2. warwick. ac. uk/fac/sci/wmg/business/.

[7] http://www2. warwick. ac. uk/fac/sci/wmg/education/.

[8] http://www2. warwick. ac. uk/fac/sci/wmg/education/wmgmasters.

[9] http://www2. warwick. ac. uk/fac/sci/wmg/education/wmgmasters/structure/.

[10] http://www2. warwick. ac. uk/fac/sci/eng/ug/.

[11] http://www2. warwick. ac. uk/fac/sci/eng/ug/degrees/ete/whywar/.

[12] http://www2. warwick. ac. uk/study/postgraduate/courses/depts/engineering/.

[13] http：∥www. engr. ncsu. edu/eep/index. php.

[14] http：∥www. engr. ncsu. edu/eep/about. php.

[15] http：∥www. engr. ncsu. edu/eep/history. php.

[16] http：∥www. engr. ncsu. edu/eep/curriculum. php.

[17] http：∥www. engr. ncsu. edu/eep/testimonials. php.

[18] http：∥www. engr. ncsu. edu/eep/eteams. php.

[19] http：∥www. cdiofallmeeting2009. fi/materials/4CDIO_ Syllabus_ 2. 0_ and_ EL. pdf.

[20] http：∥baike. baidu. com/view/1295414. htm.

附录1　光电器件专业E-CDIO本科培养计划课程表

光电器件专业E-CDIO本科培养计划课程表

项目	<一年级>	<二年级>	<三年级>	<四年级>
项目训练	项目训练1(虚拟系统设计) 企业认知实习	项目训练2(光学课程设计) 企业生产实习	项目训练3-1(光器件课程设计) 项目训练3-2(综合项目设计)(选) 光电系统课程设计1 企业综合实习	项目训练4-1(综合项目设计2) 项目训练4-2(毕业设计) 企业综合实习
专业教育	固体化学 工程导论 光电导论 计算机基础(选) 工程制图(选)	程序设计 应用光学(1) 应用光学(2) 半导体物理与激光 热动力学 材料的电性质 材料的光性质(选) 单片机原理(选)　应用光学实验(1)　应用光学实验(2)	电路基础 物理光学(1) 物理光学(2) 光学设计 激光器与光电子学 微结构分析 光器件结构设计(选) 光电系统设计与原理(选)　物理光学实验(1)　物理光学实验(2)　半导体工艺实验(选)	光源、辐射与探测器 光机工程导论 光学制造与测试 光纤通信技术 现代光学技术基础(选) 太阳能电池基础(选) 固态照明与显示器(选) 光电测量与设计(选) 光学薄膜设计(选) 激光光谱学(选) 光纤传感(选)　光电综合实验(1)　光电综合实验(2)　光电拓展实验(选)
创业教育	拓展训练 军事训练 思政与社会 实践1 (志愿者)	风险投资企业概论(选) 国际营销基础(选)　创业训练营	产品开发与创业 经济学原理(选) 交流与谈判(选)　企业家论坛	企业管理概论(选) 企业经营及业绩分析方法(选)　思政2(社会实践)(社会调查)光电论坛
通识教育	思想道德与法律基础 劳动法、税法、专利法、知识产权校规 马克思思想原理(辩证法与方法论) 微积分(1) 微积分(2) 大学物理(力学) 基础化学 中国语文(作文) 大学英语 线性代数(选)　化学实验	大学物理(电、磁学) 差分方程导论 英语(写作、交流、礼仪) 计算方法(选)	工程数学分析 形式与政策(国际金融)	毛邓概论(逻辑学、领导学、组织行为学、写作、文献检索与科技论文)

附录 2　创业企业家访谈提纲

您好！非常感谢您在百忙之中抽出时间接受我们的访谈！

本研究旨在探讨创业教育与专业教育的融合问题，重点是创业型工程人才培养问题。希望通过这次访谈，了解 H 大学光电学院本科人才培养的现状与问题。为此，我们需要您的帮助与参与，您的意见和建议能够为学校的决策和人才培养的改进提供可靠的依据。请您根据实际情况，结合自身经历和真实想法畅所欲言。非常感谢您的帮助！

第一类主题：光电领域成功创业的企业家的特质
　　　　　　创业型工程人才应具备的知识、能力、品德

1. 您从最初参加工作到创立自己的事业，其间经历了多长时间？做过的工作有哪些？哪些工作经验与创业有关？

2. 您为什么选择自己创业？主要动机是什么？您什么时候萌生创业的想法？

3. 您认为工程创业人才应具备哪些知识？哪些知识是最重要的？

4. 作为高新科技创业者，您认为哪些能力是必需的？
　　哪些能力是区别于其他生存型创业者所特有的？

5. 在您看来，大多数创业者事业发展的瓶颈是什么？

6. 您认为有助于创业的最重要的个性特征是什么？

7. 您认为哪些行为是一个成功的创业者最不应该有的？

8. 光电行业与其他学科领域相比，对人才在知识、能力、素质等方面的需求有无特殊之处？

第二类主题：对新毕业的工程人才/年轻工程师的优势、劣势评价
　　　　　　对现有人才的渴望
　　　　　　希望毕业生具备哪些素质？

9. 贵公司每年会从 H 大学光电学院招聘本科生吗？规模、趋势是怎样的？

10. 在招聘时，您会优先考虑 H 大学光电学院的本科生吗？（优势和劣势）

11. 贵公司在构思、设计、制造、销售、售后服务等工程生命周期中，每个环节都是由工程师担任吗？每个环节的工程师需要的突出能力是哪些？

H 大学毕业生在工程链的各个环节所占比例是怎样的？他们与相应环节所要求具备的能力是否有差距？

12. 在贵公司工作的本科毕业生工作之后多久才能够独当一面，业务能力如何？哪些能力表现突出，哪些能力明显不足？

13. H 大学的毕业生是不是值得信赖的工作伙伴？

14. H 大学的毕业生是否具备较强的学习能力、适应变化的能力、国际视野？

15. 您认为光电学院的毕业生在团队合作中是否具有工程领导力？是否有强烈地参与公司管理的意识和能力？

16. 您认为新毕业的工程人才应具备哪些素质才能适应企业的需要？

17. 您是否认为工程师的培养是分层次和类型的？光电行业现在有哪些类型的工程师？在贵公司这些类型的工程师比例大致是多少？

18. 您认为现在光电行业对工程师需求类型的比例是怎样的？哪一层次、哪一类型的工程师很缺乏，反之，有已经饱和的层次和类型吗？

19. 您认为 H 大学应该培养哪一层次和类型的工程师？

第三类主题：对学校教育的看法（应做的改进）

20. 您对光电学院在人才培养方面有何意见或建议？

后 记

本书是在我的博士论文基础上进一步修订而成的。

本书的出版，首先感谢我的恩师冯向东教授和陈敏教授。感谢导师冯向东教授给予我的关爱与指导。很荣幸能成为冯老师的弟子，先生开阔的学术视野、敏锐的学术眼光、博闻强识的学识、高屋建瓴的指导，让我折服；先生平易谦逊的为人、豁达乐观的处世、一丝不苟的治学、淡泊宁静的儒雅，使我钦佩。跟随先生学习的四年里，我汲取了大量养分，更加深刻地体会到什么是"做人""做事""做学问"。我的博士论文从选题、构思、开题、写作、修改，直至最终定稿，凝结了先生大量的心血。深深地向冯老师致敬，师恩难报！感谢导师陈敏教授给予我的关心与指引。从导师收我为硕士研究生，到博士论文出炉，我已经跟随陈老师走过八个寒暑，我点点滴滴的成长都离不开陈老师的悉心指导与关怀，"感谢"二字已经远远不能表达我对导师的感情。导师引我步入学术的殿堂，从手把手教我在学海蹒跚学步，到如今我能够独立思考与研究，陈老师付出了太多太多。生活中，陈老师更像是一位母亲，对我的细心呵护可谓无微不至。如果没有您，我的昨天、今天、明天还不知如何书写，一个"谢"字怎能承载师恩之重！借此机会，我向两位恩师表示衷心的感谢！

本书写作过程中得到《高等工程教育研究》常务副主编姜嘉乐教授和华中科技大学校长助理林林博士的悉心指点与帮助。姜老师开阔的视野、清晰的思路、鲜明的观点、连珠的妙语、深厚的功力都使我仰止无穷；从六年的研究生学习到现在的工作学习，姜老师给予了极大的帮助与支持。感谢林林老师在百忙之中为我联系、安排数位企业家访谈，感谢林老师为我论文的研究提供诸多便利条件，为我论文的写作提出许多宝贵建议。感谢周光礼教授对我论文的指点和帮助。感谢华中科技大学教育科学研究院全体才华横溢的老师，既让我开阔了眼界、增长了学识，又使我领略了不同教师的治学风格和精神品质。感谢教育科学研究院，这个知识的殿堂和精神家园，让我有了家的感觉。

感谢浙江大学发展战略研究院的王沛民教授和孔寒冰教授，在我前往浙大调研期间给予关心和照顾。感谢众多师兄弟姐妹陪伴我走过研究生学习生涯，让我收获了最纯粹的友谊和欢乐。

感谢我的家人给予极大支持和无私奉献！百善孝为先，现在该是我孝敬长辈、回报父母养育之恩的时候了。

最后要特别感谢华北电力大学各位领导和同事的关心、爱护和帮助，本书的出版正是在他们的大力支持下完成的。

我们生活在一个感恩的世界，感谢一切帮助我的人，我会铭记，把这份爱传递下去，尽我的绵薄之力服务社会、造福人民。我仍需再接再厉，不忘圣贤的教诲和老师的教导，百尺竿头更进一步。愿我能充满信心，快乐生活和学习，无论顺境还是逆境，都要好好珍惜每一天。

白逸仙

2015 年 5 月于北京

图书在版编目（CIP）数据

创业教育与专业教育融合研究：创业型工程人才培养模式的建
构/白逸仙著. —北京：社会科学文献出版社，2015.9
ISBN 978 - 7 - 5097 - 7994 - 1

Ⅰ.①创… Ⅱ.①白… Ⅲ.①创造型人才 - 人才培养 - 培养
模式 - 研究 - 中国 Ⅳ.①C964.2

中国版本图书馆 CIP 数据核字（2015）第 203011 号

创业教育与专业教育融合研究

——创业型工程人才培养模式的建构

著 者／白逸仙

出 版 人／谢寿光
项目统筹／邓泳红
责任编辑／张 媛 桂 芳

出 版／社会科学文献出版社·皮书出版分社（010）59367127
　　　　　地址：北京市北三环中路甲 29 号院华龙大厦 邮编：100029
　　　　　网址：www. ssap. com. cn
发 行／市场营销中心（010）59367081 59367090
　　　　　读者服务中心（010）59367028
印 装／三河市东方印刷有限公司

规 格／开 本：787mm × 1092mm 1/16
　　　　　印 张：14.5 字 数：220 千字
版 次／2015 年 9 月第 1 版 2015 年 9 月第 1 次印刷
书 号／ISBN 978 - 7 - 5097 - 7994 - 1
定 价／78.00 元